동유럽 공산정권의 붕괴와 체제전환

동유럽발간연구소 인문사회연구소사업단 총서2

동유럽 공산정권의 붕괴와 체제전환

초판 1쇄 인쇄   2021년 3월 24일
초판 1쇄 발행   2021년 3월 31일

지은이   김신규, 이무성, 김상원, 안상욱, 윤성원, 김철민, 이하얀, 손동기, 송병준

펴낸곳   인문과교양
주소   (02001) 서울특별시 중랑구 중랑천로 358-6
전화   02-3144-3740
팩스   031-655-3740

ⓒ2021, 김신규, 이무성, 김상원, 안상욱, 윤성원, 김철민, 이하얀, 손동기, 송병준
ISBN 979-11-85939-80-3 (03920)

이 도서는 2019년 대한민국 교육부와 한국연구재단 인문사회연구소지원사업 지원을 받
아 출판되었습니다(NRF-2019S1A5C2A02083167).

동유럽발칸연구소
인문사회연구소사업단 총서2

동유럽
공산정권의
붕괴와
체제전환

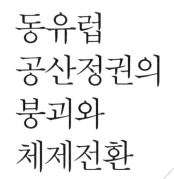

The Collapse of the Communist Bloc and the Transformation of Eastern Europe

김신규	이무성
김상원	안상욱
윤성원	김철민
이하얀	손동기
송병준	

SINCE
2013
인문과교양

동유럽 체제전환 30년, 유럽통합 15년

동유럽에서 공산정권이 붕괴되고 체제전환이 시작된 지 30년이 지났다. 이 중 민주화와 시장이행에 성공한 국가들이 유럽연합(EU)에 가입한 지도 15년 이 넘게 지나고 있다. 그동안 국내외 학계 그리고 정책 결정자들은 공산정권 의 붕괴요인을 파악하고 체제전환의 성공 요인을 분석해 학문적·정책적 함 의를 이끌어 내기 위해 많은 노력을 기울였다. 한국외국어대학교의 동유럽발 칸연구소의 연구진도 그중 하나였다. 그러나 이러한 많은 시도와 노력에도 불구하고 그동안 동유럽 체제전환과 이행 그리고 유럽통합 연구는 이슈-중 심적인 단속적 연구에 그쳐 왔다는 비판을 받아 왔다. 많은 이유가 있겠지만 동유럽이라는 지역이 학자들이나 정책 결정자들 사이에서 큰 관심을 받지 못 했던 것이 가장 큰 이유일 것이다. 40여 년 동안 공산체제를 유지했던 동유럽 국가들이 여전히 공산주의 블록을 의미하는 동유럽으로 인식되면서 이들 내부에서의 변화가 유럽 그리고 더 크게는 유라시아의 정치와 경제에 영향을 끼치지 못할 것이라는 일종의 '지역 편견'이 강하게 자리하고 있었던 것도 또 다른 이유일 수 있다.

학문적·정책적 소외지역인 동유럽의 인문학과 사회과학을 연구하는 한국외국어대학교 동유럽발칸연구소는 동유럽에서 발생한 체제전환과 유럽통합이라는 두 번의 대전환을 주제로 한국연구재단으로부터 연구비 지원을 받고 있다. 지난 30년 동안 동유럽에서 일어났던 대전환은 그 자체만으로도 학문적 중요성을 지니고 있지만 이와 함께 향후 한반도에서 발생할 수 있는 큰 변화에 대비하여 다양한 사례를 검토하기에 최적의 사례이며 사실상 유일한 사례라는 연구소의 주장이 인정된 것이었다. 연구진은 그동안 동유럽 사회과학 연구와 인문학 연구가 이 지역 자체에 대한 관심에 그쳐서는 안 되며 연구의 성과를 통해 사회적으로도 기여해야 한다고 강조해 왔다. 따라서 연구진은 동유럽 연구를 통해 학문적 궁금증을 풀고 새로운 연구주제를 개발하여 학문적으로 기여함과 동시에 이러한 학문적 성과를 사회에 기여할 방안을 모색해 왔다. 이런 측면에서 연구진은 한국연구재단의 지원이 학문적 성과를 내고 동시에 이를 통해 사회적으로도 기여하라는 당부임을 잘 알고 있다.

이에 따라 연구진은 인문학과 사회과학 연구를 결합하여 연구가 융합의 지식을 생성할 수 있도록 노력하고 있다. 이런 과정에서 만들어진 첫 번째 성과가 인문학 연구자 중심으로 동유럽 개별국가의 공산주의 역사를 기록하고 그 의미를 파악한 『동유럽 공산주의 역사』(2021)였다. 사회과학 연구자들은 그 뒤를 이어 『동유럽 공산정권의 붕괴와 체제전환』을 작성하여 이를 동유럽발칸연구소 인문사회연구소사업단 총서 제2권으로 묶었다. 이 책에서 연구자들은 폴란드, 체코슬로바키아, 헝가리, 루마니아, 불가리아, 옛 유고슬라비아와 발트국가 공산정권의 특징을 살펴보고 해당 정권을 붕괴로 이끈 직접적 원인이 무엇인지를 파악하는 데 초점을 맞추었다.

중부유럽의 사례: 폴란드, 체코와 슬로바키아, 헝가리

제1장 "폴란드: 공산체제 붕괴의 원인, 과정 및 결과"를 작성한 명지대학교 정치외교학과 이무성 교수는 동유럽 공산정권 붕괴의 공통적 요인인 경제위기를 배경으로 1985년 이후 고르바초프가 추진한 페레스트로이카(개혁)와 글라스노스트(개방) 정책의 동유럽 파급 그리고 자유노조의 활동이 폴란드 공산정권 붕괴와 체제전환의 요인이었다고 강조한다. 이무성 교수는 공산정권과 자유노조 그리고 가톨릭 교회가 참여한 원탁회의의 결과와 총선을 통해 본격적인 체제전환이 시작되었다고 설명하면서, 고르바초프의 효과를 의미하는 외부적 요인, 경제위기를 극복하기 위한 개혁 조치의 도입과 그 결과, 공산당 내부의 분열과 이탈 그리고 마지막으로 가톨릭의 영향을 공산정권 붕괴의 네 가지 요인으로 제시하고 있다.

제2장 "체코슬로바키아 공산정권의 수립과 붕괴에 대한 고찰: 경제적 이유를 중심으로"에서 국민대학교 유라시아학과 김상원 교수는 경제적 측면에서 체코슬로바키아 공산정권의 붕괴를 분석한다. 특히 체코슬로바키아뿐만 아니라 다른 공산국가의 사례에서도 공산정권 붕괴의 근원적인 원인이 계획경제이며, 계획경제는 개인의 자유를 박탈하고 일당 독재 체제에 의해 유지되어 결국 실패할 운명이었다고 진단한다. 김상원 교수는 다양한 통계자료를 활용해 공산정권 시기의 경제상황을 보여 주면서 계획경제 시기에는 통계를 조작하거나 혹은 과장하면서 사회주의 경제의 성과를 가시적으로 드러내 보였지만 실제로는 계획경제를 도입한 이래 계속해서 경제위기로 치닫고 있었음을

증명한다.

　제3장 "헝가리의 냉전질서 편입과 체제전환"을 작성한 부경대학교 국제지역학부 안상욱 교수는 헝가리 공산정권의 등장 배경과 특징을 설명하고 공산체제의 경제위기를 논의의 출발점으로 삼고 있다. 헝가리는 다른 공산국가와는 달리 이미 공산정권 시기에 신경제 메커니즘과 같은 개혁 조치로 일부 시장 요소를 일부 도입하고 서방국가와의 개방을 추진한 바 있었지만 그것은 계획경제를 기반으로 한 부분적인 개혁에 불과했기 때문에 계획경제의 위기를 치유할 근본적인 처방일 수는 없었다고 강조한다. 따라서 경제위기와 정부의 무능력, 비효율성을 극복하기 위한 새로운 엘리트의 등장과 대규모 시위가 헝가리 공산정권을 붕괴시키고 헝가리를 체제전환으로 유도했다고 설명한다.

　제4장 "'소비에트형 인간'을 거부한 1989년 11월 체코슬로바키아의 벨벳혁명"을 작성한 한국외국어대학교 동유럽발칸연구소 김신규 박사는 앞서 제2장에서 공산정권 붕괴와 체제전환의 요인을 경제위기로 설명한 김상원 교수와는 달리 경제적 요인도 중요했지만, 체코슬로바키아 벨벳혁명의 발발 요인에는 변화에 대한 기대 그리고 공산정권에 대한 불신 등의 사회적 요인도 있었음을 강조한다. 특히 이번 장에서는 체제전환 직전과 직후의 여론조사를 통해 체코슬로바키아 국민들이 혁명의 와중에도 계획경제 개혁을 통한 경제위기 극복을 지지했음을 보여 주고 있다. 이런 측면에서 계획경제 실패와 같은 경제적 요인이 정권붕괴와 체제전환을 설명하는 요인이기는 하지만 여기에 더해 강제로 이식된 사회주의 체제, 특히 그중에서도 '소비에트형 인간'으로 남아 있기를 거부하면서 자유주의, 다원주의, 민주주의를 희망하는 변화에 대한 기대도 공산정권 붕괴와 체제전환을 유도한 중요한 요인이라고 강조한다.

발칸과 발트의 사례: 루마니아, 유고슬라비아, 불가리아, 발틱 3국

제5장 "루마니아 공산정권의 붕괴 과정"에서 수원대학교 경영학부 윤성원 교수는 독재자 차우셰스쿠의 처형을 통해 정권이 붕괴되고 체제전환이 시작된 루마니아의 사례를 설명한다. 윤성원 교수는 먼저 루마니아 공산정권의 등장 배경과 특징을 살펴보고 정권의 붕괴 원인으로 경제위기 그리고 독재체제의 비효율성, 비합리성을 강조한다. 경제위기는 동유럽 공산정권 붕괴의 공통적 요인으로 루마니아에서도 중요한 요인이었지만, 이번 장에서는 공산정권의 독재 그중에서도 1인 독재를 오랫동안 유지했던 차우셰스쿠의 실정과 부패 그리고 이에 대한 시민들의 반발 및 군부의 쿠데타가 정권 붕괴의 직접적인 요인이라고 설명한다. 독재자 차우셰스쿠가 인민궁전을 탈출하다 측근의 배신으로 군부에 체포되고 이틀 뒤 즉결심판으로 처형되는 과정을 통해 루마니아 공산정권은 반공산주의 혁명에 의해서가 아니라 차우셰스쿠를 몰아내기 위한 혁명에 의해서 붕괴되었다고 파악한다.

제6장 "유고슬라비아 체제전환 배경과 기원 연구: '티토이즘' 붕괴와 '문화적 민족주의' 부활의 관점에서"를 작성한 한국외국어대학교 세르비아-크로아티아과 김철민 교수는 공산정권 시기 유고슬라비아의 비동맹주의와 자주관리제도 그리고 다수 민족의 결합을 위한 티토이즘을 설명하면서 이런 전략, 정책을 통해서도 공산체제의 위기를 극복할 수 없었다고 강조한다. 특히 상이한 민족을 하나의 국가 속에서 단일한 체제로 융합하려 했던 티토의 시도는 그가 사망하고 심각한 경제위기가 이어지면서 실패했다고 진단한다. 김철민 교수는 독자적인 민족국가를 꿈꾸는 개별 공화국 내부의 충돌은 물론 공화국 사이의 전쟁이 유고슬라비아 국가 해체와 공산정권의 붕괴를 유도했다고 설명한다.

제7장 "불가리아 공산체제의 특징과 붕괴"를 작성한 한국외국어대학교 EU

연구소 이하얀 박사는 공산주의 시기 소련과 가장 가까운 국가였던 불가리아 공산체제의 특징을 설명하면서 바로 그 특징 때문에 체제가 경직되었고 개혁을 시도하지 못했다고 파악한다. 특히 지프코프 독재 시기에 괄목할 만한 경제성장이 이어졌지만, 1980년대에 들어서면서 계획경제가 심각한 위기를 맞았고 체제의 경직성으로 인해 위기에서 벗어날 수 있는 적절한 조치를 취하지 못했다고 강조한다. 이런 상황에서 정권에 대한 국민들의 불만이 표출되기 시작했고, 동시에 대외적으로는 소련의 페레스트로이카, 글라스노스트 정책에도 불구하고 교조적 공산주의에 경도되어 있던 지브코프의 개혁 거부가 결합되어 정권이 붕괴되었다고 파악한다.

제8장 "발틱 3국의 공산주의 붕괴와 체제전환"에서 호남대학교 교양학부 손동기 교수와 한국외국어대학교 국가전략 HK 송병준 연구교수는 옛 소련의 구성 공화국이었던 에스토니아, 라트비아, 리투아니아의 체제전환 원인을 파악하면서 소련 시기의 경제위기와 여기에 더해 고르바초프가 주변 공화국에게 자율성을 부여하면서 민족주의가 등장했고 그것이 공산정권 붕괴와 체제전환의 원인으로 작용했다고 설명한다. 특히 저자들은 대내적 요인으로 비폭력저항과 3국 연대를 그리고 대외적 요인으로 소련의 내부 붕괴와 국제사회의 지원을 제시하면서 이러한 공통적 요인이 옛 소련에서 비교적 발달된 지역이었고 소비에트 체제와 가장 어울리지 않았던 발트 국가의 독립과 공산체제와의 결별 원인이었다고 파악한다.

동유럽 공산정권의 붕괴와 체제전환

연구진은 이 책에서 폴란드를 비롯한 동유럽 8개국의 사례를 통해 공산정권의 특성과 정권 붕괴의 요인을 파악하고자 했다. 국가별 사례연구를 통해 볼 때, 정권 붕괴의 공통적 요인은 무엇보다도 계획경제의 실패로 인한 경제위기였다. 다만 국가별로 경제침체의 정도가 상이해서 어느 정도의 위기가 있어야지 그것이 정권의 붕괴로 이어질지에 대해서는 판단하기 어려웠다. 그러나 분명한 사실은 공산정권이 당초 노동자 천국을 만들겠다는 약속은 지키지 못했다는 점이었다. 각국의 공산정권은 적어도 상점 앞에서 긴 줄을 서지 않고 충분한 빵과 우유를 살 수 있을 정도의 경제적 삶을 유지했어야 했다. 그러나 정권은 노동자와 시민이 만족할 만한 생활수준을 제공하지 못했고, 따라서 '공산주의를 위한 일시적 고통 분담과 인내'라는 원칙은 더 이상 유지될 수 없었다. 이제 공산정권은 자신들이 집권해야 한다는 정당성도 주장할 수 없게 되었다.

여기에 더해 고르바초프의 페레스트로이카, 글라스노스트 정책이 동유럽으로 파급되면서 동유럽 공산정권 내부에 개혁파가 등장할 수 있는 기회가 생겼고 시민들도 변화를 기대할 수 있게 되었다. 동시에 고르바초프는 시나트라 독트린(혹은 마이웨이 독트린)을 통해 동유럽 위성국가뿐만 아니라 소련을 구성하고 있던 주변 공화국에게도 자율성을 부여해 주었다. 바로 이것이 동유럽 공산정권 내부에서 보수파가 무너지고 시민들 사이에서 변화에 대한 기대가 더욱 커진 배경이었다.

한편, 루마니아와 불가리아의 1인 독재체제가 붕괴되는 과정은 다른 중동부유럽이나 발칸, 발트국가의 사례와는 상이했으며, 유고슬라비아의 정권 붕괴 과정 역시 민족주의의 등장에 따른 사회적 갈등과 충돌, 더 나아가 내전과 전쟁으로 이어져 앞선 중동부유럽의 사례와 그 원인 및 과정이 상이했다.

따라서 연구진은 기존 동유럽 공산정권의 붕괴, 체제전환 연구에서 강조했던 "단일한 요인에 의해, 단일한 과정을 거쳐, 단일한 결과에 이르렀다."라는 가설이 완전히 잘못된 것임을 확인할 수 있었다. 연구진은 이번 연구를 통해 동유럽 공산정권은 상이한 원인으로 붕괴되었음을 파악했고, 이후 연구에서도 국가별 사례연구를 통해 동유럽 국가들이 상이한 체제전환을 거치면서 그것이 상이한 결과로 이어졌음을 확인할 것이다.

이와 같이 『동유럽 공산정권의 붕괴와 체제전환』은 과제에 참여한 연구진은 물론 직접 참여하지는 않지만 관련 주제에 관심을 갖고 있는 외부 집필진이 공동으로 작업한 연구의 결과물이다. 당초에는 러시아, 우크라이나, 몰도바 등 옛 소련 구성 공화국 사례도 이 책에 포함할 계획이었으나, 동유럽 사례에 집중한 뒤에 차츰 그 사례를 늘려 가는 것이 연구의 효율과 효과를 높일 수 있다고 판단해 이번 총서에서는 제외했다. 이후의 연구총서에는 동유럽 사례와의 비교를 위해서라도 러시아를 포함한 옛 소련의 우크라이나, 몰도바, 조지아 등 소위 중간지대 국가의 사례도 포함할 계획이다.

동유럽 인문학 연구자와 사회과학 연구자들은 동유럽학 자체가 지니는 학문적 중요성뿐만 아니라 동유럽의 인문, 역사, 사회가 우리에게 주는 함의를 파악하는 데 많은 관심을 갖고 있다. 동유럽에서 공산정권이 붕괴되어 체제전환이 시작되고 또 이들 중 11개 국가가 EU에 가입한 현시점까지 많은 연구를 통해 이 지역의 중요성을 강조해 왔지만, 사실 현재까지의 연구는 산발적이며 이슈-중심적인 연구가 많았다. 이런 측면에서 연구진은 보다 거시적이며 포괄적인 시각으로 본 연구과제를 수행하면서 동유럽 대전환의 본질과 의미를 파악하고 그것이 향후 한반도의 전환에 대비하는 우리에게 어떤 함의를 주는지 주목할 것이다.

2021년 3월

저자를 대신해 김신규

목차

제 1 장

폴란드: 공산체제 붕괴의 원인, 과정 및 결과

_ 이무성

제8장

발틱 3국의 공산주의 붕괴와 체제전환

_ 손동기, 송병준

제1장

폴란드
: 공산체제 붕괴의 원인, 과정 및 결과

이무성

1980년부터 목도된 폴란드의 자유 노조 활동은 폴란드 공산 정권 붕괴의 직접적인 원인으로 손꼽을 수 있다. 여러 공산권 국가들의 몰락이 그 나름의 의미를 보유하고 있으나, 특히 폴란드 내에서 발생한 민주화 과정은 국제 체제의 변화를 이해하고 설명하는 데에 있어 주요한 함의를 갖는다. 이에 본 장은 1970년대부터 지속한 폴란드 내부의 경제난과 더불어, 그를 둘러싸고 변화하는 국제 경제 환경의 변화가 폴란드 민주화 여정에 어떤 함의를 주었는지를 먼저 고찰한다. 특히 본 논의 과정은 이와 같은 경제 환경의 변화에 대응하여 폴란드 국민은 어떻게 저항했고, 이러한 저항이 어떻게 반정부 운동으로 진화되었는지를, 폴란드의 자유 노조 활동을 중심으로 천착한다.

이를 위해 본 장에서는 폴란드 공산정권이 대내외적 경제 환경의 변화에 어떻게 대처했으며, 그 과정에서 왜 자유 노조 활동이 촉발되었는지를 고찰한다. 동시에 당시 폴란드가 마주한 경제난과 이에 대한 정부의 미흡한 대응으로 인해 불안정해진 폴란드 내정이 왜 실제 민주화의 과정으로 이어졌는지, 그리고 그 과정에서 대외 지정학적 안보 지형의 변화는 어떤 함의를 가졌는지도 함께 살펴보고자 한다. 상기의 지정학적·지경학적 변화와 그에 대응해 목도된 폴란드 내외의 정치·경제학적 환경 변화가 어떻게 폴란드 구 공산권을 몰락시킨 자유 노조 활동으로 이어졌는가에 대해 전반적으로 고찰하면서, 폴란드 민주화 과정의 역사적 발자취를 고찰하는 것이 본 장의 주요 목적이다.

01

머리말

1980년부터 목도된 폴란드의 자유 노조 활동은 폴란드 공산 정권 붕괴의 직접적인 원인으로 손꼽을 수 있다. 이는 지금으로부터 약 30여 년 전의 일이지만, 지난 한 세기 동안 국제 정치사에서 가장 중요한 사건이며, 이는 또한 냉전 종언과 깊은 관계를 가진다고 볼 수 있다. 여러 공산권 국가들의 몰락이 그 나름의 의미를 보유하고 있으나, 특히 폴란드 내에서 발생한 민주화 과정은 국제 체제의 변화를 이해하고 설명하는 데에 있어 주요한 함의를 갖는다.

과거를 돌아보았을 때, 공산 정부의 붕괴는 무척 자연스러운 현상으로 보일 수 있다. 그러나 어찌 보면 이는 또한 결코 우연히 발생한 것이 아닐 수도 있다. 비록 공산체제의 구조적 문제가 공산권 붕괴의 가장 중요한 요인이 되었음에도, 이 체제 자체가 스스로 붕괴하지는 않았다. 이는 결국 민주화를 갈망하는 시민들의 주도적 역할이 있었기에 가능했던 일이라고 볼 수 있다. 이러한 배경 속에서, 본 장은 구 공산권 국가 중 폴란드의 민주화의 과정에 대해 고찰하는 것을 글의 목적으로 삼는다. 이를 위해 본 장에서 폴란드 공산정권이 붕괴하게 된 직접적 원인이 무엇인지를 고찰하고자 한다.

폴란드 공산정권의 붕괴 원인은 국내·외에서 찾을 수 있는데, 이는 정치·경제적 교점이 발견될 수 있다는 것을 의미한다. 따라서 본 장은 1970년대부터 지속한 폴란드 내부의 경제난과 더불어, 그를 둘러싸고 변화하는 국제 경제 환경의 변화가 폴란드 민주화 여정에 어떤 함의를 주었는지를 먼저 고찰한다. 특히 본 논의 과정은 이와 같은 경제 환경의 변화에 대응하여 폴란드 국민은 어떻게 저항하였고, 이러한 저항이 나중에 어떻게 반정부 운동으로 진화되었는지를, 폴란드의 자유 노조 활동을 중심으로 천착하고자 한다.

본 장에서 중요하게 다뤄질 또 다른 주요 사안은 정치 환경의 변화가 가지는 함의이다. 이를 위해 본 장에서는 폴란드 공산정권이 대내외적 경제 환경의 변화에 어떻게 대처했으며, 그 과정에서 왜 자유 노조 활동이 촉발될 수밖에 없었는지를 고찰한다. 동시에 당시 폴란드가 마주한 경제난과 이에 대한 미흡한 정부 대응으로 인해 불안정해진 폴란드 내정이 왜 실제 민주화의 과정으로 이어졌는지, 그리고 그 과정에서 대외 지정학적 안보 지형의 변화는 어떤 함의를 가졌는지도 함께 살펴보고자 한다. 상기의 지정학적·지경학적 변화와 그에 대응해 나타 난 폴란드 내외의 정치·경제학적 환경 변화가 어떻게 폴란드 구 공산권을 몰락시킨 자유 노조 활동으로 이어졌는가를 전반적으로 고찰하면서, 폴란드 민주화 과정의 역사적 발자취를 고찰하는 것이 본 장의 주요 목적이다.

02

폴란드 공산정권
붕괴의 원인

폴란드 공산정권의 붕괴 원인은 크게 두 가지로 나누어 논의될 수 있다. 첫째는 날로 악화하는 공산주의 경제 체제가 안고 있던 구조적 문제이고, 또 다른 요인은 대외 환경의 변화에서 찾을 수 있다. 먼저 공산주의 경제 체제가 가지고 있던 구조적 문제부터 살펴보자. 폴란드는 여타 공산주의 국가들과 마찬가지로 계획 경제 체제를 운영해 왔다. 최초 폴란드가 공산화된 후 1950년대와 1960년대의 경제 성장률을 살펴보면 서방 세계의 발전 수준과 비교해도 그리 낮은 편은 아니었다.

그러나 이런 계획 경제 체제 아래에서 국가는 개인의 복리가 아닌 세계 공산화에 초점을 맞추어 자국의 경제 정책을 펼쳤다. 정치적 목적을 달성하기 위한 하나의 방편으로 경제 정책을 시행하는 것은 장기적인 차원에서 개인의 삶을 피폐화시키는 구조적 문제를 발생시킬 수밖에 없었다. 그 구체적인 부작용이 1970년부터 나타나기 시작했다. 당시 세계 경제는 수요와 공급의 시장 논리보다는 정치적 계산에 의한 집단 이기주의가 지배하였다. 예를 들어, 미국 정부는 30여 년간 유지해 왔던 브레튼우즈 체제를 일방적으로 중단하였고,[1] 석유 산유국 등도 집단행동을 통해 유가를 인위적으로 높이는 등 자국의 이익만을 위한 정책적 선택을 하였다.

이러한 외부 경제 환경의 급격한 변화 속에, 계획경제 체제를 유지하던 폴란드는 경제적 어려움을 겪을 수밖에 없었다. 그로 인해 불거진 거시적 차원의 경제 문제는 곧바로 국민의 삶에 악영향을 미치기 시작했다. 폴란드 내 소비물자가 부족해지기 시작했고, 노동자의 실질 임금도 급격히 떨어지기 시작했다. 특히 폴란드 내 주택 부족 현상은 폴란드 국민들에게 직접적인 고통을 안겨다주는 경제문제로 인식되기 시작했다. 이런 배경 속에서, 급기야 1970년 12월 발트해 인근 도시에서 급격한 식료품 가격 인상에 항의하는 폭동이 일어났다.

[표 1-1]   1970~1979년 폴란드 총생산 및 총투자

(단위: %)

구분	국내총생산	총생산		총투자	국내총생산 대비 총투자
		산업	농업		
1970년	5.2	8.1	2.2	4.1	20.5
1971년	8.1	8.5	8.3	10.2	20.6
1972년	10.6	10.4	5.4	26.7	23.3
1973년	10.8	11.6	3.4	27.7	25.9
1974년	10.4	12.0	-2.9	22.3	28.3
1975년	9.0	11.4	-8.1	12.1	29.0
1976년	6.8	9.1	2.0	-9.0	27.0
1977년	5.0	7.6	2.0	2.7	27.1
1978년	3.0	2.7	7.3	-4.0	25.9
1979년	-2.3	-1.7	-5.6	-15.4	22.7

주: 구 공산권 출신의 경우 국내총생산(GDP)을 Net Material Product(NPT)로 표기함
출처: Poznanski, K. Z. (1998), p. 5.

[표 1-1]에서 보여 주듯이, 폴란드의 실제 경제 성장률은 1차 및 2차 오일 쇼크 기간 동안 큰 하락세를 보였다. 그 예로, 1970년대 총생산량을 기준으로 초중반 5~10% 플러스 성장률을 보여 주던 폴란드 경제는 2차 오일 쇼크가 한창일 때인 1979년에는 2.3% 마이너스 성장률을 나타냈다. 이는 많은 이유 중에서도 중공업 중심의 전시 경제로 인한 구조적 비효율성에 따른 결과였다. 또한 1973년 석유 파동이 발생함에 따라 폴란드의 대외 수출은 급격한 하락세를 보였다. 동시에 외국의 투자 감소와 원금 회수 압박으로 인해 폴란드의 국제 수지는 급속히 악화되었다. 이로 인해 폴란드가 갚아야 할 외채가 급속히 증가하였고, 그 과정을 국민의 삶의 질은 더욱 낮아질 수밖에 없었다.

[표 1-2]   1970~1979년 폴란드 거시 경제 지표

(단위: %)

구분	물가인상률	실질 임금	실질 소비	생산성	
				노동	자본
1970년	-	-	-	-	-
1971년	-1.2	5.7	7.0	6.9	1.8
1972년	1.0	6.4	8.8	8.6	3.8
1973년	2.6	8.7	8.6	9.0	3.0
1974년	6.8	6.6	6.8	8.2	1.0
1975년	3.0	8.5	8.5	8.3	-1.1
1976년	4.7	3.9	3.9	7.7	-2.5
1977년	4.9	2.3	2.3	5.0	-4.3
1978년	8.7	-2.7	-2.7	3.3	-5.3
1979년	6.7	2.4	2.4	-1.5	-9.6

출처: Poznanski, K. Z. (1998), p. 5.

[표 1-2]에서 보여 주듯이, 폴란드의 물가 인상률은 1970년대 초반 안정된 모습을 보였으나, 1970년대 후반에는 6~8%으로 급격히 상승하기 시작했다. 또한 실질 임금도 하락하여 1978년에는 마이너스 성장을 기록하면서 전년 대비 2.7% 마이너스 성장세를 보였다. 생산성 부문에서도 노동보다는 자본에 의한 생산성의 하락이 더욱 두드러지게 나타났다. 이는 곧 대출 상환, 무역수지 적자 등을 유발하였고, 그 결과 1979~1980년은 마이너스 성장이 발생하였다. 불안한 경제 상황이 조성된 원인은 경제적 문제에만 국한되어있지 않았다. 정치는 더욱 부패해졌다. 지도층이 부패함에 따라 국민들이 더 큰 고통을 받게 되었고, 그 결과 정치권에 대한 국민들의 불신은 더욱 높아졌다. 이러한 가운데, 1980년 7월 육류 가격 인상이 발생했다. 그 결과 노동자 파업이 강한 정치적 색채를 띠면서 전국적으로 확대되어 2개월간 전국을 뒤흔들었다. 이 과정에서 후일 공산정권의 붕괴의 직접적인 원인이 되었던 노동자 중심의 민주화 운동이 시작되었다.

폴란드의 경제 상황이 심각해지는 상황에서 폴란드 공산정권은 어떻게든 당면한 경제 문제를 해결하고자 했다. 그러나 당시 집권 세력인 고무우카(Gomulka) 정권은 이러한 경제난에 제대로 대응하지 못했고, 그 결과 실권하게 되었다. 고무우카 정권이 물러난 후 새롭게 등장한 기에레크(Gierek) 정권은 국민 생활 향상을 위한 경제 정책을 시행했다.[2] 기에레크 정권은 '새로운 전략과 사회 발전'이라는 구호하에 폴란드 경제를 재건을 목표로 한 수입 주도의 경제 개혁을 추진하였다. 그래서 기에레크 정권은 폴란드가 공산권 경제 블록에서 탈피하여 서구와의 경제 관계도 보다 적극적으로 개선해야 할 필요가 있다고 믿었다. 그 결과 폴란드는 서방에 경제 발전에 필요한 기술과 설비를 의존하기 시작했을 뿐만 아니라, 그에 필요한 재원도 적극적으로 차입하는 등의 장기적인 경제 발전 정책을 구가하고자 했다.[3] 이에 따라 당시 실제 폴란드의 해외 차입금 수준은 1973년에 4억 3천만 달러, 1975년에 4억 7천5백만 달러, 그리고 1980년에는 7억 3천6백만 달러로 늘어났다.[4]

폴란드는 서방과의 관계를 개선하였으나, 그들 사이의 경제 관계는 폴란드가 원하는 방향으로 흘러가지 않았다. 오히려 서구에 더욱 예속되는 종속적 관계로 흘러갔다. 비록 새로운 전략과 사회 발전이란 구호하에, 기에레크 정권은 서방 국가들로부터 차관을 도입하기 시작했으나, 해외 차관을 바탕으로 한 경제 발전 정책은 곧 어긋나기 시작했다. 이에 강경파 공산당 지도부들은 지나치게 서구에 의존하는 것은 마르크스 경제 체제를 포기하는 것을 의미한다며 비판하기 시작했다. 이들은 과거 폴란드가 계획 경제, 국영 기업, 물가와 무역에 대한 국가 통제 시스템 속에서 자국의 경제를 운영해 왔던 것의 장점을 부각하기 시작했다. 따라서 기에레크 정권의 지금과 같은 서구 의존적 경제 정책은 결국 폴란드 경제를 해칠 뿐만 아니라, 폴란드의 정체성에도 도움이 되지 않는다는 비판의 목소리를 높여 갔다. 이와 같은 내부의 반대를 목도한 서구 세계도 폴란드에 차관 지급을 거부했다.

한편, 그동안 폴란드가 서구로부터 빌린 차입금은 270억 달러에 다다른 상태였다. 폴란드는 더 이상의 차관을 도입하기 어렵게 되었을 뿐만 아니라, 기존 차관을 상환하는 데 있어서도 상당한 압박을 받게 되었다. 이에 폴란드 정부는 서구로부터 빌린 차관의 이자라도 갚고자 철, 식량 등 팔 수 있는 모든 것을 팔았다. 그 결과 수입 상품 가격이 급속도로

[그림 1-1] 개혁과 개방에 대해 역설하는 고르바초프
출처: Radio Free Asia

증가했으며, 이로 인해 폴란드 주민의 삶의 질은 더욱 악화되었다.[5]

결국 폴란드는 다른 공산주의 국가들처럼 자국 노동자들의 소비를 강제로 억제하는 동시에 투자율을 늘리는 방식으로 문제를 해결하려 했다. 그러나 이런 노력은 곧 한계에 부딪힐 수밖에 없었다. 경기가 악화되어 생활고에 빠진 노동자들은 폴란드 정부의 경제 정책에 불만을 느끼지 않을 수 없게 되었다. 그 결과 1980년부터 전국적 파업의 촉발제가 되었다.

경제 환경의 변화와 더불어, 민주화 여정에 큰 영향을 미친 또 다른 동인은 폴란드를 둘러싼 대외 안보 환경의 변화이다. 대외 환경의 변화는 미국의 적극적 지원을 배경으로 삼고 있다. 이와 동시에 구 공산권 지역의 지정학적 안보 환경의 변화도 중요한 동인으로 작동하였다. 여러 요인 중 고르바초프 서기장이 주도한 대내외 정책의 변화는 그 무엇보다 중요한 동인이었다([그림 1-1] 참조).

고르바초프 서기장 집권하의 소련은 더 나은 미래를 위한 페레스트로이카(개혁)와 글라스노스트(개방) 정책을 추진하였다.[6] 개혁 정책은 기존 공산당의 무기력과 부조리, 그리고 부패를 추방하는 것이었다. 이는 당 내 주요 인사를 경선을 통해 선출하는 등 정치 체제를 개혁하려는 의도가 포함되었다. 한편, 고르바초프의 개방 정책은 당과 정부의 의사 결정 과정을 국민에게 개방하고, 이들이 국민의 심판을 받는 민주적 행정을 추구했다. 대내적으로는 정치범 구속이나 정치적 사찰의 중단을 추구하였다. 동시에 대외적으로는 서방 세계와 보다 개방적인 교류를 추구하고자 했다. 고르바초프는 이와 같은 개혁과 개방 정책을 통해 과거 소련과 같은 공산주의 사회에서 만연했던 언론 검열, 어용화, 사상탄압 등 경찰국가주의의 폐해를 청산하고자 했다. 이러한 잔재를 청산하지 못한다면 소련 사회의 변혁을 이루어 내기 어렵다고 판단했기 때문이다. 고르바초프는 또한 정치 체제의 변혁을 추구하는 동시에, 공산주의 경제 체제의 구조적 한계를 인정하며 점진적인 시장의 자유화를 추구했다. 결론적으로 고르바초프는 개혁이란 이름을 내세워, 공산권의 정치 및 경제 체제에 대한 대대적인 개조를 시행하려 했다.[7]

더 나아가, 고르바초프는 소련의 위성 국가들이 소련의 노선에서 벗어나 활동할 경우 소련이 간섭할 수 있다는 브레즈네트 독트린도 폐기했다.[8] 이는 폴란드와 같은 소련의 위성 국가에 정책 지시를 내리지 않는 새로운 외교 정책 노선이 선언된 것을 의미한다. 이러한 배경이 뒷받침되어, 경제난으로 고통 받은 폴란드 노동자들이 소요 사태를 벌이고 그로 인한 정계 개편이 발생하는 과정에서 소련의 간섭은 원천 차단되었다.

03

민주화의
물결과 시련

자유 노조와 반정부 시위

1970년 후반부터 시작된 국제 사회의 경제 위기를 겪으며, 폴란드는 고물가와 저임금으로 인해 고통받게 되었다. 그러나 고통받는 노동자들은 그들을 대변할 조직이나 세력도 없었다. 물론 공산당과 밀접한 관계를 맺고 있는 노동조합이 있었지만, 이들은 당의 어용 단체에 불과하여 노동자의 권익을 대변하지 않았다. 이러한 배경 속에서, 1979년부터는 공산당으로부터 독립되어 노동자를 대변하는 노조 창립에 대한 요구가 높아지기 시작하였다.

그러던 와중에, 그단스크(Gdańsk)의 여공 안나 말렌티노비츠(Anna Walentynowicz)가 독립 노조 설립을 시도한 사건이 발생하였다. 이는 어떠한 면에서 보면 폴란드 자유 노조 활동의 시작점이자, 폴란드 공산정권 몰락의 서막을 알리는 중요한 사건이었다. 당시 말렌티노비츠 사건을 접한 폴란드 정부는 그 주도자인 말렌티노비츠를 발각하여 1980년 8월 7일 직장에서 해고시킴으로써 노동자 운동을 종식시키려 했다. 그러나 그녀의 해고는 노동자 운

[그림 1-2] 그단스크 파업
출처: 국가기록원

동의 종식을 알리기는커녕 오히려 노동자 중심의 대규모 분규를 일으키는 촉매제가 되었다. 폴란드 노동자들은 그녀의 복직을 요구하며 그해 8월부터 전국적 파업에 들어갔고, 이는 곧 노동자의 임금 인상을 요구하는 대대적인 파업으로 발전되었다. 이후 말렌티노비츠로부터 시작된 폴란드 노동 운동은 곧 약 1만 7천여 명의 노동자들이 참여한 연좌 파업으로 번졌다.

말렌티노비츠의 해고는 노조 운동을 잠재우기보다 오히려 대규모의 반정부 시위로 이어지는 발단이 되었다([그림 1-2] 참조). 이와 같은 거대한 노동 쟁의 과정에서 노동자들은 '단결' 또는 '연대'를 의미하는 '솔리다르노시치(Solidarność)'라는 구호를 합창하기 시작했고, 이 구호는 후일 폴란드 노동 투쟁의 상징어가 되었을 뿐만 아니라, 폴란드 민주화의 초석을 다지는 정신으로 승화되었다.[9]

날로 악화되는 폴란드의 경제 상황으로 노동자들의 대규모 반정부 시위는 어쩔 수 없게 되었다. 1970년 중반부터 무역수지악화, 외채증가, 그리고 인플레이션의 삼중고를 겪었던 폴란드의 경제는 1980년대에 들어

서는 더욱 악화되었다. 그 결과 1980년 폴란드의 경제 성장률은 마이너스 13%를 기록했고, 국민 생활 수준도 1974년의 수준으로 쇠퇴하였다.[10] 이러한 상황 속에서 1980년 여름 다시 육류 가격이 인상되는 등 생필품 공급 상황에 위기가 도래하자 노동자들의 불만이 극에 달했고, 이는 곧 그단스크를 위시한 폴란드 전역에서 파업이 발생되는 촉발제가 되었다.

1980년 7월 1일 레닌 조선소에서 시작된 노동자들의 파업은 200즐로티(zloty)의 임금 인상 협상을 타결함으로써 종식되는 것처럼 보였다. 그러나 곧 다른 곳에서도 파업이 일어났고, 그 후 노동자 파업은 증가 추세를 보였다. 이에 따라 노동자들은 다소 산발적으로 일어났던 노동 쟁의를 단결시키고 조화된 단체로 이끌어 가기 위한 조직적 행동을 시작하였다. 그 중요한 기반을 마련하는 데 중심적 역할을 한 인물이 바로 그단스크 소재의 레닌 조선소에서 전기공으로 일하던 레흐 바웬사(Lech Wałęsa)였다.

바웬사는 노동 운동을 단순한 투쟁에 그치지 않고, 가톨릭 성당과의 연계하에 비폭력 반(反)소련 운동으로 확장시켰다. 그 결과 개별 공장과 기업을 넘어 모든 사업장에 자유 노조를 기반으로 한 노동자 연대가 결성되었고, 이후 자유 노조 전체의 회원 수는 1천만 명으로 증가했다. 자유 노조를 결성하는 데에 일조한 노동자들은 바웬사 휘하의 위원회가 정부의 협상 파트너가 될 수 있도록 일조하였다. 이렇게 결성된 자유 노조는 후일 폴란드 역사상 최초로 노동자와 지식인 간 연대로 발전시키는 데 있어 주요한 전기를 제공하였다.[11]

폴란드 전역의 노동자들이 참여하는 연대는 노동자의 권익 보장만을 주장하기보다는, 보다 광범위한 형태의 반공산주의 단체로 발전하였다. 이러한 노조 활동이 대규모로 확산하여 정부의 통제 범위를 벗어나려는 조짐을 보이자, 정부 역시 노조를 탄압하기보다는 정치적 파트너로 인정하기 시작했다. 그 결과 1980년 8월 공산당 정권과 정부 대표와 노조 대표는 당으로부터 독립한 자유 노조를 인정한다는 그단스크 협약에 합의하는 데 이르렀다. 이후 1980년 9월 기에레크가 당서기 직에서 사임하고, 이어 새롭게 집권한 폴란드 지도부도 자유 노조를 인정하게 되었으며, 그 결과 그해 11월 10일부터 이들의 노조 활동은 공식적으로 승인받게 되었다.

[표 1-3] 그단스크 협약 주요 내용 21개의 요구 사항

연번	주요 내용
1	자유 무역 노조 형성을 위한 권리에 관한 국제 무역 기구의 제87번에 따라, 폴란드 공산당 또는 그 기구에 저촉되지 않는 자유 무역 노조 인정
2	파업의 권리 보장과 파업에 참여하는 자들의 안전 담보를 요구
3	표현, 독립적인 출판의 자유를 포함한 언론 및 출판, 모든 종교 대표자들에게 언론의 접근권에 대한 헌법적 보장의 이행을 요구
4	• 1970년 및 1976년 파업으로 해고된 노동자의 복권 • 자신의 견해로 퇴학당한 학생들에 대한 복권 • 에드몬드 자드로진시키, 얀 코즐뤄스키, 마렉 코즐로위스크 등 정치범에 대한 석방 • 개인의 신념에 대한 탄압 중지
5	공장 간 파업 위원회에 관한 정보에 대한 언론 매체 공개 및 이들의 요구에 대한 명문화 요구
6	다음 두 가지 수단에 근거하여 폴란드를 위기의 상황에서 벗어나게 할 것 • 첫째, 폴란드의 사회 경제적 상황에 대한 정확한 정보를 대중에게 알릴 것 • 둘째, 개혁 프로그램에 사회 각계각층의 참여를 허용할 것
7	파업 기간 동안 파업에 참여한 노동자에 대한 보상
8	한 달에 2천 즐로티의 임금 인상을 요구
9	물가 상승으로 인한 실질 소득의 하락을 고려한 임금의 자동 인상 보장
10	농산물의 초과 생산분만 수출을 허용하며, 동시에 국내에 충분한 수준의 식량을 제공

11	시장이 안정화될 때까지 육류 및 육류 관련 제품에 대한 식량 쿠폰 제공
12	속히 국내 수출 회사들의 서구 화폐 판매 및 상업적 가격제 철폐
13	• 당원의 지위에 근거하지 않고 자질에 근거한 관리직 선출 • 가족 수당의 평준화와 경찰, 보안요원, 당 간부 등을 위한 특별 판매 등과 같은 특권 철폐
14	30년 이상 여성(50세) 또는 35년 이상 근무한 남성(55세)에게 적용하는 나이 정년제 완화
15	노령 연금과 연금을 실제 납입한 금액과 일치시킬 것을 요구
16	의료 서비스 분야의 근무 환경 개선
17	직장 여성을 위한 유치원 탁아소 수의 증가를 위한 확실한 노력
18	3년간의 유아 휴직
19	아파트 입주 대기 기간의 단축
20	100즐로티까지 교통비 보조금 인상
21	• 토요일 휴무 • 주말 근무자에게 대한 휴가 일수 증가 및 그 외 금전적 보장

출처: Wikipedia

폴란드 노동자들은 그단스크 협약을 통해 21개의 조항을 요구하기 시작했다([표 1-3] 참조). 21개조 요구 사항은 다음 두 가지 차원에서 의의가 있다.

첫째, 21개조 요구 사항은 과거 공산주의 통제 체제하에서 개별 인민들의 기본적이고 실질적인 권리를 요구하였다는 점에서 주요 의의를 가진다. 특히 그단스크 협약은 폴란드 내 자유 노조 활동을 활성화하는 데에만 일조한 것이 아니다. 사실 후일 동독의 베를린 장벽을 허물게 하는 시발점이자 공산권 몰락을 위한 민주화 운동의 전기가 되었다.

둘째, 그단스크 협약의 요구들은 매우 실용적이라고 평가받았으며, 동시에 사회·경제적인 함의가 높다고 평가될 수 있다. 예를 들어, 과거 공산권 국가들에서 노동자 파업이 일어났을 당시에도 임금 인상 등을 요구하였지만, 이런 요구들은 제대로 이행되지 않았다. 그러나 그단스크 협약의 경우, 과거와는 달리 실제적인 정부의 대응책이 나왔다는 점에서 그 차별점이 있다고 말할 수 있다.

이후 1981년 9월 자유 노조는 첫 번째 국회를 열어 바웬사를 대통령으로 선출하였으며, 폴란드 공화국 체제를 선포했다. 당시 폴란드 공산정권은 자유 노조 중심의 반정부 운동을 어느 정도 인정하는 분위기도 보였다. 사실 당시 폴란드 공산정권은 이런 반정부 운동을 제압할 만한 수단이나 명분도 없어 보였다.[12] 결국 자유 노조를 중심으로 시작된 반정부 투쟁에 대해 당시 폴란드 공산정권은 미온적으로 대처했는데, 이는 폴란드 공산정권 몰락의 서막을 알리는 사건이 되었다.

야루젤스키의 노조 활동 압제

폴란드 내 자유 노조의 결성은 기존 공산 정권에게는 크나큰 위기로 인식되었다. 이에 폴란드 통일 노동자당(Polska Zjednoczona Partia Robotnicza: PZPR)은 공산 집권을 공고히 하고자 내정 간섭을 시작했다.[13] 그단스크 합의가 서명된 후, 폴란드 통일 노동자당 장악을 실패한 기에레크 당 서기장은 서기장직에서 물러났으며, 그 빈자리를 스타니스와프 카니아가 차지하였다.

그러나 스타니스와프 카니아 정권도 오래가지는 못했다. 노조에 대한 카니아 정권의 대응에 불만을 가진 보이치에흐 비톨드 야루젤스키(Wojciech Witold Jaruzelski)는 카니아를 몰아내고 1981년 2월에 폴란드의 새 총리가 되었다. 이후 12월에는 당서기 자리를 차지하여 폴란드 국정을 완전히 장악하게 되었다.[14] 야루젤스키가 당서기가 된 이후부터 즉시

[그림 1-3] 계엄령 반대 시위
출처: Google

노조를 탄압하지는 않았다. 처음에는 유화책을 사용하면서, 자유 노조와의 공존을 모색하였다. 공존을 위해 야루젤스키는 1981년 11월 자유 노조 지도자 바웬사, 가톨릭 대주교 요제프 클렘프를 회담장으로 초청하여 평화적 공존 모색을 위한 삼자 협정을 시도하였다.

그러나 이러한 초기의 유화 정책은 오래가지 못했다. 대내외적 경제 상황이 악화됨과 동시에 국제 정치 지형이 급격히 변화함에 따라 그의 입지는 더욱 좁아졌다. 야루젤스키는 약해진 자신의 정치적 입지를 돌파하기 위한 하나의 방편으로 오랫동안 국내 정세의 불안정 요소로 인식된 자유 노조를 탄압하기 시작했다. 그러나 야루젤스키가 예상과 달리 노조 탄압은 성공적으로 끝나지 않았다. 오히려 노조 운동이 더욱 활발해졌다. 이에 위기를 느낀 야루젤스키는 극도로 불안해진 정국을 타파하기 위해 1981년 12월 13일 계엄령(Stan Wojenny)을 선포하게 되었다.

계엄령을 통해 야루젤스키는 소요 사태로 어지러운 폴란드 정국을 안정시키고자 했다. 노동자의 노조 활동을 정권을 위협하는 반정부 운동으로 여겼다. 이에 계엄령 선포를 통해 자유 노조 간부는 물론 자신의 정적이라 생각되는 과거 정부의 관리들을 부정 축재자란 죄목으로 체포하였다. 당시 체포 된 수만 거의 5백여 명에 다다랐다. 동시에 야루젤스키는 국경 폐쇄, 전화 및 팩스 단절, 여행 금지, 시민 자유권 박탈, 사생활 보호권 박탈, 통해 금지, 극장 폐쇄, 학교 휴교 및 언론 통폐합 등도 단행하였다. 이에 따라 야루젤스키는 자유 노조의 불법화를 선언하였고, 그 후 자유 노조 탄압을 수년간 지속하였다.[15]

계엄령에 반발한 노동자들은 그단스크를 중심으로 연대 파업을 일으키며 거세게 저항하였다([그림 1-3] 참조). 그러나 이미 다수의 자유 노조 간부들이 체포된 상태였기 때문에 조직적으로 반항하기란 쉽지 않았다. 특히 부옉(Wujek) 광산의 시위가 유혈 진압으로 마무리됨으로써, 노조를 중심으로 한 반정부 시위는 산발적이 되었고, 이나마도 시간이 지나면서 더욱 약화되었다.

야루젤스키의 탄압 정책이 나름의 성과를 보이는 듯했다. 계엄령을 위시한 노조 탄압 정책을 통해 1982년 10월 드디어 폴란드 내 모든 자유 노조 활동은 완전하게 금지되었다. 그 결과 노조 운동의 중심이었던 바웬사, 그리고 그와 같은 노동 운동을 하던 다수의 노조 지도자들 역시 체포되었다. 당시 체포된 반(反)체제 인사는 약 5천여 명에 다다랐다.

이와 같은 강압적 노조 탄압 정책을 마주한 기존 노조들은 반정부 활동을 지하에서 연명해 나갔다. 예를 들어, 자유 노조의 지도자인 바웬사는 가택 연금 상태에서도 반정부 투쟁을 계속했다. 그가 펼친 가택 연금 상태의 노조 운동은 혼자만의 투쟁은 아니었다. 당시 폴란드 출신의 교황이었던 요한 바오르 2세가 반정부 투쟁에 대한 지지 성명을 발표하면서 바웬사의 반정부 운동은 새로운 국면을 맞이하게 되었다. 교황의 지지 성명 이후, 폴란드의 자유 노조 활동은 국내 정치 현안을 넘어 국제 사회의 이슈로 부상하기 시작했다.

또 하나 주목할 점은 비록 반정부 운동이 폴란드 국내에서 극도의 제약을 받았다 하더라도 해외로 나아가 계속 진행되었다는 것이다. 그 예로, 당시 다수의 반체제 인사들은 폴란드를 떠나 해외에서 국내의 반정부 운동을 지원하는 등 새로운 방식으로 반정부 운동을 지속해 나아갔다. 해외에 주재한 주미·주일대사 등과 같은 정계 인사들은 서구 사회로 줄지어 망명했으며, 이들은 망명한 국가에서 반정부 운동을 계속하였다.

　폴란드 공산정권에 대한 저항운동이 대내외적으로 발생하던 당시, 바웬사를 중심으로 한 반정부 자유 노조 활동이 획기적으로 전환되는 사건이 발생하였다. 그 사건은 바로 다름 아닌 당시 가택에 연금 중이었던 바웬사가 1983년 노벨평화상을 수상하게 된 것이다. 바웬사가 노벨평화상을 수상하자, 당시 야루젤스키 정부가 취했던 계엄령이 이제는 명분을 갖기 더욱 어려워졌다. 결국 야루젤스키는 민주화를 요구하는 대내외적 압력에 백기를 들고 1983년 7월 계엄령을 해제하였다. 물론 야루젤스키 정권의 항복이 곧 공산정권의 몰락을 의미하지는 않았다. 폴란드는 여전히 친정부적인 통일 노동자당에 의해 장악되었다. 사실 이들은 변화를 받아들이기보다 과거 공산체제를 지지하는 견해를 고수했고, 이런 이들의 태도는 내부로부터의 개혁을 가로막는 최대의 걸림돌이 되었다.

　계엄령 해제 이후, 야루젤스키 정권은 날로 악화하는 폴란드 경제를 회생하기 위해 다양한 개혁 실험도 시도하였다. 1985년 12월까지 시한을 둔 '위기상태법'을 제정은 주목할 만한 사건이다. 위기상태법을 통해 야루젤스키는 계엄해제에 따른 불안 요소를 최소화할 수 있는 안전장치를 마련하고자 했다. 동시에 소위 '표준화' 프로그램을 통해 폴란드 경제를 복구하려는 시도도 병행하였다.

　야루젤스키는 경제적인 개혁뿐만 아니라 정치적 화해의 방안도 모색하였다. 예를 들어, 1989년에는 반체제 인사 255명을 포함한 대대적 사면을 단행하였다. 또한 정적과 화해하고 폴란드 정국의 안정화를 위해 재야 민주계 인사를 포함한 56명으로 구성된 고문 위원회도 창설하였다. 이를 통해 폴란드 공산정권의 이미지를 개선하려고 시도하였다.[16] 그러나 야루젤스키의 개혁 의지와는 무관하게, 폴란드의 경제는 계속해서 악화되었다. 당시 4백억 달러가 넘는 외채와 고질적인 인플레이션으로 인해 국민들은 극심한 고통을 받았다. 그 결과 1980년대 폴란드 국민들의 임금은 1970년대 수준 이하로 떨어지게 되었다.[17]

이처럼 국내 경제 상황이 계속해서 악화되면서, 생존을 모색하던 야루젤스키는 자신의 정권 기반을 안정화하고자 야당과의 화해도 시도하였다. 당시 야루젤스키는 1987년 11월 폴란드 정부의 정치 및 경제 분야의 개혁을 위한 국민 투표를 시행하려 했으나 이는 결국 부결되고 말았다. 이로 인해 폴란드 공산당 정부의 입지가 더욱 좁아졌고, 그 와중에 1988년 8월부터는 다시 탄광을 중심으로 전국적인 파업이 시작되었다. 이는 폴란드 공산정권 붕괴를 더욱 촉진하는 사건이 되었다. 이처럼 혼란스러운 정국을 타결하기 위해 당시 폴란드의 집권 세력은 야당과의 접촉을 적극적으로 시도하였다. 이들이 야당과의 대화 창구를 복원하는 과정에서, 노조 동맹 간부들과 반체제 인사들도 1986년 사면되어 복권되었다. 또한 1989년 1월부터는 그동안 탄압으로 지하로 잠적했던 자유 노조가 다시 합법화되었다. 그 결과 1989년 4월에는 야권과 원탁회의를 개최하기로 합의하였고, 본 협상을 통해 파업 종결을 설득하였다. 그러나 이 모든 시도는 야루젤스키의 의도와는 달리, 향후 치러질 자유선거의 기틀을 마련하는 주요한 전기가 되었다.

04

민주화
과정

원탁회의

1989년 6월 4일 실시된 부분 자유선거에서 자유 노조가 압승함에 따라, 그해 여름 폴란드는 평화로운 정권 이양을 경험하였다. 비록 폴란드 공산정권은 1989년에 몰락한 것이 사실이나, 이는 지난 10여 년간 지속해 온 실제적 정권 교체에 대한 열망과 노력의 결과라고 볼 수 있다.

그 결과로 이어진 사건 중 첫 번째로 주목해야 할 것이 바로 폴란드 공산주의 집권 정부와 자유 노조 사이에 개최된 원탁회의(Okrągły Stół)이다. 원탁회의는 폴란드 인민 공화국과 자유 노조 간의 회의로서, 1989년 2월 6일부터 그해 4월 4일까지 진행되었다. 비록 1989년에 원탁회의가 개최되었지만, 그 전부터 원탁회의 개최를 위한 노력이 없지는 않았다. 1988년에 폴란드 집권당은 원탁 회의를 개최하려고 했으나, 당시 전국

적으로 진행된 노동자 파업으
로 인해 개최하지 못했다. 이러
한 우여곡절을 겪은 후 1989년
2월 6일 드디어 체스와프 키슈
차크(Czesław Kiszczak) 장관이
주도하는 원탁회의가 개최되었
다([그림 1-4] 참조).

[그림 1-4] 원탁회의
출처: Tcat

원탁회의는 폴란드 공식 정
부 연립파와 자유 노조를 중심으로 개최된 회의로서, 재·야간 정치, 경
제 및 사회에 대한 전반적인 개혁을 논의하는 장이 되었다. 원탁회의를
통해 자유 노조는 다음과 같은 사항을 요구하고, 이 요구는 회의를 통
해 채택되었다.

첫째, 자유 노조를 합법화한다.

둘째, 국회에서 100석 규모의 상원을 부활하고, 이들 상원 의원은 자
유선거로 선출한다.

셋째, 국회의원 선거를 통한 민주주의 정착과 전환기 기간을 가지기
위해 하원의 35%를 자유 선거로 뽑고, 폴란드 연합 노동자 등과 관제
정당과 같은 공산주의 색채의 정당들에게 60%의 의석을 할당한다. 나머
지 5%를 로마 가톨릭 정당들에게 배분하는 것으로 합의한다.

넷째, 재야 세력은 신문, 라디오, TV 등 언론 매체를 소유할 수 있다.

마지막으로, 동시에 6년 임기의 대통령제를 도입함으로써 국가의 최고
지도자를 당서기에서 대통령으로 전환하는 제도적 변화를 모색한다.[18]

원탁회의는 두 가지 차원의 중요한 정치적 함의를 내포한다. 첫째, 원탁회의를 통해 당시 폴란드 집권 정부가 노동자와 농민의 권리와 이익을 대변하는 계기를 마련해 주었다는 점이다. 물론 폴란드 정부가 차후 자신들이 주도한 경제 개혁이 실패할 경우 원탁회의에 초대된 재야인사에게 그 책임을 전가하려는 의도가 있었던 것도 사실이다. 그렇지만 자유 노조를 중심으로 형성된 이들 재야인사의 참여는 경제 개혁 과정에서 높아진 노동자의 불만을 반영하는 주요한 통로로도 사용되었다. 둘째, 원탁회의는 사회주의 체제에서 자유 민주주의 체제로 전환하기 위한 기틀을 마련하는 중요한 전기가 되었다. 사회주의 국가가 선거를 통해 평화적인 방법으로 민주주의와 자유시장경제체제로 전환하는 데 필요한 방법론을 제시하였다.[19]

자유선거

폴란드 공산당과 자유 노조 간에 개최된 원탁회의의 결과로서 1989년 6월 4일과 18일 두 차례에 걸쳐 상하원을 뽑는 자유선거가 실시되었다. 이를 통해 대통령직과 상원의원직이 신설되었고, 하원 의원의 35%는 자유선거를 통해 선출하게 되었다. 또한 누구든지 3천 명 이상의 추천을 받으면 피선거권을 가질 수 있게 되었다.

하원 선거의 경우 집권 공산당인 폴란드 통일 노동자당이 1위를 차지했으며, 자유 노조가 2당이 되었다. 공산당은 실제 선거에서 단 한 석의 의원도 배출하지 못하는 참패를 겪었다. 그러나 당시 자유 노조가 전체 하원 의석의 35%인 135석 전 석을 휩쓸었음에도, 배정의석으로 인해 공산당이 제1당이 되었다. 상원의 경우 100석의 위원 중 자유 노조가 99석을 차지했고, 무소속이 1석을 차지하게 되었다. 그 결과 상·하원을 합해 공산당과 재야 간의 의석 수는 300대 260으로 팽팽한 균형을 이루게 되었다. 그러나 사실 이런 숫자로 나타난 균형점보다 더 중요한 것은 공산당의 입지가 거의 사라졌다는 점이다.

공산당의 패배와 자유 진영의 승리가 나타나게 된 원인은 다음과 같이 몇 가지로 요약할 수 있다.[20] 우선 공산당 진영이 패배

[그림 1-5] 폴란드 자유 선거
출처: 국가기록원

하게 된 첫 번째 원인은, 폴란드 통일 노동자당 지도부가 변화하는 국내 정치 지형과 그로 인해 높아진 국민의 정치의식을 정확하게 이해하지 못했기 때문이다. 특히 과거 40여 년간 공산당에서 공천만 받으면 곧 당선이라는 등식에 익숙해져 있던 터라 민주화를 갈망하는 유권자의 새로운 요구에 부응하는 제대로 된 선거운동이나 전략을 펼치지 못했다. 둘째, 공산당의 후보자 선출방식이 지닌 문제점이다. 경쟁력 있는 후보를 당내 경선을 통해 선출하기보다는, 당에 충성하는 후보자를 경선 없이 공천하는 방식을 허용해 왔다. 그 결과 실제 입후보할 지역구와 전혀 연고가 없는 인물이 당의 지역구 후보로 내세워졌고, 이로 인해 선거에서의 참패할 수밖에 없었다. 셋째, 공산당은 상대방에 대한 철저한 분석 없이 안일한 태도로 선거에 임했기 때문에 선거에서 패배하였다. 이들은 실제 선거 유세를 하면서 상대방에게 제대로 된 공격을 하지 못했을 뿐만 아

니라, 유권자와의 원활한 소통에도 어려움을 겪었다. 반면, 재야 측 후보들은 기존의 공산주의 체제를 지속할 경우 더는 희망이 없다는 것을 강조하였다. 이와 동시에 자유 노조의 지도자이며, 폴란드 민주화 운동의 아이콘인 바웬사와 로마 가톨릭교회 신부들이 함께 지역구 선거 유세에 참여한 것이 야당 후보가 승리하는 결정적 요인으로 작용하였다.

이렇게 직접 선거 과정을 거쳐 폴란드는 민주주의적인 의회(Sejm)를 도입하는 데에도 성공하였다. 1989년 6월 4일 치러진 폴란드 역사상 첫 민주주의적인 선거에서, 바웬사가 이끄는 자유 노조는 압도적인 승리를 차지하며 의회 대부분을 차지하였다. 이에 따라 폴란드 인민 공화국은 붕괴하고 1989년부터 폴란드의 제3공화국이 출범하게 되었다.

폴란드의 초대 대통령은 국회에서 선출하였다. 원탁회의 합의에 따라 야루젤스키 당서기가 대통령으로 선출되었다. 물론 처음에 그는 선거를 통한 대통령직에 도전하는 것을 꺼렸다. 그 주된 이유 중 하나는 바로 자신이 유권자들의 마음을 사로잡을 수 있을지에 대한 의문을 품고 있었기 때문이다. 그러나 바웬사가 대통령 선거에 대한 불출마를 선언하면서 야루젤스키가 단독 후보가 되는 상황이 되자, 그는 대통령직에 도전하였다.

비록 야루젤스키가 제3공화국의 초대 대통령이 되었다고는 하나, 그 자신이 원하는 방향으로 국정을 이끌어 갈 수가 없었다. 예를 들어, 그는 자신의 심복이자 공산당 출신 인사인 키쉬착을 제3공화국의 총리로 임명하려고 했으나, 자유 노조의 반발에 부딪혀 실패하였다. 이후 그는 비공산당 출신이자, 자유 노조 출신 변호사인 마조비에츠키를 수상으로 지명하였다. 결과적으로, 폴란드는 민주 헌법을 기반으로 삼아 국명도 폴란드 공화국으로 개명했으며, 마조비에츠키를 중심으로 새롭게 출범한 민주정은 국민의 절대적 지지를 받으며 출범하게 되었다.

이런 과정을 거치는 과정에서 야루젤스키는 종국에는 실권하게 되었다. 그 과정에서 개혁파가 정국을 이끌어 가는 형국을 맞게 되었다. 더불어 야루젤스키 대통령이 개혁에 미온적이고, 옛 공산권 세력을 잔류시킨다는 비판이 거세지면서 그의 조기 퇴임에 대한 압력은 날로 거세졌다.

국회의원 선거가 시행된 후 1990년에 실시된 지방 선거에서 자유 노조가 또다시 승리하였다. 그 결과 통일 노동당이 차지하고 있었던 주요 장관 자리를 자유 노조가 위임받게 되었다. 또한 그해 10월에는 야루젤스키 대통령에게 대통령 임기를 다시 설정하는 헌법 수정에 동의하도록 압력을 넣게 되었고, 그에 따라 마침내 야루젤스키는 대통령직에서 사임하게 되었다.

이후 폴란드에는 5년 직선제 대통령직이 신설되었고, 이는 헌법에 명시되었다. 그리고 1990년 11월에 치러진 대통령 선거를 통해 자유 노조를 이끌었던 바웬사가 민주 폴란드의 2대 대통령으로 당선되었다. 마찬가지로 12월 폴란드는 폴란드 공화국으로 개명하게 되었다. 이후 런던에서 망명 생활을 하던 망명 정부도 자연스럽게 해산되었다. 1991년에는 드디어 진정한 의미의 자유선거가 치러졌고, 그 결과 공산주의 체제는 역사의 뒤안길로 사라지게 되었다.

05

폴란드 공산정권 몰락의
주요 요건

　폴란드 공산권 몰락의 원인은 크게 네 가지 측면에서 찾아볼 수 있다.[21] 첫 번째는 외부적 요인이다. 전술하였듯이, 고르바초프의 대외 정책 노선의 변화가 폴란드 민주화 과정에서 중요한 변수로 작용하였다. 소련의 경제 상황이 악화됨에 따라 과거 소련 중심의 동구권 경제 블록인 코메콤을 운영한다는 것이 사실상 어려워졌다. 그로 인해 소련의 내부적 변화는 피할 수 없는 현실이 되었다. 이러한 배경 속에서, 당시 소련의 서기장인 고르바초프는 폴란드의 야루젤스키와 그의 무리에게 기존의 공산주의 경제 체제를 변화시키라는 압력을 넣기 시작했다. 특히 1980년대 중후반부터는 더 이상 루브르화에 기반한 경제 활동이 아닌 달러화를 중심으로 한 경제 구조의 변화를 추구하는 것이 바람직하다는 외부의 환경 변화가 시작되었는데, 이것이 폴란드 민주화 과정의 주요 동인으로 작동하게 되었다.

두 번째는 경제적 요인의 변화에 따른 결과이다. 야루젤스키 서기장은 1981년 쿠데타로 폴란드의 정권을 잡은 뒤 경제를 개혁하기 위해 많은 시도를 시도했다. 그 길만이 자신의 집권을 장기화하는 방향이며, 항상 불만 세력으로 남아 있는 노동자 연대의 거센 항거를 잠재울 방법이라 생각했기 때문이다. 그러나 폴란드는 두 가지 현상에 대한 딜레마에 빠져 있었다. 즉, 자유화에 대한 열망과 동시에 공산당 정권의 영속성을 추구하는 과정에서 발생하는 딜레마를 해결할 수 없었다. 특히 1980년대 초반부터 목도된 폴란드 내에서의 민영화 현상을 주목할 필요가 있다. 사실 공산주의 체제에서 민영화란 자신들의 기저 사상과 대치되는 현상이다. 그러나 기존의 공산주의 체제로는 악화일로에 들어선 폴란드의 경제 상황을 반전시킬 수 없다는 생각이 폴란드 내에 전반적으로 퍼지기 시작하면서 민영화 현상이 나타난 것이다. 또한 해외에 거주하는 폴란드인이 참가하는 수백 개의 '폴로니아'가 설립되고 확산하면서 폴란드의 기업 문화가 더욱 자유화되어 가는 전기가 되었다. 이와 동시에 부의 사유화가 진행되었는데, 당시 노만클라투라 계층의 급속한 증가를 목도할 수 있었다. 이렇게 시장 경제가 급속도로 폴란드 내부에 스며들면서 폴란드가 추구하는 공산주의 계획 경제의 성공 가능성은 점차 희박해졌고, 이는 곧 민주화로 나아가는 전기가 되었다.

세 번째 요인은 폴란드 공산정권 몰락의 주요한 정치적 원인 중 그 무엇보다 중요한 것으로 여겨지는데, 바로 1981년 야루젤스키가 계엄령을 선포한 후 다수의 공산당원이 탈당한 것이다. 이는 공산당원의 절대적 숫자가 감소한 것을 의미할 뿐만 아니라, 공산당이 젊은이들에게 외면받기 시작했다는 점을 보여 주었다는 점에서 주목할 만한 정치적 사건이다. 그 결과 신규 공산당원은 늘지 않고 기존 공산당원의 평균 연령만이 높아졌다. 1980년대를 거치면서 폴란드 내에서의 공산당원은 곧 구시대적 모습이라는 인식으로 점점 굳어져 갔다. 이와 함께 과거 공산당이 가졌던 권력도 시간이 지남에 따라 약해지는 현상을 보였다. 또한 당시 폴란드 의회 내에서 활동하던 공산당원 출신 의원들은 의회 내각을 지지하기보다는 비판하는 세력으로 변해 가고 있었다. 결국 폴란드의 정치 체제를 이끌었던 공산당의 점진적 와해는 폴란드 민주화의 중요한 시발점이 되었다.

　마지막 요인은 폴란드 내 가톨릭 교인들의 힘이다. 폴란드 내에서 가톨릭은 1980년대부터 그 목소리를 내기 시작했다. 가톨릭 집단들은 폴란드 내의 의견을 수렴하는 장이 되었을 뿐만 아니라 외부와 접촉하는 중요한 통로의 역할도 수행했다. 이를 통해 폴란드는 내부에만 얽매어서 자신의 경제, 사회 및 문화 체제를 유지해 나가는 데에 한계를 느끼게 되었고, 이는 폴란드 민주화의 또 다른 주요 동인으로 작동했다.

제2장

체코슬로바키아 공산정권의 수립과 붕괴에 대한 고찰 : 경제적 이유를 중심으로

김상원

1989년 베를린 장벽 붕괴와 1991년 소련 해체로 유럽 대륙에서 공산정권이 역사의 뒤안길로 사라진 지 30년이 지나고 있다. 사회주의 혁명을 통해 새로운 국가 건설을 희망했던 이들은 자신들의 삶을 옥죄던 빈곤, 실업, 불황, 소외와 같은 자본주의 적폐로부터 노동자와 농민을 포함한 모든 사람을 구해 낼 수 있을 것으로 생각했다. 그러나 권력을 쟁취하기 위한 지도부 간의 갈등과 투쟁 그리고 공산당 독재 유지를 위해 실시된 정책으로 억제된 국민의 자유는 억압되었다. 그리고 사회 전반에 걸쳐 불공정한 분배에 따른 부정부패가 만연했고, 경제는 지속적인 생산량 하락으로 만성적인 결핍의 문제가 나타났다. 결국 이 문제들로 인하여 실질적인 자유와 평등을 실현하기 위해 형성되었던 수많은 국가의 실험은 거의 동시에 실패로 끝났다. 따라서 실제 공산정권 지배에 의한 경제 운영이 문제가 있는지를 살펴보는 것은 유의미하다고 할 수 있다. 특히 체코슬로바키아의 경우 제2차 세계대전 이후 공산당이 정권을 잡기 이전부터 전통적인 공업 국가였고, 경제적 잠재력이 매우 높은 국가로 평가를 받았었다. 즉, 정상적인 경제성과를 보여 주었던 국가가 계획경제 도입으로 겪은 장단점을 잘 보여 주는 좋은 예라 할 수 있다. 체코슬로바키아는 동유럽국가 중 산업화가 가장 잘 이루어진 국가였다. 소비 수준도 서유럽의 일반적인 수준보다 훨씬 낮았지만, 체코슬로바키아는 다른 동유럽국가보다 높은 생활 수준을 보여 주었다. 또한 대외 무역에 크게 의존하는 경향을 보였지만, 국가 부채도 동유럽에서 가장 낮았다. 그런데도 체코슬로바키아 경제 역시 심각한 문제가 있었다. 경제 성장의 둔화 문제를 해결하기 위한 시도한 1968년의 프라하의 봄은 실패로 끝났고, 이를 극복하기 위해 실시한 1970년대 말과 1980년대 초에 이루어진 산업 투자는 예상한 만큼 좋은 성과를 거두지 못했다. 이유는 공산당 지도부의 적극적인 경제개혁에 대한 요구를 수용하지 않은 것에 있다고 할 수 있다. 오랫동안 이어진 공산당 정권의 독재는 급진적인 변화를 거부했고, 이로써 계획 당국은 시장이 무엇을 필요로 하는지를 정확히 이해하지 못했다. 기업의 경쟁력 상실, 시장의 활력 감소, 보조금 증가에 따른 국가 재정 부담의 증가가 결국 체코슬로바키아의 경제뿐만 아니라 공산정권의 붕괴를 가져온 주요 원인이라고 할 수 있다.

이 장은 『외국학연구』 제54집(2020)에 게재된 "체코슬로바키아 공산정권의 성립과 붕괴에 대한 소고"를 수정·보완한 글이다.

01

머리말

1989년 베를린 장벽 붕괴와 1991년 소련 해체로 유럽 대륙에 존재하던 공산정권들이 역사의 뒤안길로 사라진 지 30년이 지나고 있다. 사회주의 혁명을 통해 새로운 국가 건설을 희망했던 이들은 자신들의 삶을 옥죄던 빈곤, 실업, 불황, 소외와 같은 자본주의 적폐로부터 노동자와 농민을 포함한 모든 사람을 구해 낼 수 있을 것으로 생각했다. 그러나 권력을 쟁취하기 위한 공산당 지도부 간의 갈등과 투쟁 그리고 독재 유지를 위해 실시된 국민에 대한 억제와 통제 정책 등은 결국 사회 전반에 걸쳐 불공정한 분배와 부정부패가 만연하는 원인이 되었고, 경제는 지속적인 생산량 하락으로 만성적인 결핍의 문제가 나타났다. 이러한 결과로 실질적인 자유와 평등을 실현하기 위해 형성되었던 수많은 공산정권 국가들의 실험은 거의 동시에 실패로 끝났다. 공산정권의 실패 원인에 대해서는 다양한 논의가 존재한다. 일반적으로는 제기되는 이유는 내부적으로는 경제 위기, 정당성의 상실, 시민사회의 미발달 그리고 외부적으로는 소련 공산당 서기장이었던 고르바초프의 개혁과 개방 정책 등 다양하다. 약 70년 동안 존재했던 사회주의 혁명의 기운이 사라진 이유를 한두 가지로 설명하기는 쉽지 않다. 그러나 많은 연구자가 실패 원인 중 공통으로 제시하는 것은 경제 문제이다. 왜냐하면 사회주의 혁명의 필요와 필연성을 주장했던 마르크스가 제시했던 주요 이유가 자본주의의 경제 문제였기 때문이다. 그러나 사회주의 혁명을 통해 자본주의 경제의 대안으로 계획경제를 실시했던 국가들은 지금 자본주의 시장경제를 선택하고 있으며, 계획경제의 실패 원인으로 개인의 자유 제한 및 박탈 그리고 공산당 일당 독재의 전횡을 언급하고 있다. 즉, 사유 재산에 대한 운영 권한 폐지로 생산 부문 활성화를 촉구하는 인센티브가 왜곡되어 노동과 자본의 유기적 결합을 방해하였다는 것이다. 이로써 지속적인 경제 발전 추구가 어려워졌다. 계획을 설계하고 운영하는 중앙 당국은 각각의 경제 주체의 개별적인 생산 단계에서 발생하는 결정과 문제에 대해 예상하고 통제할 수 있어야 했다. 또한 이 과정을 통해 만들어지는 결과까지 명확하게 예측해야 하는 문제도 있었다. 그러나 계획의 운영 중 문제가 발생하면 목표를 달성하기 위해 재량예산(Soft Budget)이 허용되어 비효율적인 문제가 발생해도 이를 대체하지 않고 진행함으로써 과도한 비용이 발생할 가능성이 자주 발생했다. 이 결과 계획경제는 시장이 작동하는 정보와 가치평가가 작동하지 않았다. 결국 희소성의 원리가 사라진 계획경제는 무엇을 어떻게 생산할 것인지를 결정하는 근본적인 원리가 작동하지 않음으로써 경쟁력을 상실할 수밖에 없었다. 이런 근본적인 원인을 기초로 실제 공산정권에 의한 경제 운영에 있어서 어떠한 문제가 있었는지를 살펴보는 것은 유의미하다고 할 수 있다.

특히 체코슬로바키아의 경우 제2차 세계대전 이후 공산당이 정권을 잡기 이전부터 전통적인 공업 국가였고, 경제적 잠재력이 매우 높은 국가로 평가를 받았었다. 따라서 정상적인 경제성과를 보여 주었던 국가가 계획경제 도입으로 겪은 장단점을 잘 보여 주는 좋은 예라 할 수 있다. 실제로 체코슬로바키아는 공산정권 시기 경제의 피폐화로 많은 어려움을 겪었고, 그 결과 시장경제로의 전환 초기인 1990년 1인당 GDP는 3천 달러를 조금 넘는 수준으로 매우 낮았다. 이후 1993년 체코슬로바키아는 체코와 슬로바키아로 두 국가로 분리되는 혼란을 겪었지만, 경제 정상화를 위한 노력은 지속해서 이루어졌다. 현재 체코와 슬로바키아 두 국가는 유로존 국가들보다 높은 경제 성장률을 기록하고 있으며, 유리한 지리적 위치와 양질의 저렴한 노동력 등의 이유로 많은 투자가 이루어지고 있다. 이 결과 2019년 현재 체코는 1인당 GDP는 2만 2,627달러로 세계 36위, 슬로바키아는 1만 8,669달러로 세계 40위 국가로 성장했다. 체코슬로바키아가 보여 주는 높은 경제적 성과는 유연성이 부족했던 계획경제 시기에도 나타나기는 했었다. 1980년대 초반까지도 체코슬로바키아는 동유럽 국가 중 산업화가 가장 잘 이루어진 국가였다. 소비 수준도 서유럽의 일반적인 수준보다 훨씬 낮았지만, 체코슬로바키아는 다른 공산권 국가보다 높은 생활 수준을 영위했었다. 또한 대외무역에 크게 의존하는 경향을 보였지만, 국가 부채도 동유럽에서 가장 낮았다. 그런데도 체코슬로바키아 경제 역시 심각한 문제가 있었다. 바로 경제 성장의 둔화가 핵심 문제였다. 이를 해결하기 위해 시도한 1968년의 프라하의 봄은 실패로 끝났고, 1970년대 말과 1980년대 초에 이루어진 경제 성장을 위한 산업 투자 확대 역시 예상한 만큼 좋은 성과를 거두지 못했다. 비효율적인 경제 운용으로 과도한 에너지 및 원자재 소비가 이루어져 국가 재정에 심각한 부담이 되었다. 체코슬로바키아 공산당 지도부는 경제가 충분한 성과를 내놓지 못하는 것에 대해 경제 지도부를 비난했지만, 외부의 평가는 공산당 지도부가 적극적인 경제 개혁에 대한 요구를 수용하지 않은 것에 좀 더 많은 비판을 가했다.

계획경제와 시장경제에서 사용하는 통계적 개념과 절차가 달라서 체코슬로바키아의 공산정권 시기 경제 상태를 객관적으로 평가하는 것은 어려운 문제이기도 하다. 또한 체코슬로바키아를 비롯한 공산정권 국가들의 공식적인 경제 통계 조작이 있었다고 알려졌기 때문에 더욱 평가하기가 쉽지 않다. 오랫동안 이어진 공산정권의 독재는 급진적인 변화를 거부했고, 이로써 계획 당국은 시장이 무엇을 필요로 하는지를 정확히 이해하지 못했다. 기업의 경쟁력 상실, 시장의 활력 감소, 보조금 증가에 따른 국가 재정 부담의 증가가 결국 체코슬로바키아의 경제뿐만 아니라 공산정권의 붕괴를 가져온 주요 원인이라고 할 수 있다. 이 원인의 구체적인 형성 과정과 결과를 분석하기 위해 본 연구는 우선 체코슬로바키아의 공산정권 설립과 붕괴 과정을 역사적으로 살펴보고, 이후에 공산정권 시기 경제를 제2차 세계대전 이후부터 1960년까지의 체코슬로바키아 공화국 시기와 1960부터 1990년까지의 체코슬로바키아 사회주의 공화국 시대로 나누어 분석하겠다. 마지막으로 공산당이 지배 세력으로 존재했던 기간의 경제 정책과 성과를 논의하고, 공산정권 붕괴 원인으로써 경제적 요인을 평가해 보겠다.

02

체코슬로바키아
공산정권의 특징

체코슬로바키아 공산정권의 수립과 변화

1914년 6월 보스니아 사라예보에서 오스트리아-헝가리 제국 황태자가 피격을 당해 살해당하면서 제1차 세계대전이 발발하였다. 오스트리아-헝가리 제국은 슬라브계인 체코, 폴란드, 우크라이나, 크로아티아, 슬로바키아, 세르비아, 슬로베니아 등 11개 민족이 포함된 다민족 국가였다. 그리고 황태자를 암살했던 청년은 세르비아계였다. 당시 이 지역에는 러시아가 지원하는 범슬라브 민족주의 운동이 세르비아를 중심으로 활발하게 이루어지고 있었다. 결국 오스트리아-헝가리 제국은 이 사건을 계기로 1914년 7월 세르비아에 선전포고하고 동맹국인 독일과 함께 세르비아를 지지하는 러시아, 영국, 프랑스에 전쟁을 선언하면서 제1차 세계대전은 시작되었다. 그러나 전쟁 초기 체코는 뚜렷한 태도를 보이지 않았다. 이유는 당시 체코 지역의 일부분은 독일화되어 있었고, 다른 민족들에 비해서 정치·경제적 견고함을 바탕으로 제국 내에서 안정적인 위치를 차지하고 있었기 때문이다. 그러나 전쟁의 진행과 함께 오스트리아-헝가리 제국의 강압 정치는 체코 민족의 반(反)합스부르크 저항을 불러일으켰고, 해외로 이주한 교포들과 함께 체코와 슬로바키아를 합쳐 체코슬로바키아 독립국을 창설하려는 움직임으로 이어졌다.

체코슬로바키아 독립운동이 구체화한 것은 에드바르트 베네시(Edvard Beneš)와 밀란 슈테파니크(Milan Rastislav Štefánik)가 1915년 체코슬로바키아 민족 회의(Československá národní rada)를 구성하면서 시작되었다.[1] 이들의 활동 목적은 우선 독립 국가의 창설이었다. 이들은 독립의 의지를 연합국들에 알리는 방편으로 체코슬로바키아 군단을 창설해 전쟁에 참여하였다. 체코슬로바키아 군단은 러시아뿐만 아니라 프랑스와 이탈리아에서도 조직되어 서부 전선과 동부 전선 등에서 전격적으로 활동하였고, 전후 독립 국가 설립에 많이 이바지하였다. 전쟁의 격화는 더욱 체코와 슬로바키아인들에게 독립 국가 설립의 열망을 키우는 동기가 되었고, 동시에 1917년 러시아 사회주의 혁명의 성공은 이 지역에 사회주의 국가 건설이라는 움직임이 태동하는 계기가 되었다.

체코슬로바키아 제1공화국은 1918년 전쟁의 승기가 점차 연합국 쪽으로 기울면서 독립 국가 창설을 위한 민족 위원회(Národní výbor)를 발족하면서 시작되었다. 동년 7월 연합국들도 체코슬로바키아 민족 위원회를 대표 기구로 인정하였다. 이후 체코슬로바키아 민족 위원회는 10월에 임시정부로 개편하면서 독립 선언을 하고 체코슬로바키아 제1공화국의 시작을 공표하였다. 초대 대통령으로 토마시 마사리크(Tomáš Garrigue

Masaryk)가 선출되었고, 그는 1935년까지 재임하였다. 내각제와 대통령제를 혼합한 정치 형태를 기반으로 독립 국가의 운영을 시작한 체코슬로바키아는 초기부터 다양한 문제를 가지고 있었다. 우선 체코, 슬로바키아, 독일, 헝가리, 우크라이나, 러시아, 폴란드, 유대인 등으로 구성된 다민족 국가였고, 특히 국가의 핵심 민족 중 하나였던 슬로바키아인은 체코인보다 수적인 열세에 있었다. 그리고 공업이 발달한 체코 지역보다, 슬로바키아인이 거주하는 지역은 헝가리의 지배 아래에 있었고 전통적인 농업지역이었다. 이 문제는 향후 지속해서 체코와 슬로바키아 간의 민족적 갈등을 유발하는 요소로 작용하였다.

1920년 2월 프랑스 제3공화국을 모델로 새로운 헌법이 채택되었고, 이를 기반으로 치러진 선거에서 체코슬로바키아 사회민주당(Československá sociální demokracie)이 제1당이 되었다. 그러나 체코와 슬로바키아가 추진했던 민족 중심의 독립 국가 발전을 적극적으로 반대하던 독일 민족당(German nationalist parties)과 공산당(Communist Party)은 중앙집권제 반대와 자치권을 강하게 요구하면서 내적 갈등은 지속되었다. 이런 분란은 다시 사회 개혁 추진과 러시아와 같은 사회주의 국가를 지향하는 측으로 양분되면서 체코슬로바키아 사회민주당도 좌파 진영이 분리되어 1921년 체코슬로바키아 공산당(Komunistická strana Československa)으로 재창당하였다. 공산당은 반정부적 자세를 지속해서 유지하였고, 제3인터내셔널[2]의 지침을 중심으로 체코슬로바키아의 문제를 제기하였다. 즉, 체코슬로바키아는 베르사유 체제의 결과물로서 부르주아 국가이기 때문에 공산당으로서는 타도의 대상이었다. 1925년 선거에서 공산당은 경제적 불황의 여파로 실업, 인플레이션 등으로 인한 노동자들의 불만 증가를 계기로 제2당으로 급속하게 성장하였다. 경제적 어려움이 있었음에도 전후 복구 사업은 지속되어 경제 성장을 견인하는 슈코다(Škoda) 자동차 같은 다양한 산업체도 등장하였다.

세계 경제를 혼란에 빠뜨린 대공황은 1930년대 기간 동안 지속되었고, 체코슬로바키아 역시 이 불황에서 벗어나지 못했다. 경제적 어려움은 특히 공업이 집중되었던 체코슬로바키아와 독일 국경 지역인 독일인 거주 지역에서 심각하게 벌어졌고, 이는 다시금 독일인들 사이에서 민족주의가 등장하는 원인이 되었다. 특히 1933년 독일에서 히틀러의 등장과 함께 더욱 가속화되었다. 히틀러는 정권 장악 후 독일인이 거주하는 타 국가의 영토로 확장 정책을 시행했다. 1938년 오스트리아를 합병하고 다음 대상을 체코슬로바키아로 정했다. 체코슬로바키아의 주된 민족 구성은 체코인 50%, 독일인 23%, 슬로바키아인 15%였고, 독일인들은 주로 북쪽 독일과 국경 지역인 주데텐(Sudetenland)에 거주하고 있었다. 이 지역은 체코슬로바키아의 주요 공업과 금융업이 몰려있는 곳이었다. 히틀러는 주데텐 지역 이양을 지속해서 요구하면서 동 지역의 독일인들 이탈을 독려하였다. 이러한 혼란이 지속되는 상황에서 주데텐의 독일인들은 공산당 및 민족주의 파시스트들과의 대립하면서 주데텐 독일당(Sudetoněmecká strana)을 창당하였고, 슬로바키아에서도 민족주의를 주장하는 인민당이 약진하였다. 독일과 슬로바키아 민족주의에 맞서 체코 측에서도 민족주의 중심의 국민 통일당(Narodni sjednoceni)이 창당되었다. 또한 극우 민족주의에 대항하는 민주주의와 사회주의 계열 정당들의 연합도 이루어졌다. 국내 정치의 혼란은 히틀러의 영향력 확대를 쉽게 만들었고, 독일과 민족 및 국경선 문제가 있었던 체코슬로바키아 대외전략의 취약성으로 나타나 독일이 요구하는 영토 이양을 허용하여 북쪽 주데텐 지역이 독일의 수중으로 넘어갔다. 1938년 독일과 영국, 이탈리아, 프랑스가 합의하여 주데텐 지역의 독일 합병을 승인하는 뮌헨협정[3]을 체결한 결과이기도 하다. 결국 체코슬로바키아 내부의 갈등은 1938년 새로운 헌법을 채택하면서 체코와 슬로바키아는 연방국으로 전환되었다. 1918년부터 지속되던 체코슬로바키아의 제1공화국이 끝나게 되었다.

체코슬로바키아 제2공화국은 뮌헨협정 이후 시작되었지만, 1년도 되지 못해 히틀러에 의해 다시 흔들리기 시작한다. 히틀러의 체코슬로바키아 해체 전략은 1939년 슬로바키아 민족주의자인 요제프 티소(Jozef Tiso)에게 독립을 보장하는 등 내부 분열을 도모하는 것이었다. 당시 영국, 프랑스 등 유럽은 독일에 대해 유화정책을 실시하고 있었기에 히틀러는 독일인이 거주하는 체코 지역인 보헤미아와 모라비아를 쉽게 점령할 수 있었고, 동시에 슬로바키아는 독립을 선언했다. 즉, 히틀러에 의해 1939년 슬로바키아 제1공화국이 만들어지면서 체코슬로바키아 제2공화국은 2년을 채우지도 못하고, 그동안 지속되었던 체코슬로바키아는 사라지게 되었다. 결국 체코슬로바키아는 제2차 세계대전 종전까지 망명정부만을 유지하며 다시 강대국의 지배하에 놓이게 되었다.

체코슬로바키아 제3공화국은 1945년 5월 독일의 항복과 함께 시작되었다. 동년 10월 체코슬로바키아 공화국 임시 의회가 제2공화국과 망명정부의 대통령이었던 베네시를 대통령으로 선출하면서 출범한 것이다. 이후 1946년 5월 총선에서 공산당이 원내 일당이 되면서 새로운 연립내각을 주도하였다. 우선 공산당은 국가 재건을 빌미로 독일계와 헝가리계 국민의 재산 몰수와 함께 전체산업의 2/3를 국유화하였다. 몰수한 자산과 토지의 상당수를 도시 근로자와 소작농 그리고 소상공인들에게 팔아 버리면서 이들이 대지주와 상류층을 대신하는 사회의 주축 계급으로 성장시키는 정책을 펼친 것이다. 이 외에도 공산당은 체코슬로바키아를 해방한 소련의 위상을 이용하여 정치적 입지를 구축하였다. 그러나 미국이 대대적인 유럽 부흥정책을 시행하면서 공산당의 위상은 흔들리기 시작한다. 사실 미국은 전후 소련이 큰 피해를 보았기 때문에 유럽으로 영향력 확장을 시도할 것이라고 예상하지 못했다. 그러나 중국의 국민당이 공산당에 밀리고, 그리스와 터키에서 공산당 영향력이 확장됨과 동시에 소련이 핵무기 개발에 성공하자 유럽지역에서 공산주의에 대한 위기론을 극복하고자 미국은 기존 정책을 바꾸어 적극적인 유럽 지원 정책으로 선회하면서 마셜 플랜[4]을 실시하였다.

1947년 미국은 마셜 플랜을 실시하면서 소련을 포함한 체코슬로바키아, 폴란드 등 동유럽 국가에도 원조 계획을 제안하였다. 그러나 이 원조 계획의 조건은 미국의 달러를 전 세계 기축 통화로 공식화하는 브레턴우즈 체제와 하바나 헌장에 기초한 GATT[5] 체제의 수용이었다. 실질적으로 이들 국가에 미국식 자유경제 체제와 시장 개방을 실질적으로 요구한 것이었다. 따라서 소련은 독일의 부활 반대와 유럽에서 영향력 확대를 계획하고 있었기 때문에 마셜 플랜을 받아들이지 않았고, 이미 소련의 영향력이 미치고 있었던 체코슬로바키아를 비롯한 동유럽 국가들도 거부하였다. 체코슬로바키아 역시 독일의 위협을 경험하였기 때문에 친소련 정책을 펼치는 공산당 정책을 지지했다. 비공산당 계열 정당들은 공산당에 비해 뚜렷한 정책적 대안을 제시하지도 못했고, 정국을 주도할 지도자조차 존재하지 않았다. 이러한 상황에서 공산당은 노동자와 농민 대회를 개최하여 민주주의 계열 정당의 무능함을 비판하는 동시에 새로운 사회를 건설하기 위한 비전 제시를 지속해서 진행하였다. 결국 공산당은 내각에 존재하던 비공산 계열 각료들을 축출하고 공산 당 계열 인사들을 입각을 시도하였다. 1948년 2월 베네시 대통령이 이를 승인하면서 제2차 세계대전 이후 새롭게 구성된 제3공화국도 막을 내리게 된다.

체코슬로바키아 제4공화국은 1948년 5월 공산당이 장악한 의회에서 노동자 계급 우선과 공산당에 우호적인 선거법이 포함된 새로운 헌법을 승인하면서 시작되었다. 이 헌법을 통해 체코슬로바키아는 인민 공화국 즉 공산주의 국가로의 재탄생을 선포하였다. 새로운 헌법 승인을 거부한 베네시 대통령은 사임하고 공산당 서기장인 클레멘트 고트발트 (Klement Gottwald)가 새로운 대통령으로 등장했다. 공산당에 의해 정권이 장악된 체코슬로바키아의 제4공화국이 탄생하는 순간이었다. 1950년대 공산당은 입법부인 의회와 사법부까지 장악하여 실질적으로 모든 헌법 기구들은 공산당의 의지로 운영되는 체제로 변경되었다. 또한 국교로 인정받고 있었던 교회에 대한 압박도 시행하였다. 수도원을 비롯하여 교회를 운영하고 있었던 종교 시스템이 행정 명령에 따라 해체되고, 더는 그 기능을 수행할 수 없게 되었다. 이러한 급진적인 변화는 소련에서 파견된 안보 고문관들의 지도로 실행된 것이다. 이들은 국가 운영에 중요한 기능을 수행하는 종교뿐만 아니라 군과 경찰의 조직과 업무까지도 관여하여 체코슬로바키아가 소련의 의지대로 움직일 수 있는 허수아비 국가로 만들었다.

1950년 초반부터 공산당은 정권에 반대하는 정치인들을 포함한 수많은 사람을 불법적으로 체포하여 숙청하기 시작하였다. 공산당 정부의 견해에서 내부적으로 일당 독재체제 확립을 위한 강권 행위는 피할 수 없는 선택이었다. 공산당의 강압적인 정책을 폈던 외부적인 요인으로는 소련과 유고슬라비아의 갈등이 있었다. 같은 사회주의 국가였지만, 민족주의를 앞세우는 유고슬라비아의 요시프 티토(Josip Broz Tito)가 소련의 이오시프 스탈린(Иосиф Виссарионович Сталин)과 대립하기 시작한 것이었다. 스탈린은 티토가 시도하는 민족주의 중심의 사회주의 발칸 연방 추구 정책이 중국과 더불어 소련을 위협할 수 있는 세력으로 성장할 수 있다고 우려한 것이다. 그래서 소련은 1948년 코민포름[6]에서 유고슬라비아를 축출하였다. 즉, 소련은 자신의 동유럽 위성화 정책이 실패할 수 있다는 두려움 때문에 체코슬로바키아를 포함한 동유럽 국가 전체에 대한 공포 정치를 강화한 것이다. 숙청의 폭풍은 1953년 스탈린과 고트발트가 동시에 사망하는 순간까지 지속되었다.

1953년 안토닌 자포토츠키(Antonín Zápotocký)가 새로운 대통령으로 선출되면서 체코슬로바키아에 대한 소련의 영향력은 더욱 강화되었다. 체코슬로바키아는 1955년 바르샤바 조약기구(Warsaw Treaty Organization: WTO)의 창단 회원이 되어 군사적으로도 소련의 지휘를 받기 시작하였고, 경제적으로도 소련의 경제 정책인 집단화 정책을 강화하면서 사회주의 경제로의 전환을 적극적으로 추진하였다. 그러나 1956년 소련의 니키타 흐루쇼프(Никита Сергеевич Хрущёв) 서기장이 20차 소련 공산당 전당대회에서 스탈린의 강압 정책에 대해 비판하면서 권력의 분권화에 대한 요구가 나오기 시작하였다. 노동조합은 권리 상승, 시민들은 자신들의 권익 보호, 가톨릭교회는 활동의 자유를 요구하기 시작한 것이다.

동시에 비공산 계열의 정당들도 다시 활동을 시작하였다. 그러나 이런 자유화 분위기는 오래가지 못했다. 1957년 자포트츠키가 사망하면서 1957년 공산당 서기장이었던 안토닌 노보트니(Antonín Novotný)가 대통령직을 겸직하면서 다시금 스탈린식 강압 정책을 편 것이다. 그는 강한 중앙집권화 정책을 펴면서 자유화를 요구하던 수많은 사람을 추방하거나 숙청하였다.

체코슬로바키아 사회주의 공화국은 1960년 노보트니 대통령은 공산 정권을 강화하기 위해 신헌법 도입을 시행하면서 시작되었다. 신헌법은 1945년 독일로부터 해방과 더불어 국가 재건 프로그램으로 시행된 코시체(Košice) 프로그램[7]과 1948년부터 시작된 공산당에 의한 지배 체제 확립으로 사회주의 국가 건설의 토대를 만들었다고 선언하면서 새로운 사회주의 국가 건설을 주장하는 것이었다. 이로써 1948년에 설립된 체코슬로바키아 제4공화국은 막을 내리고 새로운 국가인 체코슬로바키아 사회주의 공화국 시대가 시작되어, 1990년 4월 체코 및 슬로바키아 연방공화국 탄생까지 존속하였다. 그러나 사회주의 공화국으로 새롭게 출발했음에도 불구하고 공산당의 주요 경제 프로그램이었던 공업과 농업 정책은 전혀 효과를 거두지 못했다. 높은 생산 비용과 연료 부족은 상황을 더욱 악화시켰다. 실질적으로 1961년부터 1965년까지 실시되었던 제3차 5개년 개발 계획이 실패하면서 경제는 더욱 악화하였다. 결국 공산정권은 1965년 경제학 교수였던 오타 시크(Ota Šik)의 신경제 모델 도입을 결정했다. 주요 내용은 경직된 명령형 계획경제 대신 수익성을 강조하는 시장경제 원리를 도입하는 것이었다. 그러나 노보트니 대통령은 자본주의 경제 영향력 확산을 두려워해 계획 일부만 실시하는 소규모 개혁으로 전환하면서 실질적인 효과는 보지 못했다. 결국 변화를 요구하는 시대적 흐름을 읽지 못했던 노보트니 공산정권은 위기를 막을 기회를 상실하였다.

체코슬로바키아 공산정권의 붕괴: 프라하의 봄과 벨벳혁명

체코슬로바키아 공산정권의 변화에는 슬로바키아 민족주의 운동이 큰 역할을 했다고 할 수 있다. 슬로바키아 공산당 지도자인 알렉산데르 둡체크(Alexander Dubček)와 민족주의자로 숙청당했다가 복권된 구스타우 후사크(Gustáv Husák) 등은 강하게 공산정권에 저항하면서 개혁을 요구하였다. 특히 학생들과 밀란 쿤데라(Milan Kundera)와 같은 유명 작가들에 의한 공산정권의 자유에 대한 제한과 낮은 경제 수준에 대한 비판은 많은 국민의 지지를 받았다. 이들은 자신들의 요구를 관철하기 위해 거리로 나왔고, 노보트니 대통령은 강경한 제압으로 맞섰다. 둡체크, 후사크, 오타 시크 등 개혁파는 강력한 개혁 운동을 지지하면서 노보트니를 비롯한 당의 보수파를 압박하였다. 결국 노보트니 대통령은 소련 공산당 서기장인 레오니드 브레즈네프(Леони́д Ильи́ч Бре́жнев)에게 도움을 요청했지만, 그는 체코슬로바키아 공산당 내부의 문제라며 미온적 태도로 대응했다. 결국 1968년 1월 노보트니는 공산당 서기장 자리를 슬로바키아 공산당 제1서기인 둡체크에게 물려주면서 사임하였다. 대통령으로는 제2차 세계대전 영웅인 루드비크 스바보다(Ludvík Svoboda)가 선출되었다. 그러나 국정 운영의 핵심은 체코슬로바키아 공산당 제1서기인 둡체크였다. 둡체크는 프라하의 봄이라고 명명되는 개혁을 서기장으로 취임하면서부터 시작하였다. 그의 개혁 목표는 건전하고 선진화된 사회주의 구축이었다. 이를 위해 서방과의 경제 협력, 시장경제 활성화와 그리고 다당제 등의 내용을 제시한 행동강령(Akční program KSČ)을 발표하였다.[8] 즉, 지금까지 시민들이 요구해 왔던 자신들의 의견 표현이 가능한 민주화와 복권 그리고 자유로운 정치 행위 보장 등을 제시했다. 이와 더불어 체코와 슬로바키아의 연방화 및 무력 사용 금지 등 국가 기강 확립을 위해서도 노력하였다.[9] 이 외에도 언론의 자유, 검열 폐지 등 시민들의 자유를 보장하는 정책을 제시했다. 이른바 인간의 얼굴을 한 사회주의 건설이 목표라는 것을 명확히 밝힌 것이었다.[10] 실질적으로 프라하의 봄은 지금까지 유지되어 온 소련식 정치 및 경제 체제를 벗어나 독자적인 정책 추진과 소련의 영향력을 감소시키기 위함이었다. 사회주의 체제는 유지하되 체코슬로바키아만의 민족정신과 민주화를 혼합시키는 방식이었다. 그러나 체코슬로바키아의 민주화 운동이 다른 동유럽 국가로 확산하는 것을 두려워했던 소련은 개입을 결정하였다. 이미 소련은 1956년 헝가리 혁명[11]을 강압적으로 진압하였고 이에 따른 정치적인 부담감이 있었기 때문에 빠른 개입과 무력 최소화를 목표로 시행되었다. 1968년 8월 21일 소련은 바르샤바 조약기구 군대와 함께 체코슬로바키아를 침공하여 모든 국가 시설과 방송사를 장악하였다. 결국 둡체크는 모스크바에서 개혁을 포기한다는 모스크바 의정서[12]를 체결하고 실각하면서 1969년 후사크에게 공산당 제1서기 자리를 넘기게 된다. 이로써 둡체크가 모색했던 제3의 길이라는 프라하의 봄은 실패로 막을 내리게 되었다. 프라하의 봄은 8개월도 지속하지 못하고 끝났지만, 이 운동은 단순히 한 명의 지도자에 의한 것이 아니었으며, 학생을 비롯한 지식인과 노동자까지 전 시민이 하나 되어 개혁을 지지한 것이었다. 이러한 사회적 욕구가 소련에 의해 진압되었지만, 그들의 강한 개혁의 열망까지는 억누를 수는 없었다.

프라하의 봄 실패와 함께 소련은 체코슬로바키아의 국내 정치에 영향력을 확대하기 시작하였다. 친소련파인 후사크 공산당 서기장은 우선 개혁파와 수정주의자들을 축출하고 친소련 인사들로 당의 주요 직책들을 장악하게 하였다. 1975년 스바보다 대통령이 건강상의 이유로 사퇴하자 후사크는 대통령직까지 겸직하면서 명실상부한 일인자로 등극하였다. 후사크는 반대파를 제거하고 체코슬로바키아의 정상화를 선언했지만, 국민의 불만을 완전히 해소하지는 못했다. 이 문제를 해결하기 위해 우선 경제적 여건 개선에 집중하였다. 소련도 체코슬로바키아의 현상 회복이 자신의 위상 재확립과 다른 동유럽 국가들에 미치는 영향을 고려해서 경제적 원조에 적극적으로 추진했다. 프라하시에 지하철 건설도 이 시기 소련의 도움으로 이루어진 것이었다. 공산정권은 이 외에도 인프라 개선에 집중적으로 투자하여 프라하와 슬로바키아의 수도인 브라티슬라바를 연결하는 고속도로, 다뉴브강 교량 건설 등 다양한 시설 개선 및 건설을 시행하였다. 그러나 핵심 부문인 농업과 공업 부문의 구조개혁을 하지 않음으로써 만성적인 경제 적자에서는 벗어나지 못했다. 또한 강압적인 중앙집권화 정책은 지식인들뿐만 아니라 시민들의 삶을 더욱 악화시켰다. 이러한 불만은 1977년 지식인들이 헬싱키 협정[13]을 따라서 인권을 지킬 것을 공산당 정부에 촉구하는 헌장 77[14]을 청원하면서 표면 위로 다시금 개혁의 움직임이 드러나기 시작했다. 이 운동은 1988년 3월 슬로바키아 수도 브라티슬라바에서 종교의 자유와 인권 존중하는 촛불 시위로 이어졌다.[15] 이와 같은 내적인 민주화 요구와 더불어 외적인 요인으로는 1985년 소련의 미하일 고르바초프(Михаил Серге́евич Горбачёв) 서기장의 등장과 함께 시작된 개혁과 개방 정책이 체코슬로바키아를 비롯한 동유럽의 변화를 촉발하게 한 것이다. 지속해서 벌어지는 민주화 시위를 진정시키기 위해 1987년 12월 후사크는 대통령직은 유지한 상태에서 공산당 제1서기 지위를 밀로우시 야케시(Miloš Jakeš)에게 물려주고 2선으로 후퇴하였다. 벨벳 혁명의 시초는 1988년 8월 프라하의 봄을 저지시킨 소련과 바르샤바 조약 군의 침공에 대한 항의 시위부터였다. 이후 10월에는 건국 기념일, 11월에 체코의 시민포럼(Občanské Fórum: OF)과 슬로바키아의 비폭력시민연대(Víťaznú Verejnosť Proti Násiliu: VPN) 등이 만들어지면서 시위를 주도해 가기 시작했다. 1989년 11월 나치 항거 50주년 기념행사에서 벌어진 시위를 경찰이 강하게 진압하자 이를 규탄하는 시위가 전국으로 확산하였다. 이에 후사크 대통령은 사임하고 1989년 12월 자유 선거를 통해 하벨이 대통령으로 당선되면서 1990년 3월 체코슬로바키아 사회주의 공화국은 해체되고 체코 및 슬로바키아 연방공화국이 탄생하였다. 소수의 지식인에 의해 시작된 헌장 77은 1968년 프라하의 봄 운동 정신을 계승하기 위한 노력이었고, 이를 실현하기 위한 체코슬로바키아 국민의 민주화 요구가 결국 공산정권을 무너뜨린 것이다. 또한 벨벳 혁명은 초대 대통령 하벨이 말한 바와 같이 한 사람의 희생 없이 성취한 고귀한 결과이기도 하였다. 외적 요인으로 본다면 프라하의 봄을 저지시켰던 소련이 이미 영향력이 약화하여 벨벳 혁명에 개입할 여지가 없었을 뿐만 아니라 민주화라는 세계적 흐름 속에서 소련도 흔들리고 있었기 때문이다.

03

체코슬로바키아
공산정권 시기의 경제

제4공화국 시기의 경제

제2차 세계대전 이후 체코슬로바키아 경제는 비교적 손실은 크지 않았다. 경제의 가장 핵심 요소였던 산업 부문인 경공업과 중공업 등 모든 분야에서 대기업이 건재하였기 때문이다. 그리고 전쟁 중에는 독일이 체코슬로바키아의 주요 공장을 인수하여 운영하였기 때문에 상대적인 경쟁력을 유지할 수 있었다. 이후 새로운 국가를 재건하는 과정에서 체코슬로바키아 정부는 모두 공장을 인수하여 국영화하는 작업을 1945년 10월부터 실시하였다. 이 국유화법에 따라 전체산업 노동력의 약 58%가 국영 부문에 종사하게 되었고, 이 비율은 꾸준히 증가하여 1948년 1월에는 약 64%에 도달하였다.[16] 하지만 대외무역 부문은 민간 영역으로 남겨두었고, 경쟁력을 유지할 수 있도록 정책적인 보조를 시행하였다. 이유는 경제 성장에 있어서 대외무역은 중요한 임무를 수행할 수 있었기 때문이다. 특히 기계 및 소비재 수출은 생산을 위한 가공 재료 수입을 위한 대금 지급용으로 활용되었다. 왜냐하면 체코슬로바키아가 수출하는 제품은 다른 선진국에서 생산된 제품과 비교하여 절대 떨어지지 않은 품질을 가지고 있었기 때문이었다. 농업 부문 역시 민간 영역에서 운영할 수 있도록 허용되었다. 농업은 여전히 대부분 지방과 농촌의 가계의 생계 문제와 직결되어 있었기 때문이다. 체코슬로바키아의 모든 노동력은 여타 국가와 비교하여 숙련되고, 생산적이며 관리는 효율적으로 유지되고 있었다. 사회주의와 민간 영역인 기업 요소를 포함하는 이러한 혼합 시스템은 1947년과 1948년 동안 의무적 목표보다는 일반적인 목표를 제시한 2개년 계획에 따라 효율적으로 운영되었다. 이 기간에 체코슬로바키아는 유엔을 통해 서방으로부터 상당한 지원을 받았으며, 무역 역시 대부분은 서방과의 사이에서 이루어졌다. 1947년 스탈린이 거부를 표시할 때까지 체코슬로바키아는 유럽 재건을 위한 미국의 마셜 플랜에 참여할 계획이었다.[17] 1948년까지 체코슬로바키아 생산량은 전쟁 전 수준에 근접했고, 농업 생산량은 다소 낮았으며 산업 생산량은 이전 수준보다 다소 높았다. 그러나 1948년 2월 체코슬로바키아 공산당은 국가 운영에 대한 완전한 정치적·경제적 통제를 갖춘 이후 경제를 소련 경제의 축소 버전으로 전환하기 시작했다. 1952년까지 정부는 국내 산업의 거의 모든 부문을 국유화했다. 이 과정에서 숙련된 관리자임에도 불구하고 정치적인 신뢰도가 떨어지면 기술력의 유무와 상관없이 일반인으로 교체되었다. 중앙에서 설립한 계획에 의해 움직이는 경제는 모든 경제 주체들이 계획에 의해 임무를 완수할 수 있도록 지침을 하달했고, 기관과 관리자들은 이를 수행하기만 하면 되었다.

　1949년부터 1953년까지 실시되었던 제1차 5개년 계획의 목표는 경제 성장을 위해 생산에 필요한 자본재 및 원자재 생산 확대를 시행하겠다는 것이 목표였다. 그리고 집중적인 산업화 추진과 농업 집단화를 위한 대규모 캠페인이 추가되었다.[18] 체코슬로바키아는 안정적인 중공업 발달을 기반으로 다른 공산주의 국가에 기계와 무기를 공급하는 중요한 공급 국가가 되었다. 즉, 전통적으로 공업이 발전했던 체코슬로바키아를 소련이 새로운 무기 생산 기지로 활용하기 위한 중공업 우선 정책을 편 결과였다. 사회주의 체제가 갖추어지면서 그동안 경제 관계가 이루어졌던 비공산주의 국가들과의 대외무역은 급격하게 감소하였다. 반면에 공산주의 국가들과의 교역은 1948년 전체 무역에서 차지하는 비율이 40%에서 10년 후인 1958년에는 70%로 증가했다. 경제의 성장을 위해 투자는 지속해서 이루어졌지만, 첫 번째 5개년 계획에 입안된 높은 목표는 달성하지 못했다. 제1차 5개년 계획의 말기에는 심각한 인플레이션 압력과 불균형이 발생하였다. 이유는 중공업에 대한 과도한 투자에 의한 경공업 및 소비재 산업의 투자 약화로 쏠림 현상이 나타난 것이었다. 결국 1953년 6월에는 화폐 개혁을 시행하였고, 이 결과 많은 공장과 노동자들의 시위가 격하게 벌어졌다.[19] 이 통화 개혁의 시행은 인위적으로 설정된 환율이 국내와 세계 물가를 현저하게 차이가 벌어지게 하였기 때문에 발생한 국내 물가 조절의 어려움 때문이었다. 결국 화폐인 코루나의 가치 강화와 구매력 확보를 위해 화폐 개혁은 시행되었다. 화폐 개혁의 여파로 1954년과 1955년은 연간 계획으로 시행되었다. 왜냐하면 제2차 5개년 계획을 바로 실시할 수 없었기 때문에 계획 시스템 유지와 경제상호원조회의(COMECON)[20] 구성 회원으로서 임무를 수행하기 위함이었다.

[표 2-1] 계획경제 체제 1947년 체코슬로바키아 공업 생산 계획이행 정도

(단위: %)

구분	1분기	2분기	3분기	4분기	합계
광업	104.8	99.7	94.4	100.6	99.8
에너지	97.2	102.0	104.6	93.8	98.9
야금	111.4	105.2	116.0	113.8	111.0
금속 정제	105.6	92.1	89.1	91.8	94.4
화학제품	86.7	91.1	87.7	91.6	89.0
유리	93.4	87.9	89.6	98.5	92.0
석재 및 세라믹	88.2	88.7	98.1	137.1	100.4
종이	103.4	114.6	118.1	117.2	113.0
목재	102.2	116.6	118.5	112.1	110.1
섬유	106.8	96.5	92.5	103.0	99.4
가죽 및 고무	108.0	113.6	84.1	118.3	106.8
합계	103.8	99.9	97.5	105.1	100.9

출처: Bernasek, M. (1970), p. 106.

제2차 5개년 계획은 1956년~1960년 실시되었다. 초반의 성과는 제1차 기간보다 좋게 나타나기 시작했다. 실질 임금과 소비재 공급도 증가했고, 투자는 지속해서 높은 비율을 유지하여 소득은 6.9%가 증가했다. 그러나 1950년대 후반부터 투자 대비 수익이 감소하는 상황의 심각성이 나타나기 시작했다. 경제 성장을 유지하기 위해서는 지금보다 더 많은 투자가 필요했다. 1958년과 1959년 기간 동안 정부는 투자 확대 문제를 해결하기 위해 경제 계획의 조직적 변화와 가격 기능을 작은 범

위 안에서 조정했다. 즉, 중앙에 집중화된 권한을 제한된 한도 내에서 분권화를 실시했다. 특히 경제에서 핵심적인 소임을 수행은 기업이 투자 자금을 더 자유롭게 활용할 수 있는 자율성을 부여한 것이다. 계획 기능의 수정은 소련식 경제 모델인 계획경제를 포기하는 것이 아니라 작은 것을 고쳐서 전체 계획 운영의 효율성을 증대하기 위함이었다. 그러나 이 개혁으로 인한 경제적 성과의 결과는 크게 나타나지는 않았다. 결국 1962년에 정부는 개혁을 위한 시도를 폐기하고 다시금 중앙 통제권을 회복시키는 것으로 결정했다.

1961~1965년 기간의 제3차 5개년 계획 목표는 대외무역 활성화였다. 이유는 제2차 기간 동안 실시되었던 개혁의 성과 미비로 1960년대 초반 산업 생산이 정체되기 시작했기 때문이다. 특히 농업 부문의 성과가 상당히 낮았다. 농업은 지난 1950년대 지속해서 체코슬로바키아 경제 부문의 가장 취약한 부문이었다. 지속해서 계획된 생산량 목표를 달성하지 못했고 1958~1959년 기간 동안 실시된 개혁으로도 농업 부문의 상황은 변하지 않았다. 따라서 제3차 5개년 계획 기간 동안 부족한 경제적 성과를 대외무역을 활용해 상쇄하기 위함이었다. 그러나 경기 침체가 지속되면서 이 계획도 실질적인 성과를 거두지 못했다. 이 결과 국민 소득은 1963년에 실질 감소했고 1965년에 경제 성장은 1960년 대비 0.9% 성장하는 데 그쳤다. 1956~1960년 기간 동안 성장률 6.9% 비하면 현격히 감소한 것이다.[21] 특히 농업의 경우 제3차 기간 동안 기상 악화라는 암초를 만났고, 중소 분쟁으로 인한 중국의 농작물 수입 취소도 성장 하락의 결정적인 이유가 되었다. 이 외에도 계획경제가 제시하는 비현실적인 목표 등이 노동자들의 근로 의욕을 꺾은 것도 문제였다.

[표 2-2] 농업 생산

(단위: 천 톤)

구분	1955년	1960년	1965년(계획)
총생산	5,261	5,906	7,081
밀	1,473	1,504	1,998
보리	1,291	1,744	1,842
곡물용 옥수수	391	593	720
감자	7,905	5,254	9,002
사탕무	6,152	7,890	7,972
사료 작물	11,375	11,196	14,867
목초	326	1,424	2,688

출처: Kharb, B. B. (1961), p. 39.

제3차 5개년 계획의 성과가 좋지 않게 나타나면서 개혁주의 경제학자들은 소련식 계획경제 모델의 결함에 대해 논의하기 시작했고, 실질적으로 문제가 있다고 판단하였다. 따라서 계획경제의 문제 해결을 위한 방편으로 경제의 효율성을 향상할 수 있는 추가적 계획 시스템 개선 방안 마련을 시작했다. 사실 일부 체코슬로바키아 경제학자들은 소련이 사용하는 경제 발전 모델의 심각한 결함을 오래전부터 인식하고 있었다. 이런 문제점 해결을 위해 계획경제의 탈중앙화에 대해 1954년 초부터 요구해 왔다. 경제학자를 비롯하여 내부적으로는 소련의 계획경제 모델을 하나의 명제처럼 체코슬로바키아에 적용하는 것이 부적절하다고 주장했다.[22] 왜냐하면 이미 체코슬로바키아는 산업화한 국가이지만, 천연자원은 부족하며 내부 소비 시장과 공급 시장이 작았기 때문이다. 따라서 상당 부분을 대외무역에 의존할 수밖에 없었다. 소련식 계획경제 모델은 생산 공정을 현대화하고 효율성을 높이기보다는 새로운 공장 건설과 같은 개발을 강조하는 것이기 때문에 체코슬로바키아의 경제 환경과는 맞지 않는다는 것이다. 1950년대부터 축적된 문제는 투자 증가와 방산 물자 생산에 대한 압력으로 인해 민간 소비는 순물적생산(NMP)[23]보다 더 느리게 성장했다. 그 결과 만성적인 인플레이션과 소비재 부족에 시달릴 수밖에 없었다. 기업들은 적시에 생산을 위한 물품 공급받지 못하는 경우를 대비하여 축적한 과도한 자재 재고가 부담이었고, 투자 계획을 완료하기까지도 많은 시간이 소요되었다. 농업에 대한 부적절한 투자도 만성적인 성과 미달로 이어졌다. 즉, 계획경제 시스템은 혁신을 억제하고 투자와 생산 중에서 효율성을 판단 할 수 있는 근거를 제공하지 못했다.

이 문제를 해결하기 위해 1960년대 초 체코슬로바키아 경제학자들과 이들의 대변인이자 체코슬로바키아 공산당 중앙위원회와 경제위원회의 위원이었던 오타 시크가 개혁안을 제시하였다. 공산당 지도부는 그의 개혁안이 마음에 들지는 않았지만, 1958년 개혁 실패와 1962년 불황으로 인한 경제적 어려움을 해결하기 위해서는 받아들일 수밖에 없었다. 결국 1966년 6월 제13차 공산당 총회에서 오타 시크의 신경제 모델(New Economy Model: NEM)이라고 불리는 새로운 프로그램을 공식적으로 승인했다.[24] 일부 공산당 지도부는 국내 정치에 미칠 수 있는 악영향을 우려해 반대하기도 하였다. 이들은 결함을 시정하는 것에 대해 일부분은 인정했지만, 과도한 개혁안의 내용을 제한하기 위한 노력도 멈추지 않았기 때문에 개혁 초안에 비해서 많은 내용이 희석되었다.

개혁안의 목표는 계획경제를 운영하는 중앙 당국의 역할을 크게 제한하고, 기업의 자율성과 책임을 확대하는 것이었다. 중앙 당국은 경제 발전을 위한 장기 계획만 수립하고, 이를 위한 큰 틀에서의 경제 목표를 제시하는 것으로 역할이 수정되었다. 시장에서 실질적인 경제 활동을 수행하는 기업과 협동조합은 지침으로 제시되는 목표 내에서 단기 생산 목표를 자유롭게 결정할 수 있었다. 대신 기업은 모든 비용과 수익을 실현하면서 재정적으로 생존할 수 있어야 했다. 결론적으로 이익을 창출하지 못하는 기업은 파산할 수 있는 것이었다. 또한 계획의 목표도 기존의 양적 목표 달성에서 기업이 창출하는 이익과 경제적 성과를 평가하는 것으로 기준이 바뀌었다. 이러한 변화를 통해 기업의 경쟁력을 높이고 고객의 요구에 더 잘 대응할 수 있기를 기대했던 것이었다. 동시에 노동자들은 생산성을 높이고, 기업은 가격을 낮추기 위해 국내외 시장에서 전면적인 경쟁에 노출되었다. 경제 성장을 위한 경화 수입을 높이기 위해 수출을 장려했고, 이는 기업의 제품을 세계 시장에서 경쟁력 있게 만들도록 장려하는 인센티브로 작용할 수 있었다. 1968년 정부는 기업 경영에 근로자도 참여할 수 있도록 허용했다. 기업 경영에 근로자가 직접 참여하면 근로 의욕을 불러일으켜 사기와 성과가 향상될 것으로 예상했기 때문이다.

오타 시크와 경제 개혁가들은 실제 이 프로그램을 통해 시장경제와 같은 완전한 자유 기업 도입과 시장의 자유를 허락할 의도는 없었다. 여전히 그들은 공산당과 계획 당국의 통제를 통해 경제를 관리하지만 개선에 목표를 둔 것이기 때문이었다. 그러나 경제 침체를 극복하기 위해 시작한 새로운 경제 정책은 일반 시민들의 불만을 표출하는 창구로 활용되었고, 일련의 개혁 조치들로 인하여 개혁을 요구하는 프라하의 봄으로 이어졌다. 결국 오타 시크의 경제 개혁 시도는 1968년 8월 소련과 바르샤바 조약 군대의 체코슬로바키아 침공으로 실패로 끝나고 말았다.

체코슬로바키아 사회주의 공화국 시기의 경제

1970년대가 시작되면서 오타 시크가 실시했던 개혁의 흔적은 거의 사라져 버렸다. 공산당 정부는 다시 경제 정상화를 추진하면서 중앙 계획 경제 시스템으로 복귀하였다. 다시 가격 통제와 물적 균형 계획을 시행하는 것이었다. 1968년의 격정적인 변화와 정치적 혼란에도 불구하고 체코슬로바키아 경제는 이 기간에 정상적인 속도로 성장했다. 제4차 5개년 계획 기간인 1966년부터 1970년까지 NMP는 연평균 6.9% 성장하여 계획 목표인 연 성장률 4.1%를 능가했다. 그리고 제5차 5개년 계획 기간인 1971~1975년 동안에도 만족스러운 결과를 얻었다. 이 기간에 NMP는 다소 느리게 성장하여 연평균 5.7%였지만, 여전히 연간 계획 목표인 5.1%를 초과했다.[25] 제4차와 제5차 계획 기간 동안 체코슬로바키아 산업 부문 중 가장 높은 성장률을 기록한 부문은 화학 및 기계 제작 부문으로 연 8~10% 성장을 기록했다. 반면, 가장 낮은 성장률을 보인 부문은 연료 및 에너지로 연 3~5%와 소비재 생산은 4~6%였지만, 준수한 성적으로 평가되었다. 또한 이 기간에 과도한 투자가 진행되었음에도 임금, 소득 및 개인소비 역시 상승했다. 농업 역시 그동안 가장 취약한 부분이었지만, 많이 개선되었다. 1975년까지 농업 부문의 성과는 육류 생산에서 자급자족 능력을 확보하였고, 곡물 및 작물 생산도 자급자족 수준까지 상승하였다. 이 결과 농업 부문 노동자의 임금도 상승하였고, 낙후된 농기계의 현대화도 빠르게 진행되었다.[26]

그러나 1976~1980년 실시되었던 제6차 5개년 계획 기간은 제4와 제5차에 비해 경제성과는 하락하였다. 특히 제6차 기간 말기가 될수록 경제 성장 둔화는 두드러졌다. NMP의 경우 계획의 성과 목표는 4.9%였지만, 결과적으로 연평균 3.6% 성장에 그쳤다. 공업과 농업 부문 역시 계획의 성장 목표를 달성하지 못했다. 공업의 계획 목표는 2.7~2.8%였지만 실제 달성률은 1.8%였다. 농업의 계획 목표는 5.7~6.0%를 기대했지만, 4.5% 성장에 머물렀다. 제6차 계획 기간 강조했던 노동 생산성 향상 역시 목표를 달성하지 못했다. 애초 계획의 노동 생산성 목표는 4.5%였지만, 실제로는 3.3%만 성장했다. 이 기간에 계획의 목표에 미치지 못한 결과를 가져온 이유는 다양했다. 우선 그동안 개혁의 실패로 생산 기술의 변화가 거의 없었고 에너지 및 원자재 수급도 어려움이 있었다. 농업의 경우 1976년 가뭄이 있었고, 1979년에는 봄과 겨울에 심각한 홍수 때문에 좋지 못한 결과를 보였다.[27] 더욱이 필요한 곡물 충당을 위해 대량으로 수입할 수밖에 없었다. 또 다른 이유는 1차 석유 파동으로 인해 이미 코루나의 가치가 많이 떨어졌는데, 다시금 2차 파동으로 큰 충격을 받은 것이다.[28] 개인소비 증가율은 지속해서 감소하여 1979년 0.5%로 최저치를 기록했고, 반면에 소매가격은 5년 동안 약 11% 상승했다. 제6차 계획 기간 후반기에는 육류, 우유 및 채소와 같은 기본 상품을 구매할 수 없을 정도로 가격이 상승했다.

[표 2-3] 제4차~제6차 5개년 계획 기간 NMP 연간 성장률

(단위: %)

구분	1966~1970년	1971~1975년	1976~1980년
성장률	6.9	5.7	3.6
고용률	1.2	0.9	0.5
고정자산	4.4	5.8	6.2
1인당 생산율	5.6	4.8	3.1

고정자본 단위당 생산율	2.4	-0.1	-2.4
1인당 고정자본	3.2	4.8	5.6
생산성 요인	4.6	3.3	1.5

출처: Joint Economic Committee Congress of the United States (1986), p. 98.

제7차 5개년 계획은 1981년~1985년 동안 실시되었다. 1980년대 시작과 더불어 경제학자 및 공산당 지도부 그리고 대중들까지 전반적으로 경제의 심각한 구조적인 문제에 대해 인식하기 시작했다. 즉, 체코슬로바키아 경제 문제는 동유럽 국가 중 가장 낙후된 생산 및 설비 시설을 보유하고 있었으며, 자원 부족 그리고 에너지 및 원자재 수입 의존도가 지나치게 높고 그 비율도 증가하고 있다는 것이었다. 에너지와 원자재에 대한 수요를 조절하고 수출 경쟁력을 높이려면 국내 생산의 효율성을 높여야 했다. 따라서 제7차 5개년 계획을 입안하는 과정에서 목표를 수정해 과거에 비해 적당한 수준의 성장 목표를 설정하였다. 이 동안의 목표는 양적 성장을 지향했던 과거와는 달리 자원의 효율적인 사용에 초점을 맞춘 경제력 강화에 초점을 두었다. 수정 목표로 NMP는 10.5~13.5%, 총 산업 생산량은 14~18%, 농업 생산량은 7~10%로 증가시키는 것이었다. 제7차 5개년 계획의 초기에는 심각한 경기 침체를 겪었고, 1981년과 1982년 동안은 실질 감소를 겪었다. 그러나 마지막 3년 동안 경제 회복이 초기의 저조한 성과를 조금은 보완했다. 그러나 제7차 계획 기간 동안 전체적으로 국내 목표를 달성하지는 못했다. 이 기간 성과는 투자의 경우 평균 -1.04%, 공업은 평균 2.7%, 생산은 평균 1.82%, 실질 임금은 평균 0.6% 증가했다.[29] 제7차 5개년 계획 기간 동안 국제 경제의 상황 변화가 체코슬로바키아 경제에 부정적인 영향을 미쳤다. 특히 서방의 경기 침체로 인해 체코슬로바키아 수출 시장이 악화되었다. 그리고 1983년과 1984년 국제 원유 가격이 하락했지만, 1981년 소련이 체코슬로바키아를 포함한 동유럽으로의 석유 수출을 10% 줄이는 정책과 코메콘의 가격 정책으로 소련으로부터 수입하는 원유 가격이 상승하여 도움이 되지 못했다.[30] 1982년 폴란드의 심각한 이자 체납 문제와 다른 동유럽 국가들의 부채로 인해 동유럽 국가에 대한 신용 제한을 시행한 서방 은행의 결정 역시 체코슬로바키아 대외무역 성과의 장애로 작동했다.

경제의 저조한 성과 때문에 변화의 필요성을 인식한 공산당 지도부는 제7차 5개년 계획과 연계하여 1980년 이후 국민경제 관리계획 체계개선 방안이라는 일련의 제한적 개혁을 도입했다.[31] 개혁의 내용은 기업에 더 넓은 폭의 운영 자유를 허용하는 것이었다. 그리고 생산 증가를 위한 투자 활동도 보장하였고, 노동자들에게도 다양한 인센티브를 제공하였다. 공산당 지도부가 개혁을 시행한 의도는 기업을 포함한 경제 전반에 가격과 비용의 효과를 더 잘 인식하여 그동안 축적됐던 경제 운영의 문제점을 극복하는 방안을 스스로 찾을 기회를 제공하는 것이었다. 그렇지만 이 개혁이 중앙 당국의 계획 운영과 통제에 대한 행위가 획기적으로 축소된 것은 아니었다. 그런데도 농업에 대한 자유 권한은 확대되었다. 농업 활성화를 위한 개혁 조치의 주요 내용은 농업 관리자들에게 운영을 위한 인센티브 제공이 허용된 것이다. 그리고 농업 생산에 부과되는 목표를 객관적인 수준에서 결정하였다.[32] 외부에서는 이 개혁이 제7차 5개년 기간의 마지막 몇 년 동안 도움이 되었다고 평가하였다. 그러나 근본적이 아닌 부분적 개혁은 체코슬로바키아가 추구했던 경제의 현대화와 효율성 향상을 가져올 만큼 충분히 포괄적이지는 못했다.

제8차 5개년 계획은 1986~1990년에 실시하기로 계획됐다. 이 계획의 목표는 생산 품질 및 기술 수준을 높이고, 에너지 및 원자재 사용 효율을 높이는 것이었다. 그리고 노동 생산성을 높이고, 작업의 혁신 속도 가속화 및 작업 규율 개선을 통해 더 생산적인 결과를 얻고자 했다. 이를 통해 제8차 계획을 통해 국민 소득을 총 19% 또는 연평균 3.5% 이상 성장시키는 것이었다. 따라서 산업 생산은 15.8%, 개인소비는 11.9% 성장이라는 목표 수치를 계획했다. 이 목표는 제7차 5개년 계획보다 높은 수치였다. 가장 취약한 농업만 이전 계획 기간보다 낮게 설정되어 총 6.9% 성장이 제시되었다.[33] 투자 역시 지난 기간보다 낮은 연 2% 정도로 총 10.4%로 설정되어 여전히 체코슬로바키아 경제의 잠재력을 올리기에는 부족한 측면이 있었다. 또한 기계 및 전자 산업, 화학 및 야금 산업, 원자력 발전소 건설 및 천연가스 네트워크 확장 등 다방면에 있어서 경제적 성과 확장을 준비했고, 이를 통해 수출 증가로 이어지기를 기대했다. 만약 이 기간에 계획대로 경제가 성장할 수 있었다면 정부는 외화 차입보다는 서구에서 차입한 부채 상환이 가능했을 것이다. 이 계획에서 성장 방법으로 제시된 것은 노동 생산성 향상이었다. 계획된 목표 성장의 92~95% 정도는 충분히 노동 생산성 향상을 통해 가능할 것으로 예상했었다. 성공적으로 수행된다면 원자재 사용 비용을 연평균 1.5%, 연료비는 2.9% 절약할 수도 있었다. 그러나 이 제8차 5개년 기간 동안 성장과 비용 감소라는 두 가지 목표를 모두 달성하려면 실질적으로 노동 생산성 향상 이외에도 더 큰 비용을 절감할 필요가 있었다. 과거보다 더 많은 변화를 추진한 이유는 이미 체코슬로바키아 공산당 지도부가 경제의 약점과 이를 극복하기 위해 더 적극적인 현대화가 필요하다는 것을 인정했기 때문이다.[34] 전면적인 개혁에 앞서 약 120개의 기업에서 개혁이 추구하는 내용을 실험적으로 실시하였다. 기업들은 중앙 계획 당국으로 부터 주요 계획 수치만을 받았다. 그리고 계획에 설정된 목표 달성을 위해 재정 관리와 생산 활동의 효율성 증가 방법으로 자율성을 최대한 활용하는 것이었다. 이 개혁은 엄격한 중앙 통제를 유지했던 제7차 5개년 동안 개혁보다 더 큰 긍정적인 효과와 영향을 미칠 수 있었다. 그러나 아쉽게도 이 개혁은 끝까지 실시하지 못하고 새로운 혁명의 시대를 맞이하면서 미완의 개혁으로 남았다.

04

체코슬로바키아 공산정권 시기
계획경제의 문제

체코슬로바키아 사회주의 공화국은 공업 국가 기반 위에서 출발했다. 이미 1930년대부터 체코슬로바키아는 기계 및 기타 제조업 분야에서 경쟁력을 보유하고 있었으며, 숙련된 기술을 겸비한 노동자와 상품 수출로 공업 부문이 강한 전통을 지닌 유럽지역에서도 주요 산업 국가로 평가받고 있었다. 소득은 유럽 국가 중에서도 상위 그룹이었고, 유럽의 다른 국가와도 경제적인 우호 관계를 유지하고 있었다. 양차 세계대전 기간 체코슬로바키아의 일 인당 소득은 유럽의 중진국의 소득과 비슷했다. 제2차 세계대전 결과 독일과 폴란드에 의해 영토의 1/3을 빼앗기고 나머지는 외국의 지배를 받았지만, 체코슬로바키아는 자산과 공장 그리고 인프라가 남아 있었기 때문에 빠른 성장이 기대되었다. 그러나 공산정권이 설립되고 40년이 지난 상황은 서유럽 국가들 소득의 절반에도 미치지 못했다.

경제에 문제가 발생한 첫 번째 이유는 경제적 평등을 추구하며 실시한 국가의 강력한 시장 개입이었다. 대표적으로 제2차 세계대전 이후 대기업의 국유화, 대대적인 농지 개혁 그리고 계획경제의 도입이라고 할 수 있다.[35] 1948년부터 협동조합, 소규모 가족 사업체와 소수의 농장을 제외한 모든 생산 단위는 국가 소유로 변경되었다. 제2차 세계대전 직후 산업, 은행, 보험의 주요 부문은 소유주에 대한 보상 없이 국유화되었다. 1948년 공산당이 정부를 완전히 장악한 이후 추가로 국유화가 이루어졌다. 20명 이상을 고용하는 거의 모든 사기업과 도매 및 대외무역에 종사하는 모든 기업이 국영화된 것이다. 근로자가 경영에 참여하여 자율적인 기업 의사 결정을 내릴 수 있었던 상황에서 제1차 5개년 계획 기간 동안 시장 메커니즘이 완전히 제거되고 중앙 계획으로 대체되었다. 계획경제 체제는 가장 상위에 국가 계획 위원회가 있었고, 다음으로 지부의 부처 그다음은 24개의 행정 기관이 각각 여러 기업을 담당했다. 계획의 맨 아래에 개별 기업이 존재함으로써 자율성은 완전히 사라지게 되었다. 특히 중공업을 강조하면서 급속한 공업화가 실시되면서 산업 간 불균형도 시작되었다. 국가의 경제 개입은 시장의 역동성을 사라지게 했고, 결국 경직된 경제는 성장의 탄력성을 상실한 계기가 된 것이다. 즉, 1948년 이후 모든 경제 활동이 중앙 집중화라는 명령 시스템으로 변경되면서 기존 자원을 빠르게 동원할 수 있어서 처음에는 경이적인 성장을 가져왔다. 또 다른 성장 동력은 급격한 투입물의 증가로 일시적으로 상당한 성장률을 유지하는 것이었다. 그러나 점차 유연성이 부족하고 강압적인 중앙 집중식 시스템의 단점인 인센티브 왜곡, 제한된 혁신, 비효율적인 자원 할당과 같은 문제점이 나타나기 시작한 것이다. 이러한 이유로 투입량은 더는 높은 속도로 지속될 수 없었고, 한계 투입물의 질이 떨어졌기 때문에 성장을 기대할 수 없었다. 물론 이런 문제점을 인식하고 개혁하려는 시도 역시 존재했다. 1968년 둡체크 정권이 실시한 오타 시크의 시장 기반의 효율성과 사회주의 기반의 경제적 평등과 안보를 결합한 소위 인간의 얼굴을 가진 사회주의 정책 시행이었다. 하지만 이 노력은 소련의 개입으로 성공하지 못했다.

두 번째는 보수적인 국가 재정의 운영이다. 공산당 정부는 대공황 동안 국내 가격 안정과 화폐인 코루나의 국제 시장 가치를 유지하기 위해 제한적인 거시 경제 정책을 펼쳤다. 이러한 보수적 재정 운영은 계획경제 운영 기간에 지속해서 이어졌다. 그 결과 1989년에 이르러서는 79억 달러에 달하는 부채와 높은 인플레이션을 촉발하였다. 높은 부채와 인플레이션은 시장 발달을 방해하는 근본적인 이유가 되었다.[36] 실질적으로 5개년 계획을 새롭게 갱신하는 각각의 시기마다 공산당 정부는 보수적인 재정 운영으로 인해 제한적인 통화 및 재정 정책을 시행할 수밖에 없었고, 항상 인플레이션 조절 문제에 직면할 수밖에 없었다.

[표 2-4] 1980~1990년 체코슬로바키아 경제 현황

(단위: %, 코루나, 백만 달러)

구분	1980~1984년	1985~1989년	1989년	1990년
NMP	1.8	2.2	0.7	−3.5
고용	0.6	0.8	0.4	−2.5
물가상승률	1.9	0.6	1.4	17.0
물가상승률(계획)	3.6	2.6	3.4	–
명목 수입	2.2	2.8	2.5	3.6

개인소비	0.8	2.7	1.8	−1.3
사회적 소비	4.1	5.3	7.3	3.8
순고정투자	−6.8	2.4	3.1	−12.3
통화량	5.8	4.7	2.7	−0.2
환율	14.40	15.05	15.05	28.00
대외부채	5,766	6,406	7,915	8,100

출처: Dyba, K., & Svejnar, J. (1991), p. 188.

세 번째는 소련의 개입으로 자유로운 경제 운영이 힘들었던 점이다. 실제로 1968년 소련의 체코슬로바키아 침공 이후 경제는 더 침체하기 시작했다. 경제 개혁을 시도했던 유능한 경제학자들은 쫓겨났고 서방과의 접촉이 급격히 줄어들면서 경제 운영 폭이 대폭 줄어들었다. 이후 계획경제의 문제점을 인식하고 개혁을 시행하려 했지만, 충분히 준비할 수 있는 여력이 남아 있지 않았다. 즉, 빠르게 성장하는 서구의 시장경제에 비해 계획경제가 활용하는 수단은 시대에 뒤떨어진 방식이었고, 원자재 및 에너지 투입은 소련에 크게 의존할 수밖에 없어서 자율성이 떨어졌다. 이러한 문제로 1980년대 NMP 성장은 2%대로 감소했고 자원 활용의 효율성 역시 감소했다.[37] 그리고 소련을 중심으로 시행된 코메콘 체제는 체코슬로바키아 경제를 세계 시장으로부터 고립시켰다. 대외무역이 활발했던 경제가 극단적으로 코메콘 중심으로 무역체제가 바뀌면서 경제 활동의 폭이 줄어든 것이다. 이러한 방향 변경은 체코슬로바키아의 기술적 성장을 방해하였고, 폐쇄적인 코메콘 시장의 특성상 경제의 경쟁력은 갈수록 하락하였다. 결국 1980년대에 이르러 체코슬로바키아 경제 상황은 심각해졌고, 개혁을 요구하는 국민의 열망은 혁명으로 이어졌다.

이상에서 언급한 문제점 이외에도 중요한 것은 투자 활동의 불확실성이었다. 사실 계획경제의 문제를 극복하고자 체코슬로바키아 공산정권은 투자를 통한 경제 성장 정책을 지속해서 실시했다. 그러나 상당한 투자의 지속적인 유입에도 불구하고 경제성과는 부진했다. 1948년이후 투자는 경제 성장의 가장 역동적인 요소였으며 성장률은 국민 소득을 훨씬 능가했다. 체코슬로바키아의 가장 광범위한 개발 기간이었던 1950년대의 총 투자는 국민 소득 지출의 약 31%에 달했다. 1950년과 1960년 기간 동안 건설과 총 투자는 세 배로 증가했다. 그렇지만 1961년과 1965년 기간에는 다시 하락하였다.[38] 그런데도 1960년대는 국가 지출의 약 30%에 해당하는 투자가 시행되었다. 문제는 공공 투자의 필요성 때문에 기존 건축보다 저렴하고 수명이 짧은 자재를 사용하여 수송 인프라 및 주택 건설을 추진하면서 향후 비용이 더 발생할 수있는 잠재적인 문제를 만들었다. 즉, 1950년대와 1960년대 동안 투자는 이루어졌지만, 서방보다 질적으로 낮은 투자가 시행되었다. 특히 투자에 활동에 동원된 노동의 유연성이 떨어져 실질적인 효과를 얻지 못했다.[39] 제5차 5개년 계획에도 투자 상한선이 정해졌음에도 더 많은 투자가 진행되었다. 제6차 5개년 계획의 경우 한도를 최대 31~33%까지 올렸지만, 실제 지출은 34%를 초과했다. 1970년대 투자율 상승은 석탄 및 기타 연료 채굴 증가와 원자력 발전소용 장비 생산을 위한 기계 제작 개발에 사용되었다. 이렇게 경제 전반에 상당한 자금이 투입되었지만, 1970년대 말 체코슬로바키아 산업 플랜트의 뚜렷한 변화가 나타나지 않음으로써 경제적 타격을 입었다.

다양한 문제점이 있음에도 불구하고 계획경제 동안 총 고정투자는

GDP와 NMP에서 일정 수준을 지속해서 유지했다. 그리고 투자의 약 80%는 정부와 국영기업을 통해 국가 부문인 공업, 무역, 운송, 은행 등에 사용되었다. 나머지 중 절반은 농업 투자였고, 다른 하나는 민간 부문과 협동조합에 의한 주택 건설에 사용되었다. 주택 건설 이외의 민간 부문 투자는 미미했다. 이러한 경향을 고려하면 투자의 상당 부분이 공업과 농업에 사용되었는데, 이는 체코슬로바키아가 전통적으로 공업 부문 발전에 집중했던 특징을 반영하는 것이다. 또한 안정적인 전력 확보를 위해 발전소 건설에도 집중하면서 에너지 부족 상황을 탈피하려는 노력도 기울었다. 이 외에도 사회기반시설 구축을 위해 학교와 병원 및 주택 건설 부문도 작은 범위 안에서 이루어졌다. 계획경제 동안 벌어진 총 고정투자의 등락은 실질적으로 투자 대상의 감가상각비가 빠르게 상승하는 영향을 받은 경우가 많았다. 이 결과 1980년과 1984년 사이의 총 고정투자 비율이 10% 감소한 것이다. 이런 상황을 고려하면 공산당 지도부가 시행했던 투자 계획은 지속적인 구조적 개편이 필요했다고 보인다. 부적절한 투자를 줄여 민간 부문 성장 가능성을 키울 필요가 있었다고 할 수 있다. 투자에 대한 예산 보조금은 계획경제 기간의 후반기로 갈수록 더욱 제한되기 시작했다. 1980년대 후반기에는 계획이 설정한 투자도 제대로 이루어지지 않았고, 대부분 제조 기업에 대한 투자 보조금은 중단될 위기에 처했다. 계획경제 시스템에는 예산 이외에도 자본 지출이 가능한 두 가지의 주요 자금원이 있는데, 바로 수익금 및 감가상각 기금 그리고 은행을 통한 신용 창출이었다. 1980년을 기준으로 기업의 총 수익은 총생산량의 약 11% 정도였다. 계획경제 후반기 동안은 실질적으로 기업의 수익금이 거의 모든 투자 자금의 원천이 되었다.

1980년대 초 기업의 수익 비중은 안정적으로 NMP의 2~3% 정도였다. 이 수치는 일반적인 시장경제보다 훨씬 크지만 다른 계획경제 국가들보다는 작았다. 계획경제 동안의 투자 수준과 자본 축적 비율은 공식적인 통계보다 훨씬 낮았으며 시간이 지나면서 실제보다 과도하게 평가하는 경향은 더 강해졌다. 이 외에도 장비 및 노동 투자와 같은 생산 요소 축적 하락은 1980년대 사회주의적 성장 실패에 크게 이바지했다.[40]

[표 2-5] 1970~1988년 투자 현황

(단위: 십억 코루나)

구분		1970년	1975년	1980년	1981년	1985년	1986년	1988년
실물부문		61.3	89.8	100.2	98.6	115.0	116.9	129.5
	농업	10.4	17.4	16.0	17.0	25.8	26.4	26.3
	공업	36.8	50.9	59.6	59.2	64.1	65.5	78.2
	건설	3.3	5.4	9.8	8.6	9.8	8.2	8.0
	기타	10.8	16.1	14.6	13.9	15.2	15.5	17.0
비실물부문		36.3	51.9	50.4	45.7	53.3	53.1	56.6
	주택	17.7	22.0	19.8	19.6	22.1	20.8	22.1
	기타	18.6	29.9	30.6	26.1	31.2	32.3	34.5
총고정투자		97.6	141.7	150.6	144.3	168.3	170.0	186.1
기타 투자		–	–	7.1	10.5	13.0	21.8	11.7
순고정투자		61.9	95.3	88.3	79.2	88.1	94.4	89.3

출처: IMF (1990), p. 9.

투자 문제를 제외하고 체코슬로바키아 경제 성장의 걸림돌로 작용한 것은 대외무역이다. 1948년부터 실시한 소련식 경제 모델의 특징 중 하나는 세계 경제와 국내경제를 분리해 대외경제의 영향을 최소화하는 시도였다. 이를 위해 외화거래를 엄격하게 제한하여, 고정 환율로 외화관리를 시행하는 방법으로 이루어졌다. 이 결과 환율의 경제적 기능은 사라지고 다른 통화의 구매력과 연계되는 기능 또한 상실하게 되었다. 이는 소련식 경제 모델이 대외무역을 계획의 사소한 측면으로 취급했기 때문이다. 수입 활동은 NMP 수지를 충족하는 도구로서만 사용되었고, 계획경제 구성 요소 중 중요하지 않은 상품은 수출에서도 제외되었다. 그동안 대외무역이 국가 경제 성장에 큰 역할을 해 왔지만, 소련식 경제 모델 도입으로 인하여 더는 경제 성장을 위한 방법으로 사용되지 못했다. 대외무역을 담당했던 국영기업은 수출과 수입을 국내 가격을 기준으로 실시했기 때문에 실제 시장에서 나타난 차이는 정부 예산을 통해 보전되었고, 이는 국가 재정수지 악화에 일조하기도 했다.

1948년부터 1953년까지 대외무역 교역국 대부분은 시장경제 국가에서 공산 국가로 신속하게 전환되었다. 그러나 이는 국내 생산 기술을 해외와 격리해 신기술 도입, 제품 업그레이드, 영업 및 서비스 개발이 지연되는 결과를 가져왔다. 결국 수출 산업과 제품 발전을 방해한 것이다. 1953년 스탈린이 사망 후 상황은 호전되었지만, 여전히 체코슬로바키아 대외무역의 2/3 이상은 코메콘 회원국들과만 이루어졌다. 코메콘 내에서 상대적으로 발전된 산업 능력으로 인하여 기계와 장비 수출은 호조를 보였지만, 소련이 대외무역의 이익을 가져가면서 경제적 종속이 심화하기 시작했다. 1970년대에 들어서면서 대외무역에 대한 개혁의 필요성을 인식하기 시작했다. 이 결과 기업에 대외무역 자유화가 조금씩 허용되었지만, 이미 서구와 벌어진 격차를 따라잡기는 쉽지 않았다. 특히 1970년대 후반 체코슬로바키아가 직면한 대외무역 활동 저하 문제는 산업 성장 둔화의 주요 요인이었다. 1970년대 중반 체코슬로바키아의 대외무역 조건은 급격히 악화하기 시작했다. 1974년 이후 급등한 국제유가 때문에 체코슬로바키아의 주요 연료와 원자재로 공급되는 소련의 유가에도 부분적으로 반영되었다. 연료와 원자재 가격 인상 이외의 다른 자재, 기계류 같은 자본재 가격도 수출 가격보다 빠르게 상승했다. 공산당 지도부는 대외부채 증가를 염려하여 높은 수준의 수출을 유지하려 했다. 1970년대에 들어서면서 생산된 소비재와 기계류의 상당 부분이 증가하는 수입 비용을 충당하기 위해 수출로 전환되었다. 시장경제 국가로부터의 수입 제한은 국내 산업에 대한 투입 감소와 연결되어 성장 동력을 점차 상실하는 계기가 되었다.

　1980년부터 체코슬로바키아는 시장경제 국가들과의 대외무역에서 흑자를 달성할 수 있었지만, 이는 수입을 줄인 결과로 얻어진 것이었다. 그리고 1980년대 중반까지도 주요 대외무역은 코메콘 국가들과 이루어졌다. 주로 공작 기계 및 전기 그리고 기관차를 생산하여 수출하였고, 군수산업도 중요한 부분을 차지했다. 1979년을 기준으로 체코슬로바키아의 수입은 소련 35.7%, 동유럽 30.6%, 개발도상국 23.2%, 저개발국 4.9%이었고, 수출은 소련 34.5%, 동유럽 29.3, 개발도상국 20.5%, 저개발국 9.2%였다.[41] 수출과 수입 모두 약 65%가 코메콘 국가들과 이루어진 것이고, 시장경제 국가와의 거래는 5% 내외였다. 시장경제 국가 가운데 중요한 파트너는 서독이었다. 체코슬로바키아의 서독에 대한 주요 수출품은 제조품, 광물 및 연료 그리고 화학제품이었다. 주요 수입품은 기계, 화학제품 및 다양한 소비재였다.[42] 특히 시장경제 국가들과의 대외무역은 첨단기술, 엔지니어링, 전자 및 전기 공학과 연관된 상품 거래에 집중하였다. 계획경제라는 제약 속에서도 전통적인 공업 국가의 특성을 살려 생산성 향상 및 신제품 거래를 시행한 것이다. 그러나 결국 계획경제와 코메콘 체제의 한계를 극복하지 못하고 체코슬로바키아 대외무역은 공산정권 집권 시기 동안 경쟁력을 상실했고 이 결과 경제 성장에 도움을 주지 못했다.

05

맺음말

체코슬로바키아 경제는 자발적이 아닌 외부의 강제적 힘으로 실시된 시스템의 결과로 저개발 된 대표적인 국가의 예이다. 제2차 세계대전 이전 체코슬로바키아는 GDP 수준이 준수한 민주주의 국가이자 시장경제 국가였다. 산업적으로 기술적 우위가 있었고, 제조업 국가로서 세계적 위상을 지니고 있었다. 체코슬로바키아의 공산당 정부가 붕괴하는 1989년 말 당시 1인당 GDP는 세계은행의 추산에 따르면 약 3천3백 달러로 베네수엘라, 가봉과 비슷하지만, 오스트리아와 벨기에와 비교한다면 1/5 수준에 불과했다. 대부분 체코슬로바키아가 생산한 제품의 수준은 평범한 품질로 시장경제 국가의 제품들과 경쟁하기에는 질적으로 떨어진 상태로 변하였다. 발전된 산업 국가에서 낙후된 국가로의 놀라운 전환이 이루어지기까지 약 40년밖에 걸리지 않았다. 이러한 결과가 나타날 수밖에 없었던 이유는 체코슬로바키아가 계획경제를 도입하여 운영하면서 나타난 것이었다. 제2차 세계대전 이후 재건이 시행되었던 기간에 산업과 은행 그리고 보험의 주요 부분이 이미 국유화되었지만, 여전히 시장경제로 운영되었다. 그러나 1948년 공산당 정부가 수립되고 소련식 계획경제 체제가 실행됨과 동시에 모든 민간 기업은 국유화되고, 중공업이 우선시되는 형태로 경제는 재편되었다. 대외무역의 대상도 전 세계 국가에서 소비에트 블록 국가로 축소 지향되었다. 체코슬로바키아 공산당 정부는 1950년대 전 기간에 소련식 계획경제 적극적으로 도입하여 실행하였다. 1960년대 초 발생한 경제 침체를 계기로 일련의 개혁 시도는 있었지만, 소위 1968년 프라하 봄을 거치면서 변화를 위한 시도는 더는 진행되지 못했다. 경제의 구조적 문제를 해결하기 위해 시도했던 부분적 가격 자유화, 정치 의사 결정에서 경제 정책 분리, 기업 자율성, 그리고 기업 관리에 대한 근로자의 참여 등은 실질적인 성과를 거두지 못하고 종료된 것이었다. 이후 공산당 정부는 다시 중앙집권적 계획경제를 강화하는 방향으로 선회하였고, 1980년대 후반까지 그대로 유지되면서 경제 문제는 해결하지 못한 상태에서 문제만 누적되었다.

그럼 국가 경제의 안정적 성장을 위해 시장경제 대신 계획경제를 선택한 체코슬로바키아 공산정권의 실질적 정책 실패 원인은 무엇일까? 가장 중요한 이유는 계획경제를 실시하는 동안 1인당 소득과 생산성이 뒤처진 결과를 가져온 중앙 계획의 본질적인 비효율성 때문이다. 이 사실은 본 장에서도 지적했을 뿐만 아니라 지금까지 계획경제의 문제를 연구해 온 이론적 및 경험적 문헌 모두에서 나타나 있다. 체코슬로바키아의 공산정권 시기 계획경제에 대한 경제 성장 분석에 따르면, 계획경제의 비효율성은 1980년대까지 경제 성장에서 큰 성과를 이룩하지 못했을 뿐만 아니라 국가 경제의 생존력을 약화한 생산성 실패로까지 나타났다. 즉, 계획경제의 구조적 문제와 제약에 따른 유연성 상실이 또 다른 주된 이유라고 할 수 있다. 이 문제는 투자나 대외무역 개편과 같은 단순한 구조개혁으로는 성공할 수 없었기 때문에 경제 성장을 위한 혁신과 생산성 향상을 위한 대규모 개혁이 필요했다고 할 수 있다.

일반적으로 계획경제의 비효율성을 지적하지만, 경제 상황을 파악할 수 있는 통계의 다수 오류도 문제라고 할 수 있다. 계획경제 아래에서 실시된 국가의 공식 통계는 국민 소득 증가뿐만 아니라 자본 축적까지도 과장해서 집계하는 경향이 강했다. 생산성 성장은 지속되었지만, 경제를 획기적으로 성장시킬 만큼 반전 상황은 만들지 못했다. 이런 계획경제의 구조적 문제로 인하여 체코슬로바키아 경제는 1980년대 성장 지연 현상이 만들어졌고, 생산성 향상을 획기적으로 변모시킬 수 있는 요인 축적도 성공하지 못했다. 물론 경제 성장을 위협하는 외부적인 요인도 존재한 것은 사실이다. 대표적으로 에너지 및 지하자원이 풍부했던 소련과 달리 석유 파동과 그 여파로 발생한 부채 위기는 긴축정책을 불러일으켰고 새로운 시설에 대한 투자 감소는 경제 성장의 발목을 잡은 것이다. 이로 인해 기술적 후진성, 구조적 경화증, 심지어 고용 감소가 발생했다. 긴축정책은 새로운 시설과 장비 그리고 기술에 대한 투자를 줄임으로써 대량 생산 시대 이후 혁신의 부족이라는 결과를 가져왔다. 따라서 시장경제 국가들과 경쟁할 수 있는 생산 기술력 미비로 점차 격차가 벌어질 수밖에 없었다. 이와 같은 계획경제 문제와 경제 위기에 대해 적절하지 못했던 정책적 대응은 공산당 체제의 정당성을 훼손하였고 붕괴를 가속한 중요한 이유라고 할 수 있다.

제3장

형가리의 냉전질서 편입과 체제전환

안상욱

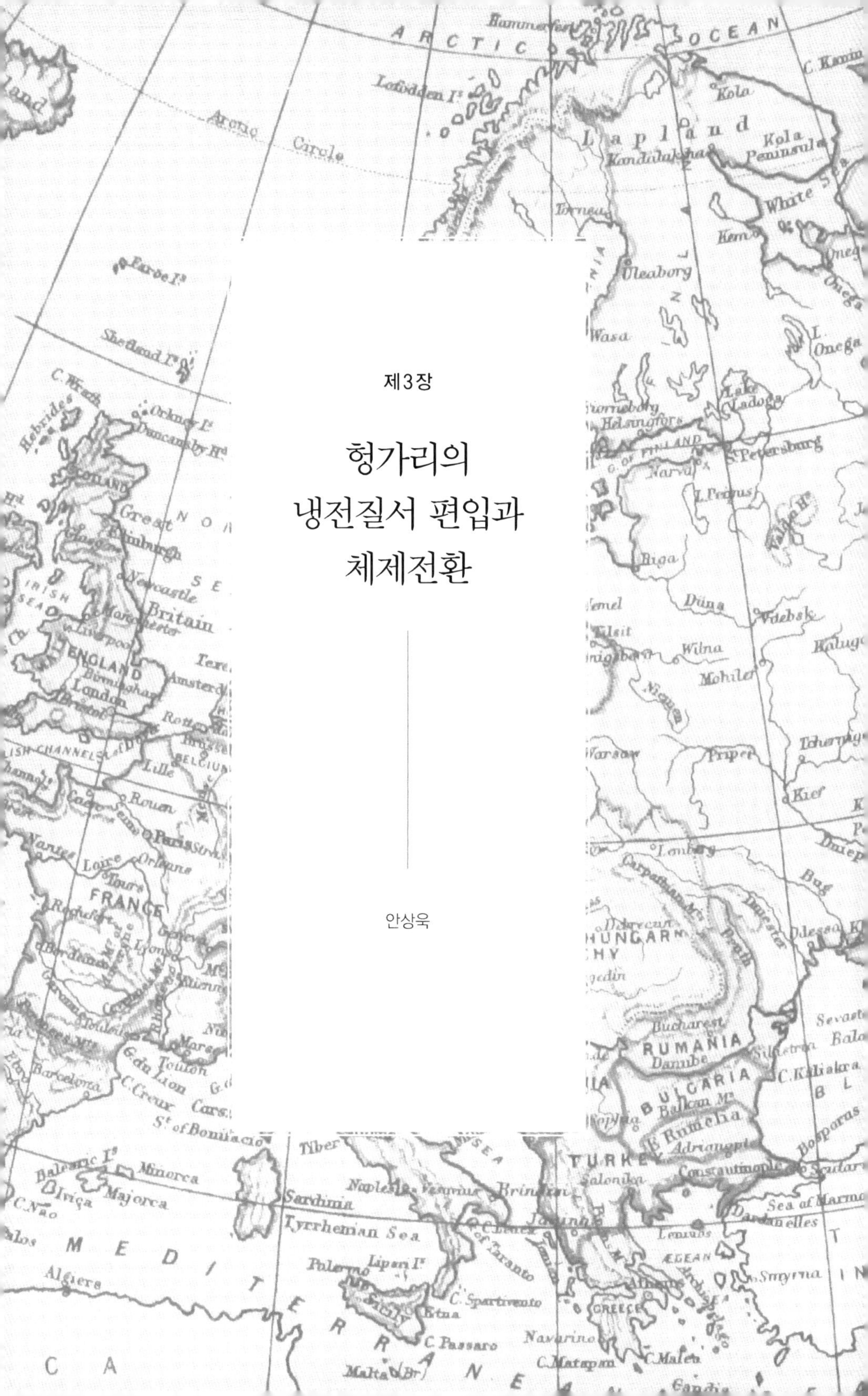

제2차 세계대전이 일어나자 헝가리는 과거의 영토를 회복하기 위해 추축국에 가담하였다. 소련이 헝가리를 점령한 이후 실시된 선거에서, 소련의 예상과는 다르게, 공산주의자들은 겨우 17%의 지지를 얻고 참패하여 소지주당(小地主黨)의 틸디(Tildy) 총리를 정점으로 하여 네 개 정당 연립 정권이 구성되었지만, 소련의 압력에 힘입어 결국 공산주의자들이 권력을 장악하였다.

그러나 소비에트 블록 내 공산주의에 대한 최초의 대규모 항쟁이 1956년 헝가리에서 발생하였다. 헝가리인들은 자유, 민주주의, 정치 탄압 종식을 요구하였지만 소련에 의해 진압당했다.

하지만 헝가리는 다른 중동부 유럽국가와는 다르게 비교적 평화적으로 체제이행이 진행되었다. 그 배경에는 1956년 헝가리 혁명이후 헝가리 사회노동당의 카다르 야노시(Kádár János)정권은 비교적 유화적인 정책을 취했고, 헝가리 내에서 재야 세력이 발전할 수 있는 토양이 마련되었다.

그리고 개혁과 개방을 주창한 소련의 고르바초프 체제의 등장과 1980년대 후반의 헝가리 민주화운동의 결과, 1989년 5월 헝가리는 서방 국가인 오스트리아와의 국경에 설치되어 있던 철조망을 철거하고 국경을 개방하였다. 1989년 8월에는 헝가리 사회노동당이 붕괴하고, 1989년 10월 23일에는 신헌법의 시행으로, 다당제와 대통령제를 기반으로 한 민주주의와 시장경제를 도입하고 국호를 헝가리 공화국으로 변경했다.

체제전환기의 혼란을 극복하고, 2004년 EU 가입 이후 헝가리는 2008년 세계금융위기와 2011년 EU 재정위기 기간을 제외하고 견실하게 성장하여, 현재 헝가리는 폴란드, 체코, 슬로바키아와 더불어 중동부유럽의 성장엔진으로 자리매김하고 있다.

01

머리말

헝가리는 오스트리아, 슬로바키아, 슬로베니아, 크로아티아, 세르비아, 루마니아, 우크라이나와 국경을 마주하고 있으며, 국토면적이 9만 3,028km^{2}으로 남한의 면적인 9만 9,720km^{2}와 비슷한 크기이다. 인구규모는 968만 8,847명이다.

제2차 세계대전 이후 헝가리는 소비에트 블록에 편입되었다. 냉전기간 동안에 소비에트 블록 내 공산주의에 대한 최초의 대규모 항쟁이 1956년 헝가리에서 발생하였다. 헝가리인들은 자유, 민주주의, 정치 탄압 종식을 요구하였지만 소련에 의해 진압당했다. 개혁과 개방을 주창한 소련의 고르바초프 체제의 등장과 1980년대 후반의 헝가리 민주화 운동의 결과, 1989년 5월 헝가리는 서방 국가인 오스트리아와의 국경에 설치되어 있던 철조망('철의 장막'이라고 불림)을 철거하고 국경을 개방하였다. 1989년 8월에는 헝가리 사회노동당이 붕괴하고, 1989년 10월 23일에는 신헌법의 시행으로, 다당제와 대통령제를 기반으로 한 민주주의와 시장경제를 도입하고 국호를 헝가리 공화국으로 변경했다. 이로써 헝가리에서 소비에트 체제는 붕괴하였다.

1989년 1월 1일 헝가리에서 회사법(1988년 경제단체법의 6조)이 제정되었으며, 본 법안은 헝가리의 계획경제에 근본적인 변화를 가져왔다. 본 법안을 통해서 유한합자회사(Limited Partnership), 유한 책임 회사(Limited Liability company), 주식회사(Joint-Stock Company) 등의 회사 체계가 헝가리에 도입되었다.

헝가리는 다른 중동부 유럽국가와는 다르게 비교적 평화적으로 체제이행이 진행되었다. 그 배경에는 1956년 헝가리 혁명이후 헝가리 사회노동당의 카다르 야노시(Kádár János) 정권은 비교적 유화적인 정책을 취했고, 헝가리 내에서 재야 세력이 발전할 수 있는 토양이 마련되었다.

헝가리 재야 세력은 폴란드에서 자유노조에 의해서 반체제 운동이 주도되어 일어난 것과는 다르게 다양성을 견지하였다. 공산권의 경제위기가 시작된 1986년 이후에는 카다르 야노시(Kádár János) 정권에 대한 반발이 증대하기 시작하였다. 1987년에 헝가리민주포럼(MDF)과 신 3월전선이 출범하였고, 1988년에 민주청년연합(FIDESZ), 자유민주연합(SzDSz), 민주학술인연합 등이 출범하였다. 그리고 소농민자유당(FKgP)이 부활되었고, 1948년 헝가리노동당(MDP)에 통합된 헝가리 사회민주당(MSDP)이 활동을 재개하였다. 헝가리의 재야 단체는 초기부터 정당형태로 출발하였다.

헝가리 사회노동당 내 개혁파가 1988년 중반 격렬한 당내 투쟁 끝에 정권을 장악했다. 그 결과 32년 장기집권한 카다르가 사회노동당 서기장직에서 사임하고 그로스(Grósz)가 대신했다. 그로스는 네메트(Németh), 포즈가이(Pozsgay) 등의 개혁 세력들과 함께 정치·경제 체제의 전환을 가속화시켰다. 1989년 2월에 개최된 헝가리 사회노동당 중앙위원회 총회에서 카다르 진영의 보수파와 그로스가 대표하는 중도파 그리고 개혁파들 사이에서 타협이 이뤄졌다.

또한 1989년 3월 민주청년연합, 소농민자유당, 헝가리민주포럼, 자유민주인연합 등 8개 주요 야당이 참여하는 원탁회의가 이뤄졌다.

본 장에서는 냉전시기 인근 국가와는 공산주의체제의 운영과 체제전환 과정에서 차이가 있었던 헝가리 공산체제의 탄생과 특징, 체제전환의 과정과 그 결과에 대해서 기술하도록 한다.

02

헝가리 공산체제의
탄생과 특징

제1차 세계대전 종전 이후 연합국과 맺은 트리아농 조약에서 오스트리아-헝가리 제국은 제1차 세계대전 패배의 대가로 영토 70%를 주변국에게 할양하거나 오스트리아-헝가리 제국에서 독립한 신생국에게 양도하였다.

제2차 세계대전이 일어나자 헝가리는 과거의 영토를 회복하기 위해 추축국에 가담하였다. 추축국에 가담한 이후 헝가리는 헝가리인이 많이 거주하고 있었던 체코슬로바키아·헝가리 접경 지역을 합병했다. 또한 루마니아-헝가리 회담에서 소련과 독일, 이탈리아의 지원으로 루마니아의 트란실바니아 북서부 지역을 양도받았다. 그리고 독일-이탈리아 연합군이 유고슬라비아 북부를 공격하고 있는 동안 헝가리는 유고슬라비아 중부를 기습 공격해 베오그라드와 사라예보를 점령, 현재의 세르비아와 보스니아 헤르체고비나를 합병하였다.

[그림 3-1] 1920년 6월 4일 트리아농 조약 이후 상실된 헝가리 영토(이웃 국가명은 현재 지도 기준)

출처: Financial Times

　그러나 독일의 소련 침공 이후 독일이 패전의 기색을 보이게 되자 헝가리는 1944년 추축국 탈퇴를 결정하고 단독으로 소련과의 휴전을 시도했다. 그러나 이를 미리 알아챈 아돌프 히틀러가 마가레타 작전으로 헝가리의 유전 지대를 점령하였고, 1944년 10월에 화살십자당이 쿠데타를 일으키면서 나치 독일의 괴뢰 정권인 국민단결정부를 수립하였다.

　소련이 헝가리를 점령한 이후 실시된 선거에서, 소련의 예상과는 다르게, 공산주의자들은 겨우 17%의 지지를 얻고 참패하여 소지주당(小地主黨)의 틸디(Tildy) 총리를 정점으로 하여 4개 정당 연립 정권이 구성되었다.

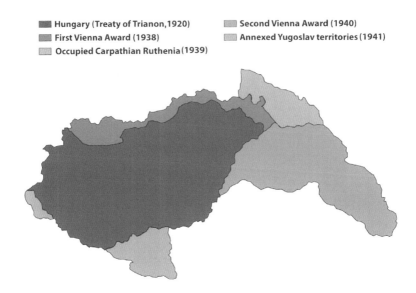

■ Hungary (Treaty of Trianon,1920)   ■ Second Vienna Award (1940)
■ First Vienna Award (1938)   ▦ Annexed Yugoslav territories (1941)
▦ Occupied Carpathian Ruthenia (1939)

[그림 3-2] 제2차 세계대전 기간 동안 헝가리의 영토 확장(제2차 세계대전 이후 다시 반납)
출처: Hungarian Free Press

[표 3-1]   1945년 헝가리 총선 결과

정당	득표(표)	득표율(%)	의석(석)
소지주당(Independent Small Holders' Party)	2,697,503	57.0	245
사회민주당(Social Democratic Party)	823,314	17.4	69
헝가리 공산당(Hungarian Communist Party)	802,122	17.0	70
헝가리 농민당(Hungarian Peasants Party)	325,284	6.9	23
시민민주당(Civic Democratic Party)	76,424	1.6	2
헝가리 급진당(Hungarian Radical Party)	5,762	0.1	0
합계	4,730,409	100	409

출처: Hammer, F., & Dessewffy, T. (1995), pp. 11-32.

그러나 소련이 이에 간섭하여 틸디를 배제하고 중요한 부서에 공산주의자들을 넣은 정부를 세웠다. 1945년 소련의 클리멘트 보로실로프 원수는 자유선거로 선출된 헝가리 정부에 내무부 장관직을 헝가리 공산당에게 양보하도록 강요하였다. 공산주의자인 내무장관 라이크 라슬로(Rajk László)는 비밀경찰인 국가보호국(ÁVH)를 설치하여 협박, 고문 등으로 정적들을 제거하였다.

[표 3-2] 1947년 헝가리 총선 결과

정당	득표(표)	득표율(%)	의석(석)
헝가리 공산당(Hungarian Communist Party)*	1,113,050	22.3	100
기독 민주당(Christian Democratic Party)	820,453	16.4	60
소지주당(Independent Small Holders's Party)*	769,763	15.4	68
사회민주당(Social Democratic Party)*	744,641	14.9	67
헝가리 독립당(Hungarian Independence Party)	670,547	13.4	49
헝가리 농민당(Hungarian Peasants Party)*	415,465	8.3	36
독립 헝가리 민주당 (Independent Hungarian Democratic Party)	260,420	5.2	18
헝가리 급진당(Hungarian Radical Party)	84,169	1.7	6
기독여성동맹(Christian Women's League)	69,536	1.4	4
시민민주당(Civic Democratic Party)	50,294	1.0	3
합계	4,998,338	99.8	411

주: 별표(*)를 한 정당은 민족독립전선(the Independence Front)에 속한 정당
출처: Hammer, F., & Dessewffy, T. (1995), pp. 11-32.

또한 소련의 압력으로 1947년 7월 10일 헝가리 정부는 유럽의 전후

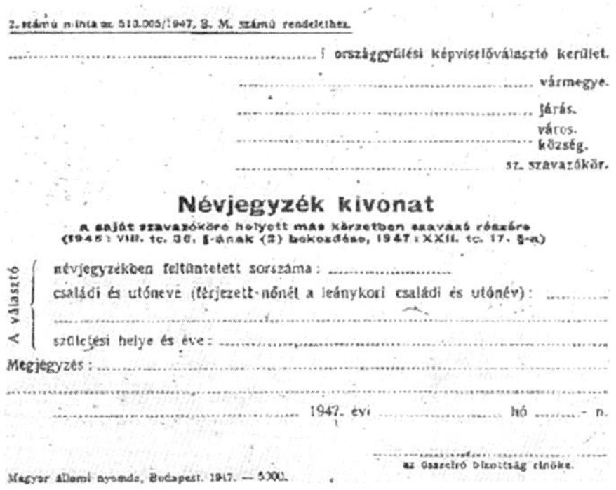

2. számú minta az 510.005/1947. B. M. számú rendelethez.

.... i országgyűlési képviselőválasztó kerület.

.... vármegye.

.... járás.

.... város. község.

.... sz. szavazókör.

Névjegyzék kivonat

a saját szavazóköre helyett más körzetben szavazó részére
(1945 : VIII. tc. 36. §-ának (2) bekezdése, 1947 : XXII. tc. 17. §-a)

A választó
névjegyzékben feltüntetett sorszáma : ....
családi és utóneve (férjezett nőnél a leánykori családi és utónév) : ....
....
születési helye és éve : ....

Megjegyzés : ....
....

.... 1947. évi .... hó .... - n.

....
az összeíró bizottság elnöke.

Magyar Állami nyomda, Budapest. 1947. — 5000.

[그림 3-3] 1947년 헝가리 총선에서 헝가리 공산당이 사용한 '푸른 투표용지'
출처: theorangefiles.hu

재건을 위한 마셜 플랜을 논의하던 회의에서 기권을 선언하였다. 당시 소련의 스탈린은 중동부유럽의 소련 군사력에 의한 지배에 대항하기 위해 미국이 경제적으로 술책을 부린다고 판단하였다.

1947년 8월 31일 총선은 소련군이 주둔한 상태로 실시되었다. 헝가리 공산당은 그들 자신을 국익의 옹호자로, 그리고 국가 전통의 계승자로 포장하였다. 선거 당일 헝가리 공산당은 소위 '푸른 투표용지(Blue Slip)'를 공산당 활동가들에게 배포하였다. 이 투표용지가 있으면 본인의 지역구가 아닌 지역에 가서도 투표를 할 수 있었다. 문제는 중복투표에 대한 감독이 이루어지지 않은 상황에서 공산당 활동가들이 버스로, 승용차로, 자건거로 이동하면서 몇 번이고 투표할 수 있었다는 점이다.

1947년 8월 총선에서 공산당은 제1당으로 진출하였고 헝가리 공산당이 주도하는 민족독립전선은 60.9%의 득표를 차지하였다. 1948년 6월에는 공산당이 사회민주당과 합병해서 노동인민당으로 개명하고, 1949년 5월의 총선거에서는 헝가리 노동인민당 세력이 97.1%를 획득하였다. 1949년 8월 20일에는 신헌법을 공포하여 헝가리 인민공화국이 발족하였다.

[표 3-3] 1949년 헝가리 총선 결과

정당	득표(표)	득표율(%)	의석(석)
헝가리 노동 인민당 (Hungarian Working People's Party)			285
소지주당(Independent Small Holders' Party)			62
농민당(National Peasant Party)			39
독립 헝가리 민주당 (Independent Hungarian Democratic Party)	5,478,515	97.1	10
헝가리 급진당(Hungarian Radical Party)			4
무소속(Independents)			2
야권	165,283	2.9	-
무효표	86,721	-	-
합계	5,730,519	100	402

출처: Nohlen, D., & Stöver, P. (2010), p. 899.

　노동인민당 서기장 라코시는 스탈린식의 정치·경제 계획을 모방하여, 헝가리는 유럽에서도 매우 잔혹한 독재 정치를 겪게 되었다. 1948년에서 1956년까지 대략 35만 명의 헝가리 공직자와 지식인들이 숙청되었다. 수천 명이 체포되고 고문당하고 재판을 받아 강제 수용소에 투옥되거나 동쪽으로 강제 이주되고 또는 처형당하는데, 그중에는 국가보호국을 창설한 라이크 라슬로(Rajk László)도 있었다.

　스탈린 사후 소련에서 흐루쇼프가 집권하면서 헝가리 내부에서도 변화가 생겼다. 흐루쇼프의 소련 개혁프로그램과 발을 맞추어, 1953년 6월 헝가리 총리로 임명된 나지(Nagy)는 개혁프로그램을 실시하였다. 그러나 나지의 개혁정책은 당시 노동인민당 서기장이었던 라코시의 방해공작으로 좌절되었고, 노동인민당은 서기장이었던 라코시의 추종자들과 나지의 추종자들로 양분되었다. 결국 나지는 총리직을 박탈당했다. 그런데

[그림 3-4] 1956년 10월 헝가리 혁명 당시 헝가리인들이 노획한 소련군 탱크
출처: Daily News Hungary

흐루쇼프는 1956년 본격적으로 스탈린 격하운동을 시작하였다. 흐루쇼프의 스탈린 격하운동은 헝가리에서 탈스탈린화와 헝가리 노동인민당에 대한 비판을 활발하게 전개되는 계기를 만들게 되었다. 지식인과 학생을 중심으로 한 반체제 운동은 '헝가리혁명'이라고 불리는 봉기로 전환이 되었고, 총리직을 박탈당했던 나지가 다시 복귀하였다.

10월 23일 헝가리 혁명발발 직후 헝가리 혁명은 놀라운 승리를 앞두고 있는 분위기였다. 국가 전체가 소련의 공산체제에 대항하여 무기를 들고 있는 것으로 보였다. 주방도구와 휘발유로 무장한 헝가리 국민은 소련전차를 무력화시키기도 하였고, 전국적으로 소규모이지만 소련군에 대항한 의미 있는 승리를 거두기도 하였다. 10월 31일, 소련 공산당 기관지 프라우다는 소련과 동유럽 위성국 간의 관계에서 더 큰 평등을 약속하는 선언문을 발표하였다. 특히 프라우다에서 소련 정부는 헝가리 영토에 소련군이 존재하는 문제에 대해 헝가리 인민공화국 정부 및 바르샤바 조약기구의 다른 회원국과도 적절한 협상을 시작할 준비가 되어 있다고 밝혔다. 당시 외부 관찰자들에게 크렘린 성명은 완전히 놀라운 일이었다. 심지어 당시 CIA 앨런 덜레서(Allen Dulles) 국장은 '기적'이라고 언급하였다.

그러나 소련 공산당 성명서가 소련 공산당 기관지 프라우다에 게시된 바로 그날 소련 지도부는 헝가리 내 봉기를 무력진압하기로 결정하였다. 후에 기밀이 해제 된 문서들에 따르면, 헝가리 내 봉기는 헝가리에서 공산주의 통치를 직접적으로 위협하며, 헝가리의 반공정서가 이웃 국가로 확산되어 이웃 소련 위성국가 지도자들의 통치를 위협하고, 소련 공산당원들이 헝가리에서 무력으로 대응하지 못한 것을 이해하지 못할 것이라는 소련 공산당 내 믿음이 헝가리 봉기에 대한 소련의 무력진압 결정에 영향을 미쳤다.

헝가리 지도부 내 상황 역시 소련의 헝가리혁명 무력진압에 영향을 미쳤다. 나지는 다당제 국가의 설립을 포함하여 전례 없는 정치적·경제적·사회적 개혁을 기꺼이 허가하고 헝가리국가에서 모든 소련군대 철수를 주장하는 정치인으로 변신해 있었다. 또한 나지는 헝가리의 바르샤바 조약기구와 코메콘에서의 탈퇴를 선언하였고, 유엔이 헝가리가 중립국이 될 수 있도록 도움을 달라고 호소하였다.

소련은 헝가리혁명에 대해서 1956년 11월 4일 무력진압을 감행하였다. 1956년 11월 4일 오전 4시 15분 소련군은 12일 전에 시작된 헝가리혁명을 진압하기 위해 헝가리에 대규모 공격을 단행하였다. 1956년 11월 4일 오전 5시 2분, 헝가리 나지 총리는 "우리 군대가 싸우고 있다. 정부가 그 자리를 지키고 있다."라고 35초 방송을 통해서 선언하면서 소련군에 의한 헝가리 국가침공 상황을 발표하였다.

그러나 몇 시간 내에 나지 총리 자신은 부다페스트 소재 유고슬라비아 대사관에 망명을 타진하였고, 나지의 옛 동료인 카다르(Kádár)는 모스크바에서 헝가리 수도 부다페스트 남동쪽 60마일 거리에 위치한 솔노크(Szolnok)까지 몰래 비행기로 이동하여 소련의 지원을 받아 권력을 잡을 준비를 하였다.[1]

소련이 헝가리 혁명을 진압하기로 결심하자 주요 군사작전이 완료되는데는 불과 며칠밖에 걸리지 않았다. 우연하게도 볼셰비키 혁명기념일인 11월 7일경에 소련군은 소련이 헝가리 지도자로 앉히려고 하였던 카다르가 헝가리 의회건물에서 임기선서를 할 수 있을 정도로 헝가리를 완벽하게 장악하였다.

11월 22일, 소련의 지원으로 권력을 잡은 카다르와 소련 측으로부터 안전한 통행보장을 확인한 나지는 유고슬라비아 대사관을 떠나는 데 동의하였다. 그러나 소련 측은 약속을 어기고 나지가 유고슬라비아 대사관을 떠난 즉시 체포하여 루마니아 내 비밀장소로 나지를 압송하였다. 결국 소련에 대항한 헝가리 국민의 투쟁은 종결되었고, 헝가리의 반소(反蘇)저항은 파괴되었다.

헝가리 혁명 당시 미국도 헝가리에서 변화를 예의주시하였고 아이젠하워 대통령 정책의 주된 노선도 소련 위성국가의 독립을 촉진하는 것이었지만 오로지 장기전략 차원에서만 고려되는 사항이었다. 아이젠하워 대통령 입장에서 미국이 헝가리 혁명을 위해 세계전쟁의 위험을 감수할 수는 없었다. 또한 소련과 관계개선을 추구하는 분위기를 위태롭게

[그림 3-5] 1956년 12월 12일 부다페스트 시내 소련군 탱크
출처: Financial Times

할 생각이 없었다.[2]

　헝가리에서 공산체제가 붕괴할 때까지 1956년 헝가리 혁명을 헝가리에서 거론하는 것은 원천적으로 금지되었다. 헝가리 혁명 당시 총리였던 나지의 이름을 공개적으로 언급하는 것조차도 처벌받을 위험이 있었다.

　헝가리혁명 중에 헝가리 노동인민당은 사회노동당으로 당명이 변경되었다. 소련은 사회노동당의 지도자로 카다르(Kádár)를 지명하였다. 헝가리 봉기와 소련의 무력진압은 헝가리 정부와 민주화 세력 양쪽에 교훈을 주었다. 냉전질서에서 소련이 주도하는 공산주의 진영에 포함된 헝가리가 국가적 독립을 쟁취하거나 공산주의 세력의 일당독재를 해체하는 것은 불가능하다는 것을 인식하였다. 그리고 카다르는 안정적인 성국운영을 위해서는 사회와 타협이 필요하다는 것을 인식하게 되었다. 카다르는 1962년 8월에는 라코시, 케레 등 당내 스탈린주의자를 숙청하였으며, 1963년 3월에는 1956년 헝가리 혁명으로 투옥되었던 정치범들을 모두 석방시켰다.

카다르 정권은 동구권국가 중에서 비교적 높은 수준의 시민에 대한 자율성을 인정하였다. 특히 카다르는 "우리에게 반대하지 않는 사람은 우리 편"이라는 유명한 선언을 하였다. 또한 카다르 정권의 정당화 전략은 '카다리즘(Kádárism)'으로 불리게 되었다.[3] 카다르 정권은 자율성을 보장하는 경제정책으로 정통성을 확보하려고 하였다. 이와 같은 카다르 정권의 경제정책으로 추진된 것이 1968년 1월부터 시행된 '신경제 메커니즘(New Economic Mechanism: NEM)'이었다.

물론 '신경제 메커니즘'이 도입되기 이전인 1961년부터 헝가리의 경제 개혁은 점진적으로 시작되었다. 1961년부터 2년간 농업부분의 집단농장 제도에 대한 개혁이 진행되었다. 독립적인 농장 경영, 직접적인 재정부분의 자율성, 집단농장원의 구성문제의 자율성을 보장하는 조치가 이루어졌다. 하지만 이와 같은 소폭의 개혁으로는 헝가리가 직면한 문제를 해결할 수가 없었고 헝가리 사회노동당 중앙위원회는 새로운 개혁에 착수하였다. 헝가리 사회노동당 중앙위원회는 1964년에 헝가리 경제상황을 진단할 조사위원회를 설치하였다. 조사위원회의 비판적인 조사결과에 따라서, 경제계획을 담당하는 헝가리 사회노동당 중앙위원회 산하 부서들은 개혁안을 준비하였다. 준비기간을 거쳐 1966년 5월에 개최되었던 헝가리 사회노동당 중앙위원회에 경제구조의 개혁에 관한 계획수립 결정이 보고되었다. 이후 1967년 말까지 헝가리 경제구조를 새롭게 개편할 시행방안이 마련되었고, 1968년 1월 1일 '신경제 메커니즘'이 시행되었다.[4]

'신경제 메커니즘'의 기본원칙은 '중앙계획의 역할 축소, 생산 및 투자 활동에서 기업 자율성 강화, 시장에서 가격의 제한적 자유화, 임금체계의 유연화'이다. '신경제 메커니즘'의 세부 실행방안은 사회노당당 중앙위원회의 경제계획위원회의 결정으로 확정되었다. '다방면에 걸친 분권화와 자유화, 시장기구의 역할 증대, 기업 통제수단 일원화를 통한 특정방식의 기업 규제 방지, 기업 내부조직에서의 노동자 지주관리제도 도입, 단기적인 명령체계의 폐지, 가격결정에서의 행정관리 가격체제 탈피, 임금액 결정에서의 상한선 폐지' 등이 '신경제 메커니즘'의 세부 실행방안이었다.

신경제 메커니즘의 세부 실행방안인 '다방면의 분권화와 자유화'는 경제계획의 결정권한을 기업으로 이전하는 것을 의미하였다. 공산주의 계획경제에서는 모든 생산물에 대한 목표수량이 중앙에서 계획되고 조절되었다. 또한 경제정책을 수립하기 위해서는 광범위한 통계자료 수집과 사회조사를 통한 계획이 수립되었다. 그러나 이 과정에서 통계자료의 왜곡 등의 문제가 발생하였고, 이는 생산성 부진과 제품품질의 저하라는 부작용을 초래하였다. 이와 같은 문제를 해결하기 위해서 경제계획을 담당하는 중앙기구의 역할을 축소하고 의사결정에서 기업의 자율권을 부여하였다. 기업에 자율성이 도입되면서 기업의 생산시스템이 보다 유연하게 개편되었고, 이를 통해서 헝가리 기업들은 시장경제에서 활용되는 기업의 이윤의 개념을 도입하였다.[5] 신경제 메커니즘의 또 다른 세부 실행방안인 '단기 명령체계의 폐지'로 기업이 단기 투입 및 산출을 자유롭게 결정하게 되었다. 이는 기업이 체제전환 이후 자본주의적 생산 양식을 도입하였을 때, 매우 유용하게 작용하였다.[6]

신경제 메커니즘은 체제전환 시기까지 폐지되지 않고 헝가리 경제 정책의 핵심 개념으로 남아 있었다. 서방의 학자들은 이 제도를 자본주의와 공산주의의 혼합물로 간주하였고, 헝가리 경제 전문가들은 이 제도를 '자본적 사회주의(Capitalized socialism)'라 불렀다.[7]

시장경제 요소의 부분적 도입을 골자로 하는 NEM은 비교적 성공적으로 진행되어서 1962년부터 1972년 사이에 연평균 경제성장이 6.2%를 기록하였다. 그리고 카다르 정권의 경제적 측면에서 가장 큰 성과는 '제2경제(the second economy)'에 대한 시민들의 참여를 용인하였다는 점이었다. 1980년대 초 헝가리 노동인구의 약 75%가 제2경제 활동에 참여하였다. 그리고 헝가리 내 임금노동자의 40%가 소득의 1/4을 제2경제에서 벌어들이고 있었다.

이와 같은 상황은 역설적으로 헝가리 내부에서 민주화세력의 결속을 막았다. 시민의 자율성이 어느 정도 보장되는 수준에서 헝가리 시민들은 정치에 대해서 대단히 무관심했기 때문이다. 또한 헝가리 내부 민주화세력은 카다르 정권이 다른 동구권 국가의 정부보다 상대적으로 덜 부패하고 유능했기 때문에 일정정도 타협이 가능하다고 생각하였다.

또한 카다르정권은 반대세력에 대해서도 유연한 대처를 하였다. 반대세력에 대해서 체포나 연금, 재판회부와 같은 방식을 활용하지 않았다, 카다르 정권은 관용적인 정권의 명성을 유지하기 위해서 반대세력의 존재를 인정하는 유화적인 정책을 활용하였다.

민주화세력 역시 정권에 대한 반대를 표명하는 데 상당히 절제하였다. 그러나 1980년대 중반 이후 경제권의 경제위기가 닥치면서 카다르 정권은 신뢰성의 위기에 직면하였다.

03

체제전환의
과정

1970년대 지속적으로 4~5%대의 경제성장을 유지하던 헝가리는 1985년과 1986년에 각각 −1.4%, −1%의 성장률을 기록하였다. 사회주의 생산양식에 근원적으로 내재되어 있는 경제적 문제점으로 인하여 위기의 국면에 진입하고 있었다.

비교적 성공적이라고 평가되는 신경제 메커니즘 자체도 문제가 없었던 것이 아니었다. 소련이 신경제 메커니즘에 부정적으로 반응한 것이다. 1972년 부쿠레슈티에서 열린 코메콘에서 헝가리는 신경제 메커니즘의 사례를 활용하여 시장 개혁 및 코메콘 국가 간의 교역 손실 분담을 제안하였고 또한 이러한 조치들을 통해서 자유로운 국가 간 여행, 협동농상의 활성화, 코메콘 국가들의 생활수준 향상이 가능하다고 주장하였다. 하지만 소련은 이러한 정책이 가져올 인적 교류 활성화가 오히려 코메콘 국가들에 해가 된다며, 헝가리의 자유로운 생활방식을 문제 삼았다.[8]

(단위: %)

[그림 3-6] 헝가리의 GDP 성장률
출처: IMF (2019).

헝가리는 부존자원이 부족하여 외부와의 교역이 필요한 헝가리의 특수한 상황을 소련에 설득하였고, 경제정책에 대해서 소련으로부터 상당한 자율권을 보장받았다.

　그러나 헝가리에서 경공업제품의 부족과 품질저하의 문제를 위해서는 서방과의 교역이 필요했는데, 헝가리 통화는 국제결제통화가 아니기 때문에 외화가 필요하였다. 그러나 공산권의 경제기구인 코메콘의 교역은 물물교환 위주였고 화폐결제가 이루어져도 서방과 교역에서 제약이 있는 루블화였다. 따라서 헝가리에서는 외채가 빠른 속도로 증가하였다. 문제는 1980년대 초반 세계적인 경제침체의 여파로 헝가리가 더 이상 서방의 차관을 얻기 어려운 상황에 직면하였다는 것이었고, 이로 인해 헝가리는 1982년 IMF에 가입하여 구제금융을 받았다. 또한 신경제 메커니즘에 의한 경제활성화도 주로 농민과 소기업가에게 혜택을 주었지만, 대다수의 공장근로자에게는 큰 변화를 가져오지 못했다.

　특히 1980년대 말 공산권 붕괴에 직면해서는 헝가리 경제는 최악의 상황에 직면하고 있었다.

다른 경제지표 역시 당시 헝가리 경제상황에 적신호를 보이고 있었다.

헝가리의 재정적자도 큰 폭으로 확대되어 1986년 재정적자 규모는
1986년 헝가리 총예산의 1/3 수준을 차지하고 있었다.

[표 3-4] 헝가리의 GDP 대비 재정적자

(단위: %)

연도	적자율	연도	적자율
1982년	87.3	1999년	59.88
1983년	84.9	2000년	55.14
1984년	85.59	2001년	51.74
1985년	96.43	2002년	54.99
1986년	104.65	2003년	57.6
1987년	112.76	2004년	58.52
1988년	101.82	2005년	60.49
1989년	101.33	2006년	64.67
1990년	117.24	2007년	65.62
1991년	127.64	2008년	71.65
1992년	119.58	2009년	77.96
1993년	자료 없음	2010년	80.58
1994년	자료 없음	2011년	80.76
1995년	84.46	2012년	78.29
1996년	71.56	2013년	76.75
1997년	62.12	2014년	76.18
1998년	60.04	2015년	75.33

출처: IMF

헝가리의 재정적자는 1985년부터 급격히게 증가하여 동구권이 붕괴
된 1980년대 이후에는 심각하게 증대하였다. 이와 같은 경제위기 상황
은 헝가리 카다르 정권에 심각한 신뢰성 위기를 초래하게 되었다.

다른 동구권 국가들과는 달리 헝가리는 1980년대 지속적으로 경제적

개혁을 추구해 성과를 얻었고, 제한적이었지만 일정 정도의 정치적 자유가 카다르 정권 때에도 허용되었다. 그러나 경제에 대한 위기감이 고조되면서 사회노동당 내 개혁세력은 정치개혁의 필요성을 강조하였다. 사회노동당 내 개혁세력은 카다르식 정당화 전략은 한계에 도달했으며 급진적 정치개혁을 포함한 대안이 모색되어야 한다고 생각하였다. 그러나 정치개혁의 범위에 대해서 사회노동당 내 보수파와 개혁파는 첨예한 대립을 보였다.

이와 같은 상황에서 헝가리 사회노동당 내에서 개혁세력이 성장할 수 있는 배경은 소련 공산당이 공산당 서기장 고르바초프의 개혁·개방정책과 무관하지 않았다.

1988년 5월 20~22일 개최된 헝가리 사회노동당 임시 회의에서 사회노동당 대의원들은 카다르를 30년이 넘도록 유지하던 사회노동당 총서기직에서 해임하기로 표결하였다. 1988년 5월 23일 사회노동당 서기장이 카다르 야노시에서 그로스 카를로이(Grósz Károly)로 교체된 이후, 헝가리에서 민주화를 진전시키게 되는 주요 개혁조치들이 본격적으로 진행되었다. 1988년 11월 24일, 네메트 미클로시(Németh Miklós)가 총리로 임명되었다. 1989년 1월 12일 헝가리 의회는 '민주주의 패키지'를 채택했다. 민주주의 패키지에는 복수노조, 언론·집회·결사의 자유 보장, 새로운 선거법 등을 포함되었다. 헝가리 사회노동당이 30년 동안 주장했던 공식적인 관점과는 다르게, 1989년 1월 29일 국영라디오 방송 인터뷰에서 사회노동당 개혁파 지도자 포즈가이 임레(Pozsgay Imre)는 헝가리의 1956년 봉기가 반혁명을 위해 외국이 사주한 시도가 아닌 민중 봉기라고 폭탄선언을 하였다.

포즈가이는 1948년부터 노동인민당에서 사회노동당으로 이어진 일당 독재는 잘못된 진로이며 헝가리 사회노동당이 다른 정치세력과 공존하는 방법을 배워야 한다고 주장하였다. 이와 같은 주장에는 헝가리의 1956년 혁명을 다당제 도입문제와 연결시켜서 사회노동당 내 개혁세력을 결집시켜서 보수파를 압도하려는 정치적인 계산이 밑바탕이 되었다.

대규모 시위가 1989년 3월 15일 국경일에 발생해 공산주의 정권과 비공산주의 정치세력의 협상을 요구했다. 1989년 3월 22일 주요 독립단체들은 반대세력 원탁회의(Ellenzéki Kerekasztal: EKA) 수립을 선언하였다. 반대세력 원탁회의에는 헝가리민주포럼(MDF), 자유민주연합(SzDSz), 피데스(FIDESz)[9], 소지주당(FKgP), 사회노동당(MSzDP)의 개혁세력, 헝가리국민당(MNP), 기독민주국민당(KDNP), BZsBT(Bajcsy-Zsilinszky Friends' Association) 등이 참여하였다.

사회노동당 보수파와 EKA 간에는 협상방식과 내용을 둘러싼 주도권 다툼이 발생하였다. EKA는 반대세력의 통합대표자로서 EKA와 MSzMP와의 양자협상을 주장한 반면, 사회노동당 보수파는 주요 독립정치단체 및 공식단체가 개별적 자격으로 모두 참여하는 원탁협상 방식을 고집하였다. 사회노동당 보수파와 EKA간의 협상 합의문이 6월 10일 발표되었다. 협상합의문에 따르면, 사회노동당, EKA, 그리고 사회의 공식단체들로 구성된 '제3자(harmadik oldal)'가 참여한 '삼각협상'을 기본으로 하였다. 그러나 '제3자'의 역할은 사회노동당과 EKA 간의 합의를 촉진하는 선으로 제한되어 있었다. 이와 같은 합의가 이루어진 배경에는 사회노동당 내부에서 권력의 중심이 보수파에서 개혁세력에 유리한 방향으로 변화한 상황이 있었다.

사회노동당, EKA 그리고 '제3자' 간의 삼각협상은 1989년 6월 13일에 시작하였다. 1989년 9월 초 사회노동당과 EKA내 온건파 정당들은 수 차례의 비공식 접촉을 통해 합의를 이루어 내었다. 우선 권력구조가 의원내각제로 최종 결정되었고, 대통령의 권한은 상징적인 수준에 머무르게 되었다. 1989년 9월 18일 사회노동당, EKA 내부의 온건파 정당(MDF, MSzDP, MNP, KDNP, FKgP, BZsBT) 그리고 '제3자'가 합의문에 서명하여서 민주주의 이행에 관련된 협상이 종결되었다. 그러나 EKA 내에서 급진파 정당(FIDESz와 SzDSz)은 합의문에 서명하는 것을 거부하였다. 그리고 1989년 10월 20일 헝가리 의회는 삼각협상의 합의를 최종 추인하였다.

　공산주의의 붕괴가 코앞으로 다가오면서 사회노동당의 향후 노선을 두고 내분이 발생하는데, 당권을 잡은 네르시 레죄(Nyers Rezső)는 시대의 변화에 맞게 사회민주주의 정당으로 재창당할 것을 선언했다. 이렇게 하여 1989년 10월 7일 지금의 사회당이 창당되었다.

04

체제전환의
결과

1990년 3월 24일 헝가리에서 첫 민주적 선거가 실시되었다. 1990년 봄 의회선거는 반대세력의 승리로 끝났다. 선거결과 헝가리민주포럼 (MDF)이 총 386석 중 164석을 획득하였고, 자유민주연합(SzDSz)이 92석, 소지주당(FKgP)이 44석을 차지하였다. 세계대전 이후 냉전기간 동안에 공산주의 진영에 속했던 헝가리를 이끌어 온 사회노동당의 후신인 헝가리 사회당은 33석을 확보하는 참패를 거두었다. 1990년 총선 결과, 제1 당이 된 중도우파 성향의 헝가리 민주포럼은 소지주당(FKgP) 및 기독민주국민당이 참여하는 제1기 연정을 출범하였다.

[표 3-5] 1990년 헝가리 총선 결과

정당	소선구제 지역			중선거구제 지역			전국구 의석 (석)	전체 의석 (석)
	득표(표)	득표율 (%)	의석 (석)	득표(표)	득표율 (%)	의석 (석)		
헝가리민주포럼(MDF)	1,186,791	23.9	114	1,213,820	24.7	40	10	164
자유민주연합(SzDSz)	1,082,965	21.8	35	1,050,440	21.4	34	23	92
소지주당(FKgP)	529,299	10.7	11	576,256	11.7	16	17	44
헝가리 사회당	504,995	10.2	1	534,897	10.9	14	18	33
기독민주국민당	287,614	5.8	3	317,183	6.5	8	10	21
피데스(FIDESz)	235,611	4.8	1	439,448	9.0	8	12	21
애국 선거연대 (Patriotic Electoral Coalition)	157,798	3.2	0	91,910	1.9	0	0	0
농민연대 (Agrarian Alliance)	139,240	2.8	1	154,003	3.1	0	0	1
헝가리 사회노동당 (Hungarian Socialist Workers' Party)	131,444	2.7	0	180,899	3.7	0	0	0
헝가리 사회민주당 (Hungarian Social Democratic Party)	104,010	2.1	0	174,409	3.6	0	0	0
기업가당 (Entrepreneurs' Party)	82,518	1.7	0	92,684	1.9	0	0	0
헝가리 인민당 (Hungarian People's Party)	38,647	0.8	0	37,047	0.8	0	0	0
SZDSZ-Fidesz	23,702	0.5	2	-	-	-	0	2
헝가리 녹색당 (Green Party of Hungary)	19,434	0.4	0	17,951	0.4	0	0	0
ASZ-SZFV	12,958	0.3	1	-	-	-	0	1
ASZ-HVK	12,926	0.3	0	-	-	-	0	0

소지주와 시민당 (National Smallholders' and Civic Party)	12,366	0.3	0	9,944	0.2	0	0	0
독립 사회 노동당 (Independent Social Democratic Party)	7,564	0.2	0	–	–	–	0	0
KDNP – Fidesz – SZDSZ	6,473	0.1	1	–	–	–	0	1
소모지주(州) 기독 연맹 (Somogy County Christian Coalition)	5,029	0.1	0	5,966	0.1	0	0	0
헝가리 자조 농민당 (Hungarian Cooperative and Agrarian Party)	5,882	0.1	0	4,945	0.1	0	0	0
Tedisz – Fédisz	3,759	0.1	0	–	–	–	0	0
독립 헝가리 민주당 (Independent Hungarian Democratic Party)	4,640	0.1	0	2,954	0.1	0	0	0
자유당 (Freedom Party)	4,342	0.1	0	2,814	0.1	0	0	0
MSZP – ASZ	2,255	0.1	0	–	–	–	0	0
헝가리 독립당 (Hungarian Independence Party)	2,129	0.0	0	2,143	0.0	0	0	0
도농연대 (Alliance for the Village and Countryside)	3,092	0.1	0	–	–	–	0	0
왕관당 (Holy Crown Society)	1,906	0.0	0	–	–	–	0	0
세대당, 연금소득자 및 가족당 (Party of Generations, Party of Pensioners and Families)	1,762	0.0	0	–	–	–	0	0

MSZP-HVK	1,589	0.0	0	–	–	–	0	0
자연과 사회 보호 연대 (Alliance for the Protection of Nature) and Society	1,284	0.0	0	–	–	–	0	0
헝가리 노동자 민주중심당 (Hungarian Workers' Democratic Center Party)	973	0.0	0	–	–	–	0	0
농촌당 (Party for Rural Hungary)	690	0.0	0	–	–	–	0	0
헝가리 집시 사민당 (Social Democratic Party of Hungarian Gypsies)	613	0.0	0	–	–	–	0	0
동방인민당-기독민주당 (People of the Orient Party-Christian Democrats)	346	0.0	0	–	–	–	0	0
무소속	342,674	6.9	6	–	–	–	–	6
합계	5,055,429	100	176	5,081,849	100	120	90	386

출처: Nohlen, D., & Stöver, P. (2010), p. 899.

헝가리의 집권세력의 변화와는 별도로 대외관계에서 기존의 냉전질서가 붕괴되는 상징적인 조치들이 일어났다. 1989년 5월 2일 철의 장막의 실질적인 첫 해체가 헝가리 인민공화국이 오스트리아와의 국경 펜스를 철거하면서 시작되었다. 그 결과 동독과 체코슬로바키아에서 수만 명의 시민들이 불법으로 오스트리아-헝가리 국경을 넘어 서방 국가들로 이주하면서 공산주의 진영의 서방진영에 대한 국경통제가 무너지게 되었다. 헝가리의 국경개방은 이웃국가의 공산주의 체제를 불안정하게 만들었다. 1989년 1월 1일, 헝가리 집권 사회노동당은 1956년 헝가리 혁명 당

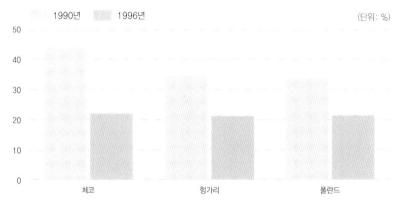

[그림 3-7] 1990, 1996년 동유럽국가의 코메콘 무역의존도 변화
출처: IMF

시 처형된 헝가리 지도자 나지를 사면하였다. 이는 1956년 헝가리 혁명 당시 혁명의 책임으로 짧은 재판 이후 나지가 불법적으로 처형된 것과 는 대조적인 상황이 발생한 것이다. 또한 1989년 6월 16일 나지의 장례 가 부다페스트의 광장에서 국장으로 진행되었다. 제2차 세계대전 이후 헝가리를 점령했던 소련군도 1991년 6월 19일 헝가리에서 철수했다.

경제적인 측면에서도, 냉전질서가 붕괴한 이후 헝가리에서 급속한 변 화가 발생하였다. 헝가리의 교역에서 기존 중동부유럽국가와의 교역이 차지하던 비중이 급속하게 감소하였다. 헝가리의 경제도 다른 중동부유 럽 국가의 경우처럼, 냉전시절 국가교역에서 코메콘 회원국가에 대한 무 역의존도가 높았다.

[그림 3-7]은 동유럽국가의 전체 무역에서 코메콘이 차지하는 무역의 존 비중의 변화를 보여 주고 있다. 체코, 헝가리, 폴란드의 교역에서 코메 콘은 1990년까지 큰 비중을 차지하였으나, 이후 급속도로 감소하였다.

이들 국가의 무역에서 감소된 구 소련의 비중은 빠르게 유럽연합에

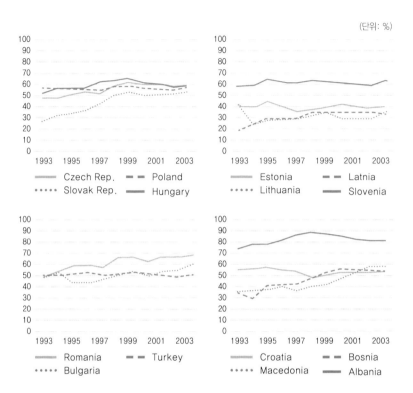

(단위: %)

[그림 3-8] 중동부유럽국가의 EU 가입 이전에 EURO ZONE이 중동부유럽국들의 전체 무역에서 차지하는 비중

출처: European Central Bank (2005), p. 9.

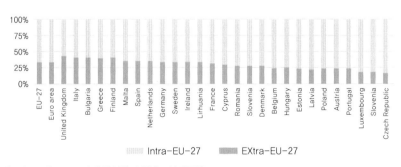

[그림 3-9] 2007년 유럽연합의 역내 · 역외무역

출처: Eurostat

대한 무역으로 대체되었다. 유럽중앙은행 자료에서 인용한 [그림 3-8]은 중동부유럽 국가의 유로존(EURO ZONE)에 대한 무역의존도를 보여 주고 있다.

EUROSTAT 통계 [그림 3-9]에 따르면, 중동부유럽 국가의 EU 회원국 가입절차가 완결된 2007년의 경우 비교적 EU 교역비중이 비교적 낮은 불가리아조차도 무역비중에서 유럽연합이 차지하는 비중이 60%에 근접하고 있다. 가장 EU 무역비중이 높은 체코의 경우, EU의 무역비중이 80% 이상을 상회하고 있다.

[그림 3-10]에서 볼 수 있듯이, EU-15의 동유럽에 투자 증가는 동유럽 모든 국가에서 나타났다. 특히 헝가리, 체코, 폴란드에서 대규모로 이루어졌다. 2006년 Stock 기준으로 본 총액에서, 헝가리, 체코, 폴란드가 EU-15의 신규 EU회원국 투자에 대한 투자의 68%를 차지하였다. 증가율의 측면에서 EU-15의 투자가 루마니아에서 가파르게 상승하였다. Stock 기준으로 2004년 90억 유로에 불과하던 EU-15의 루마니아 투자는 244억 유로로 증가하였다. 이 액수는 루마니아의 1년 GDP에 해당하는 액수였다.

공산권 붕괴와 함께 공산권 경제협력기구인 코메콘(Council for Mutual Economic Assistancen: COMECON)이 1991년 6월 해체되었고, 공산권 국가의 일원이었던 헝가리는 경제적으로 큰 혼란을 겪었다. 1989년 11월 베를린 장벽이 붕괴된 지 한 달도 안 되어서, 당시 유럽공동체는 폴란드와 헝가리의 경제 재건을 지원하기 위한 프로그램인 '경제재건을 위한 폴란드–헝가리 지원 프로그램(Poland and Hungary Assistance for the Re-structuration of the Economy: PHARE)'을 실행하였다.[10] 이 프로그램은 소비

(단위: 10억 유로)

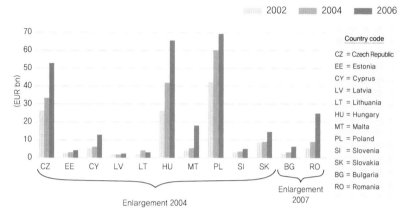

[그림 3-10] EU-15의 신규 EU 회원국별 Stock 투자
출처: EUROSTAT (2008), p. 3

에트 블록에 속해 있던 중동부유럽국가를 지원하는 프로그램으로 점진
적으로 확대되었다. 1994년 3월 헝가리는 EU에 회원국 가입신청을 제
출하였다.

05

맺음말

1989년 11월 베를린 장벽이 무너진 지 한 달도 안 되어서, 유럽공동체는 폴란드와 헝가리의 경제 재건을 지원하기 위한 프로그램인 'PHARE (Poland and Hungary assistance for the Re-structuration of the Economy)'를 내놓는다. 이 프로그램은 소비에트 블록에 속해 있던 동유럽 국가를 지원하는 프로그램으로 점진적으로 확대되었다.

동유럽국가에 대한 유럽연합의 원조 프로그램은 PHARE, SAPARD (Special accession programme for agriculture and rural development), ISPA (Instrument for Structural Policies for Pre-accession)의 형태로 실행되었다.

[표 3-6] 2003년 PHARE, SAPARD, ISPA의 규모

(단위: 백만 유로)

구분	PHARE	SAPARD	ISPA	합계
불가리아	99	56	113	268
체코	95	24	76	195
에스토니아	40	13	31	84
헝가리	107	41	96	244
라트비아	46	24	54	124
리투아니아	67	32	53	152
폴란드	403	182	378	963
루마니아	272	162	261	695
슬로바키아	57	20	51	128
슬로베니아	38	7	15	60
기타	476	–	–	476
합계	1,699	561	1,128	3,389

출처: EU 집행위원회

1990년 10월 3일 독일통일에 이어서, 1991년 12월 소비에트 연방이 붕괴되었다. 이어서 1991년 12월 16일 유럽공동체는 폴란드, 체코슬로 바키아, 헝가리와 협력을 강화하는 'Europe agreement'를 체결하였다.

1992년 2월 7일 유럽공동체는 마스트리히트에서 'EU 협약'에 조인을 하여 유럽공동체는 1993년 11월 1일부터 제한적이긴 하지만 '공동외교 안보정책'을 갖는 유럽연합으로 거듭나게 되었다. 동유럽 국가를 유럽연 합의 회원국으로 받아들이기 위한 구상은 1993년 이후 구체화되기 시 작하였다. 1993년 6월 코펜하겐에서 열린 EU 정상회담에서 불가리아, 에스토니아, 헝가리, 라트비아, 리투아니아, 폴란드, 체코, 루마니아, 슬로 바키아, 슬로베니아 등 동유럽 10개국의 유럽연합 가입에 대한 원칙이

결정되었다. 1994년 3월 31일 헝가리를 시작으로 구소련의 영향하에 있었던 동유럽 국가들이 유럽연합에 가입을 신청하기 시작하였다. 2003년 4월 16일 아테네에서 헝가리를 포함한 10개 후보국과 유럽연합 회원국 간에 가입협정에 조인이 이루어졌다. 그리고 헝가리를 포함한 10개 후보국은 2004년 1월 1일부로 EU 회원국이 되었다.

1989년 본격적으로 시작된 헝가리의 체제전환 과정이 순탄하게만 진행된 것은 아니었다. 체제전환 후인 1990년 실시된 첫 민주선거에서 중도우파성향의 헝가리 민주포럼은 소지주당(FKgP) 및 기독민주국민당이 참여하는 제1기 연정을 출범하였다.

그러나 자유민주주의 체제를 도입한 1990년 이래 헝가리 경제상황이 악화하였고, 국민의 집권당에 대한 불만증대 및 개혁정책을 주도하는 우익정치 세력의 자유시장 경제정책 수행에 대한 실망감으로 1994년 총선에서는 공산체제 시절 헝가리를 1당 독재로 지배했던 사회노동당의 후신인 헝가리 사회당이 총 386의석 중 단순 과반수를 상회하는 209석을 획득하였다. 헝가리 사회당은 국정운영의 책임분담 및 좌익성향 정부가 될 것이라는 국내외의 오해 및 우려를 불식시키기 위해 우파 성향의 자유민주연합과 구정을 구성하였다. 헝가리 사회당이 주도하는 제2기 연정에서 대내적으로는 인플레이션 및 실업률 감소 등 경제성장을 달성하고 대외적으로는 NATO 가입 확정 및 EU 1차 가입 대상국 선정 등 좋은 외교적 실적을 올렸음에도 불구하고 급속한 경제성장에 따른 빈부격차의 확대로 하층민의 불만 증대, 사회치안 악화, 국유기업의 민영화 과정에서 빚어진 정치부패의 만연으로 1998년 선거에서는 사회당은 제2당으로 전락하고, 피데스(FIDESz)가 제1당이 되었다.

이와 같은 체제전환기의 혼란을 극복하고, EU 가입 이후 헝가리는 2008년 세계금융위기와 2011년 EU 재정위기 기간을 제외하고 견실하게 성장하였다.

[표 3-7] 거시경제 지표

주요지표	2013년	2014년	2015년	2016년	2017년	2018년
인구(백만 명)	10.0	9.9	9.8	9.8	9.7	9.7
명목GDP (십억 달러)	135.2	140.1	122.8	125.8	163.5	–
1인당 명목 GDP(달러)	13,667.4	14,206.4	12,482.9	12,823.9	16,722.0	–
실질성장률(%)	1.5	3.6	3.1	2.0	3.6	3.5
실업률(%)	10.2	7.7	6.8	5.1	4.2	3.9
소비자물가 상승률(%)	1.7	0.0	0.1	0.4	2.9	2.8
GDP대비 재정지수(%)	−2.6	−2.1	−1.6	−1.8	−2.6	−2.4
총수출 (십억 달러)	89,911	93,464	100,136	102,909	106,273	105,546
총수입 (십억 달러)	82,661	86,525	91,158	91,921	86,909	95,148
무역수지 (십억 달러)	7,250	6,939	8,979	10,988	19,364	10,398
경상수지 (백만 달러)	3.8	2.0	3.2	–	4,903	–
해외직접투자 (백만 달러)	871.2	2,229.7	1,086.1	–	–	–
외국인직접투자 (백만 달러)	4,116.8	4,555.8	4,079.3	–	–	–

출처: 한국무역진흥공사(2019), pp. 3-4.

세계은행에 따르면, 헝가리는 2017년 4.3%, 2018년 5.4%, 2019년 4.6%의 경제성장을 하였다. 헝가리의 경제는 2011년 유럽재정위기 여파로 2012년 마이너스 성장을 했던 이후로 꾸준히 견실한 성장세를 보이고 있다. 2015년 2007~2013년 EU 기금 예산집행의 마감의 영향으로 2016년 잠시 경제성장률 2.0%를 달성한 것을 제외하고는 최근 3%대 경제성장률을 유지하였다.

[표 3-8] 2017년 EU 회원국의 역내 및 역외 상품수출 비중

(단위: %)

구분	Intra-EU	Extra-EU	구분	Intra-EU	Extra-EU
슬로바키아	86	14	스페인	66	34
룩셈부르크	84	16	크로아티아	64	36
체코	84	16	덴마크	62	38
헝가리	81	19	핀란드	60	40
폴란드	80	20	스웨덴	59	41
루마니아	76	24	프랑스	59	41
슬로베니아	76	24	독일	58	42
네덜란드	75	25	리투아니아	58	42
포르투갈	74	26	이탈리아	56	44
벨기에	72	28	몰타	54	46
에스토니아	72	28	그리스	54	46
오스트리아	71	29	아일랜드	51	49
불가리아	66	34	영국	48	52
라트비아	66	34	사이프러스	38	62

출처: EU 집행위원회

무역의 측면에서 헝가리는 EU 역내교역에 크게 의존하고 있다. 헝가리의 역내 회원국을 대상을 한 상품 수출 비중이 81%로 슬로바키아, 체코, 룩셈부르크 다음으로 높은 수준이었다.

헝가리는 2014년 경제성장률 3.6%를 달성하며 유럽연합 내 최고 수준의 경제성장률을 보였다. 2015년부터 2017년까지 이런 모멘텀은 지속되고 있다.

외국인 투자도 지속적으로 유입되고 있다. 헝가리에서 외국인 투자가 활발한 이유는 헝가리가 가진 지리적인 이점이 크기 때문이다. 또한 서유럽을 중심으로 한 외국계 회사들은 이미 헝가리의 우수한 인력에 대해 높이 평가하고 진출, 헝가리를 제조거점으로 삼고 있으며, 유럽의 공장이라고도 부른다. 완성차 제조업체 AUDI, Daimler(Mercedes-Benz), SUZUKI 등이 진출해 있으며 전자전기제품 제조업체 삼성SDI 등도 진출해 유럽대륙시장을 타깃으로 제조업을 영위하고 있다.

현재 헝가리는 폴란드, 체코, 슬로바키아와 함께 EU의 새로운 성장엔진으로 발돋움하고 있다.

제4장

'소비에트형 인간'을
거부한 1989년 11월
체코슬로바키아의
벨벳혁명

김신규

벨벳혁명은 단일한 요인에 의해서 발생한 것이 아니라 여러 요인이 상호작용한 결과였다. 혁명이 발발하기 직전까지도 인접한 폴란드나 헝가리에 비해 체제전환 발생 조건이 상대적으로 낮아 체코슬로바키아에서의 혁명을 예측한 사람은 거의 없었다. 실제로 당시 체코슬로바키아에서는 공산당 내부의 개혁파가 너무 약했고 정권에 반대하는 반체제 세력도 소수에 불과했으며, 더군다나 이들과 일반대중, 노동자, 학생들과의 연대도 부족했다. 다만 체코슬로바키아 시민들 사이에 퍼져있던 경제침체와 생활수준 하락에 대한 불만, 공산정권의 무능력에 대한 실망, 이상적인 공산주의 이념과 현실 사회주의 정권 사이의 간극이 너무나 크다는 인식이 팽배해 있었다. 이상과 현실 사이의 충돌은 개개인의 불만을 야기했고 그것이 1989년 11월에 와서 사회 전체의 불만으로 결집되었다.

사실 공산정권에 대한 불만은 1948년 2월 공산정권이 들어서면서부터 시작되었다. 공산정권은 40여 년간 체코슬로바키아 시민들을 '소비에트형 인간(homo-sovieticus)'으로 개조시켜 그러한 불만을 누그러뜨리려 시도했으며 그것이 일정 부분 성공을 거두었다. 그러나 체제를 유지하고 발전시키는 주체의 정신과 행위를 언제까지나 통제하는 것은 불가능했다. 이미 양차 세계대전 사이의 제1공화국 시기 동유럽에서 유일한 '민주주의와 시장경제의 섬'이었고 동시에 자유주의, 개인주의, 다원주의가 허용되었던 체코인과 슬로바키아인들을 소비에트식 사회주의라는 하나의 이데올로기에 묶어 둘 수는 없었다. 이제 하벨이 언급한 바와 같이 '거짓된 삶'에서 벗어나 양심과 정의에 따라 새로운 삶을 살고자 하는 '진실된 삶'을 되찾기로 결정한 바로 그 순간 체코인과 슬로바키아인들은 소비에트형 인간으로 남아 있기를 거부했다. 시민 개개인의 이런 결의가 하나로 묶여 표출된 것이 바로 1989년 11월의 벨벳혁명이었다. 영웅적인 지도자도 없었고 혁명세력과 반혁명세력 간의 유혈 낭자한 충돌도 없었지만 벨벳혁명은 힘이 없는 시민들의 개별 의지가 결합되어 사회 전체의 정신과 행동의 변화를 유도하면서 정치, 경제의 구조와 제도를 바꾸어 버린 20세기 최후의 거대한 '혁명'이었다.

이 장은 『슬라브학보』 제35권 4호(2020)에 게재된 "체코슬로바키아 벨벳혁명의 경제, 사회적 요인분석"을 수정·보완한 글이다.

01

머리말

중동부유럽의 체제전환을 상징하는 체코슬로바키아의 벨벳혁명 (Sametová revoluce)이 일어난 지 30년이 지났다. 끔찍한 내전으로 하나의 국가가 일곱 개의 국가로 분리되었던 유고슬라비아, 독재자를 처형했던 루마니아 그리고 군사 쿠데타가 벌어지고 15개 국가로 분리된 소련과는 달리 체코슬로바키아에서는 대규모 유혈 사태가 없이 평화로운 방법으로 공산정권이 퇴진하고 민주정권이 들어서는 그야말로 부드러운 방식의 혁명을 통해 체제전환이 시작되었다.

공산정권의 붕괴 그리고 민주주의와 시장경제로의 이행은 자유화 (liberalization), 민주화(democratization) 단계를 거쳐 공고화(consolidation) 과정으로 완료된다고 알려져 있다. 자유화는 스스로가 개혁과 개방을 통해 체제를 바꾸어 가는 과정을 의미한다. 반면, 민주화는 시민적·정치적 권리의 확대와 시민사회 구축, 복수정당의 등장과 정당체계의 형성, 이익

집단 등이 조직되는 과정으로 이 과정에서 옛 공산체제의 엘리트, 이데올로기, 거버넌스가 사라지고 새로운 구조와 제도가 들어선다. 마지막 공고화 과정은 앞선 자유화와 민주화 과정에서 채택된 민주적 제도와 규칙이 내재화되어 민주적인 정치문화 그리고 시장이 정상적으로 작동하는 단계로 완전한 민주주의 국가로 전환되는 단계이다.[1]

자유화가 먼저 시작되고 그 이후에 민주화가 진행되면서 체제전환을 추진한 대표적인 사례는 헝가리와 폴란드를 들 수 있다. 양국은 이미 1970년대와 1980년대 공산당 주도로 체제 내에서의 개혁과 개방을 통해 민주주의와 시장경제 요소를 도입하고 이를 1당 독재와 사회주의 경제체제와 접목시키려는 자유화를 시도했다.[2] 이러한 체제 내에서의 개방, 개혁은 포괄적인 전환을 요구하는 1989년의 사태를 맞이하여 전환의 다음 단계인 민주화로 이어졌다. 민주화는 기존 공산정권 자체가 개혁과 개방의 대상이기 때문에 더 이상 독재와 계획경제가 새로운 체제와 공존할 수 없었고, 이 순간부터 본격적으로 정치·경제체제의 전환이 시작되었다.

이렇게 공산체제에서 일정 부분 개혁을 도입하고 추진했었던 폴란드나 헝가리와는 달리 체코슬로바키아는 철저한 일당독재와 사회주의 경제를 유지하고 있다가 1989년 11월 17일 벨벳혁명을 통해 민주주의와 시장경제로의 이중이행(dual transition)을 시작했다. 체코슬로바키아 공산정권은 1989년 11월 퇴진을 요구하는 시민사회와 사회 전체의 목소리가 터져 나올 때까지 어떠한 개혁도 시도하지 않았고 사회와의 타협도 거부했었다. 개혁이 시작된 것은 공산정권이 물러나고 민주세력이 집권한 이후였기 때문에 체코슬로바키아는 폴란드, 헝가리와는 달리 공산정권이 자유화 과정을 시작한 것이 아니라 반공산 민주세력에 의해 자유화와 민주화가 동시에 진행되면서 체제전환 과정이 더 복잡하고 혼란스럽게 전개되었다. 이 과정에서 집권한 민주세력은 자유화와 민주화를 하나의 패키지로 묶어 옛 체제와의 단절을 통해 더 빠르고 급진적인 정치·경제 개혁을 추진했고 다른 탈공산주의 국가를 압도하는 성과를 거두었다.[3]

이보다 더 중요한 측면은 바로 이 혁명을 통해 체코슬로바키아 시민들이 공산정권의 강압적 통치 속에서 자유의지를 숨기고 목소리를 내지 못하며 살아가는 '거짓된 삶'을 버리고 자유와 정치적·경제적·시민적 권리를 누리는 '진실된 삶'을 되찾았다는 점이었다.[4]

이런 배경에서 이번 장에서는 1989년 11월 체코슬로바키아 벨벳혁명의 발발 원인과 그 의미를 파악하기 위해 우선 2절에서는 1989년 11월 17일을 전후한 벨벳혁명의 역사적 과정을 되짚어 보면서 왜 하필 이날 혁명이 시작되었는지를 파악한다. 그다음 3절에서는 벨벳혁명이 발생한 요인을 경제적 측면에서 찾는다. 그러나 본문에서는 체코슬로바키아 공산체제의 경제상황과 생활수준을 확인함으로써 경제문제가 체제전환을 유도한 원인 중 하나이기는 하지만 그렇다고 그것이 반공산주의 혁명과 체제전환의 유일한 원인은 아님을 강조한다. 4절에서는 혁명의 원인을 사회적 측면에서 찾는데, 무엇보다도 전간기의 민주주의, 자유주의, 개인주의, 다원주의 유산이 공산체제의 거짓된 삶에서 벗어나 진실된 삶으로 나아가는 데 중요한 동기였다고 강조한다. 마지막 5절에서는 체코슬로바키아 체제전환의 원인을 요약하고 벨벳혁명의 의미를 파악한다.

02

'거짓된 삶' 벗어던지기
: 혁명의 시작

중동부유럽 국가 중에서 전체주의 성격이 가장 강한 국가 중 하나였던 체코슬로바키아에서는 공산정권의 강압적인 통치로 인해 민주화는 물론 자유화도 인접한 다른 국가들보다 뒤늦게 시작되었다. 공산정권 시기 공산당 내부 개혁파의 입지가 약했으며 아래로부터의 목소리가 너무 약했기 때문에 자유화를 위한 동인도 없었으며, 반체제운동이 뒤늦게 성장했고 동시에 일반대중과 반체제운동 사이의 연계가 부족했었다는 점도 민주화가 뒤늦게 시작되었던 요인이었다.

공산당 내부에 개혁파가 존재하지 않았고 시민사회가 너무도 취약했던 것은 무엇보다도 1968년의 '프라하의 봄'이 소련과 인접국의 군사 침공으로 무산된 이후 후삭(G. Husak) 정권이 추진했던 '정상화 정책 (Normalization)' 때문이었다. 정상화를 통해 두브체크(A. Dubček)의 개혁정책을 지지하는 개혁파들이 '사회주의를 마비시키려는 불순한 의도를 가진 사람들'이자 '서방의 지원을 받은 기회주의자, 수정주의자'로 매도되었고 약 33만 명의 공산당원이 당에서 제명되었으며, 5백만 명에 달하는 일반대중들이 정상화 정책의 검증 대상이 되었다.[5] 이로써 '인간의 얼굴을 한 사회주의'를 내세웠던 개혁은 완전히 사라졌고 1968년 이전의 '정상적'인 전체주의로 복원되었다.

전체주의 정권의 탄압과 일반 시민들의 침묵 속에서도 정권의 비민주성에 대한 저항은 멈추지 않았다. 무엇보다도 1977년에 설립된 '77헌장'이 조직적인 형태의 반체제 활동이 미약했던 체코슬로바키아에서 독자적인 시민사회가 구축될 수 있는 가능성과 일반대중들의 민주적 요구를 표출할 수 있는 통로를 제시하는 역할을 했다.[6] 그러나 현실적으로 77헌장의 활동이 인권과 시민권 등 정치 이외의 영역에 한정되어 있었고 소수의 지식인 중심의 활동에 불과했기 때문에 본격적인 체제전환의 기반이 되지는 못했다. 실제로 77헌장은 선언문에서 정권에 반대하는 단체가 아니라 순수한 인권단체를 표방하면서 공산정권과의 직접적인 대립을 피했다.[7] 그럼에도 불구하고 77헌장은 기존 어느 단체에 비해 그 울림이 컸다. 77헌장이 표면적으로 정권에 대립하는 정치조직이 아니라 인권과 도덕을 강조하는 시민사회였기 현실에서 그 영향력을 정확히 측정할 수 없고 정권 자체에 정면으로 도전한 것은 아니었지만 완전한 독재와 계획경제라는 정상화의 암흑기에 시민들에게 용기와 희망을 주었으며 공산정권의 한계와 오류를 폭로했고 시민들이 숨쉬고 얘기할 수 있는 공간을 만들었다는 점에서 내면적인 파장은 컸다. 77헌장을 주도했던 하벨은 절망 속에서 희망을 제시하면서 주눅들어 포기하고 있던 시민들의 심적 변화를 이끌어 냈다.

> 이러한 심각하고 험악한 상황에서 희망은 모든 것이 잘될 것이라는 단순한 기대와는 다르다. … 우리가 어떤 상황에서 희망을 표명할 때 그 상황이 나쁘면 나쁠수록 희망은 더욱 깊어진다. 희망은 낙관주의와 다르다. 희망은 무엇인가 잘 될 것이라는 확신이 아니라, 상황이 어떻게 변하는가와는 관계없이 무엇인가 의미를 가지고 있다는 확신이다. … 나는 이러한 희망을 어디에서나 찾을 수 있다고 생각한다. 또한 우리가 살아갈 수 있는 힘을 주고, 희망이 없어 보이는 상황에서도 계속해서 새로운 무엇인가를 시도할 수 있게 하는 것이 바로 희망이다.[8]

공산정권은 모든 억압수단을 사용해서 하벨은 비롯한 77헌장 주동자들을 탄압했지만 77헌장에 대한 지지와 참여는 더욱 늘어 갔다.[9] 이들은 계속해서 자신들의 합법성, 정당성을 주장하면서 공산정권이 인권과 시민권, 정치권을 보장해야 한다는 주장을 굽히지 않았다. 하벨과 더불어 77헌장을 주도했던 파토츠카(J. Patočka)는 77헌장과 같은 합법 단체를 탄압하는 공산정권은 도덕적으로도 법적으로도 부당한 체제라고 비난했다.[10] 이렇듯 공산정권은 자유와 권리를 요구하는 개인과 집단을 탄압했고 탄압당한 이들은 정권에 직접 저항할 수 없었기 때문에 정권에 대한 불만은 점점 쌓여 갔다.

이런 상황에서 정상화 초기 반등했던 경제 상황이 1970년대 중반 이후에 다시 악화되기 시작했고 1980년대 초반에 들어서는 1960년대 수준으로 추락했다. 경제 회복을 위해 공산정권에서 내놓은 일련의 조치들

이 실패하면서 정상화 정권을 떠받들고 있던 한 축인 '사회주의 소비주
의'도 무너져 내렸다.

[표 4-1] 정상화 시기 경제 상황

(단위: %)

구분	1976~1979년		1980년	
	전년 대비 목표	전년 대비 달성	전년 대비 목표	전년 대비 달성
국민소득	27~29	20	3.7	3.0
산업생산	32~34	25	4.0	3.2
농업생산	14~15	9	7.2	6.0
투자	20~22	20	2.4	1.2

출처: 리차드 F. 스타(1985), p. 115.

1980년대 중반에 들어서도 경제의 추락은 지속되었다. 1960년대
4.4%, 1970년대 4.7%의 성장률은 온데간데없이 사라지고 정부에서 내
놓은 1981~1986년 평균 성장률 1.8%는 다른 동유럽 국가들에 비해서
도 확연히 낮은 수준으로 공산정권이 정상화라는 교조적인 전체주의와
계획경제를 통해서는 성장을 견인할 능력이 없음을 그대로 보여 주었다.

[표 4-2] 체코슬로바키아의 경제성장률

(단위: %)

구분	1961 ~1970년	1971 ~1980년	1981 ~1985년	1986년	1987년	1988년	1989년
NMP[1]	4.4	4.7	1.8	1.8	2.7	2.6	1.2
GDP[2]	–	4.7	1.7	3.2	2.7	2.2	1.2
GNP[3]	2.9	2.8	1.2	2.1	1	1.4	–

주: 1) 정부 발표 공식 성장률, 2) 월드뱅크 추산 확장 성장률, 3) 미국 CIA 추산 성장률
출처: 야노쉬 코르나이(2019), p. 347.

1960년대 체코슬로바키아의 총산출은 2.9%, 1970년대는 2.8%로 다른 동유럽 공산국가들에 비해 그렇게 낮지는 않았지만, 오스트리아 등의 주요 서유럽 국가들에 비해서 상대적으로 성장률이 상당히 줄어들었다. 1980년대 들어서는 동유럽 공산국 중 최대의 산업국인 체코슬로바키아의 산출이 1.4%로 추락했다. 1970년대 두 번의 석유위기와 국제정세 불안도 원인이었지만 무엇보다도 더 이상 투입을 산출로 이어줄 기술도 노동자들의 공산주의 사회 건설을 위한 의욕도 사라졌기 때문이었다.

이 때문에 소련을 비롯한 동유럽 공산국가들은 경제침체를 극복하기 위한 다양한 방안을 내놓았다. 가장 대표적인 시도가 바로 1985년 소련 공산당 서기장으로 등장한 고르바초프(M. Gorbachev)의 페레스트로이카와 글라스노스트, 즉 개혁·개방정책이었다. 체코슬로바키아에서도 1987년에 들어 소련의 페레스트로이카와 글라스노스트 도입 여부를 둘러싼 당내 논쟁이 벌어졌고 이를 계기로 후삭이 공산당 제1서기에서 물러나 대통령 직위만 유지했다. 그러나 후삭을 이은 야케쉬(M. Jakeš) 역시 이전의 정상화 정책을 고수하면서 전면적인 개혁을 유보했다.[11]

[표 4-3] 총산출 성장

(단위: %)

구분		1960년대	1970년대	1980년대
동유럽	불가리아	5.8	2.8	1.2
	체코슬로바키아	2.9	2.8	1.4
	동독	3.1	2.8	1.8
	헝가리	3.4	2.6	1.0
	폴란드	4.2	3.6	0.8
	루마니아	5.2	5.3	−0.1
	소련	4.9	2.6	2.0

서유럽	오스트리아	4.7	3.6	1.7
	프랑스	5.6	3.2	1.9
	이탈리아	5.7	3.8	2.2
	일본	10.5	4.6	4.0
	네덜란드	5.1	2.9	1.3
	미국	3.8	2.7	3.2
	서독	4.5	2.7	1.7

출처: 야노쉬 코르나이(2019), p. 356.

공산정권이 개혁을 주저하고 별다른 조치를 취하지 않았음에도 불구하고 일반 시민들 사이에서는 이들에게 개혁을 요구하거나 혹은 저항할 엄두를 내지 못했다. 공산체제의 강압적 통치가 시민들의 목소리를 억눌렀고 이미 1968년 개혁을 요구했던 시민들의 목소리가 소련군과 경찰력에 의해 가로막힌 이후에는 더 이상 개혁을 요구할 용기도 남아 있지 않았기 때문이었다. 77헌장이 정부에 쓴소리를 하고는 있었지만 그렇다고 이들이 공산정권에게 개혁을 요구하면서 체제 자체를 바꾸라고 외칠 힘을 갖고 있는 것은 아니었다.

이런 상황에서 1989년 1월 소련군의 침공에 항의해 분신자살했던 얀 팔라흐(Jan Palach) 사망 20주년을 기념한 추도식이 개최되었다. 평화롭게 진행되던 추도식이 갑자기 반정부 시위로 돌변했고 이 시위를 주도한 77헌장의 대변인 하벨(V. Havel)을 비롯한 많은 인사들이 반정부 활동, 질서 교란 행위 등의 죄목으로 처벌되었다. 이 사건이 곧바로 체제전환으로 이어진 것은 아니었지만, 그동안 분산되어 있던 여러 반체제 세력이 행동을 통일함으로써 시민들과의 연대 가능성을 제시해 주는 계기가 되었다.[12]

반체제운동과 시민들 간의 연대가 본격적으로 나타난 사건은 1989년

6월 77헌장이 '몇 문단(Několik Vět)'이라는 청원서를 발표하면서부터였다. 여기에서 77헌장은 그동안의 비정치적 입장에서 벗어나 공개적으로 민주주의와 다원주의의 필요성을 주장함으로써 모든 반체제 세력과 시민들을 결집시키는 대의를 제시했다. 특히 이 청원서를 통해 반체제운동과 시민들 사이에 연대가 이루어졌다는 점은 그동안 이들 간 불신이 팽배했던 체코슬로바키아에서는 대단히 중요한 사건이었다. 계급 간, 계층 간 불신을 조장했던 공산정권의 전술에 금이 가기 시작했고, 이를 통해 공산정권을 떠받들고 있던 노동계급의 이반으로 공산정권의 토대가 흔들렸다. 77헌장은 여기에서 정치적 자유, 정치범 석방, 검열폐지, 결사와 집회의 자유를 요구하는 등 당시까지의 공개적인 문서와 어떤 사미즈다트(samizdat)보다도 더 직설적으로 정치적인 요구를 내놓았다. 여기에 그동안 정권의 눈치를 보아왔던 예술인, 배우들도 가세했다. 그러나 아직까지도 지식인과 일반대중들은 사회주의 자체를 거부하지도 않았고 체제를 전복시키려는 혁명을 의도하지도 않았다. 더군다나 공산정권은 타협과 협상을 요구하는 반대파가 사회를 대표하는 권한이 없다는 이유로 이들의 요구를 받아들이지도 않았다.[13]

이러한 배경으로 시작된 벨벳혁명은 세 단계를 통해 전개되었다. 첫 번째 단계는 11월 17일 시위에서부터 11월 27일 총파업이 시작된 시점까지이다. 11월 17일 얀 오플레탈(Jan Opletal) 사망 60주기 추모행사가 시발점이 되었다. 약 1천5백 명의 학생들은 '개혁과 개방, 정상화가 아닌 정상적인 삶, 학생들이여 단결하라'를 외치며 여느 허가받은 집회와 마찬가지로 평화로운 시위를 벌였다. 그러나 시위대가 행진을 시작하면서 상황이 급박하게 전개되었다. 행진을 할수록 일반 시민들도 여기에 합류해 곧 그 규모가 5만 5천 명을 넘어섰고, '자유선거, 공산당 독재 폐지' 등과 같은 민감한 구호가 터져 나왔다.[14] 이들은 구호를 외치면서 대통령 집무실이 있는 프라하성과 공산당 당사가 있는 바츨라프 광장 쪽으로 행진하기 시작했다.

시위대의 규모가 갑자기 불어나고 구호가 점점 과격해지면서 시위대를 통제하고 질서를 유지하고 있던 경찰도 당황하기 시작했다. 이 순간 비밀경찰의 은밀한 작전이 시작되었다. 비밀경찰은 사전에 약속한 대로 좁은 지역에 전투 경찰을 배치해 놓고 시위대의 방향을 그쪽으로 돌려 충돌을 유도했다. 이 과정에서 누가 명령을 내렸는지 확실치 않지만 무력 진압이 시작되었고, 경찰의 발포로 학생이 사망했다는 소문이 돌기 시작했다.[15]

이튿날 학생 사망은 거짓 소문으로 판명되었지만 학생들은 경찰의 무력 진압에 대한 항의로 열흘 뒤 전국적인 두 시간 총파업을 결정했고 반체제 세력 및 노동자들과 연계해 전 국민 75%의 참여를 유도했다. 이후에도 시위와 파업이 전국적으로 번져 나갔다. 이제 산발적이고 분산된 시위를 하나로 묶어 단일한 목소리를 내고 대중을 동원해 공산정권을 압박할 조직이 필요했다. 이런 요구에 따라 77헌장 주도의 포괄적 반정부 단체인 시민포럼(Občanské fórum)이 결성되었고, 슬로바키아에서는 시민포럼의 자매조직인 반폭력대중(Veřejnost Proti Násílí)이 조직되었다.[16] 이들 두 단체는 각각 체코와 슬로바키아에 기반을 두고 공산정권에 대항하는 거국적인 우산조직으로 이후의 시위를 주도하고, 사회를 대표하는 자격으로 정부와 원탁협상을 벌였다.

계속되는 시위 속에서 결국 공산당 지도부는 이제 자신들이 통치의 정당성을 잃었다는 현실을 깨달았다. 야케쉬가 물러나고 뒤를 이은 우르바넥(K. Urbaněk)이 시민포럼이 요구하는 당내 강경파의 사퇴와 시민과의 협상을 수용했지만 시위는 줄어들지 않았다. 11월 25~27일 사이에는 전국적으로 80만 명 이상이 참여한 시위가 벌어져 공산정권이 발표한 '사회주의 혁신' 방안에 반대하여 공산당 일당독재 폐지와 자유선거를 요구했다. 즉, 이 시점에서 시민들은 공산정권이 주도하는 자유화를 거부하고 공산당 자체의 퇴출을 의미하는 민주화를 요구하고 나섰다.

이를 계기로 벨벳혁명의 두 번째 과정이 시작되었는데, 이 단계에서는 시민포럼과 반폭력대중 주도의 시민세력과 공산정권 사이에 원탁협상이 시작되었다. 11월 27일 전국적인 총파업이 시작되었고, 노동자들은 정치적 자유를 요구했다. 결국 우르바넥도 사임하고 뒤를 이은 개혁 성향의 아다메츠(L. Adamec)는 헌법에 명기된 '공산당의 주도적 역할'의 폐기를 약속하고 공산계 15명 그리고 여기에 비공산계 다섯 명이 참여하는 소위 '15+5 내각'을 제안했다. 그러나 시민포럼은 공산계 주도로 내각을 구성해 개혁을 저지하고 늦추려는 공산당의 의도를 간파하고 이에 반대했으며, 전면적인 개혁을 추진하지 않을 경우 대규모 시위를 조직하겠다고 압박했다. 이에 공산당은 다시 공산계가 총리를 맡는 조건으로 '10+11 내각안'을 제시했다. 여기에서 시민포럼 측에서 경제부, 제1부총리, 외무부, 노동사회부 등 네 개 부의 각료를 그리고 반폭력대중이 세 개, 인민당과 사회당이 각각 두 개 부처의 각료를 맡으면서 46년 만에 최초로 비공산계가 다수를 차지하는 내각이 구성되었다. 당시까지 대통령직을 유지하고 있던 정상화의 주역 후삭은 비공산계 내각 구성을 승인하고 자리에서 물러났다.

비공산계가 다수를 차지하는 내각이 구성되었고 공산당을 탈당하는 의

원들이 늘어갔지만 아직도 공산당이 제1당의 지위를 유지하고 있었고 공산계인 찰파(M. Čalfa) 총리가 내각을 주도하고 있었다. 공산당과 시민포럼이 원탁협상을 통해 자유총선에 합의했지만 예정된 총선까지는 아직도 6개월이나 남아 있었다. 총선까지 현재와 같은 체제가 유지된다면 공산계에 반격할 시간적 여유를 줄 수 있다는 우려가 나오기 시작했다. 따라서 서둘러 벨벳혁명을 마무리 짓고, 공산당의 패배와 민주계의 승리를 선언할 상징적이며 동시에 실질적인 이벤트가 필요했다.

1989년 12월 29일 대통령 선출이 바로 그 사건이었다. 비록 의회에서 간선되는 대통령이었고 신헌법으로 의회제 국가가 예정된 상황에서 대통령의 헌법상의 권한이 크진 않았지만, 체코슬로바키아에서 대통령의 상징성은 그 어떤 헌법 기구보다 더 중요하고 컸다. 이미 공산계 총리 찰파와 정치적 동맹을 맺고 있던 하벨은 민주계뿐만 아니라 공산계 의원의 만장일치로 대통령으로 선출되었다. 이로써 아직 1990년 6월 총선으로 공산정권의 몰락에 쐐기를 박는 행사가 남아 있긴 했지만 하벨의 대통령 선출로 벨벳혁명은 사실상 대단원의 막을 내렸다.[17]

일단 사태가 진정되면서 대규모 시위는 줄어들었고 시민포럼과 반폭력대중이 민주화를 주도하기 시작했다. 이미 하벨의 대통령 당선 하루 전날인 12월 28일에는 프라하의 봄을 주도했었던 두브체크가 연방의회 의장으로 선출되면서 이제 실질적인 권력의 중심은 공산당에서 민주계 결집세력으로 이전되었다. 이렇게 권력의 중심부가 바뀜에 따라 공산당의 영향력은 줄어들었고, 연방의회 상원과 하원에서 모두 절대다수를 차지하고 있던 공산계 의원들이 사임하면서 공산당은 이미 총선 이전에 소수정당으로 전락했다.

[그림 4-1] 1989년 11월 프라하 시위

이 사건을 고전적 의미의 혁명으로 분류하건 아니건 상관없이, 1948년 2월 공산당이 권력을 독점한 이래 40여 년 동안의 견고했던 체코슬로바키아 전체주의 정권의 몰락과정은 여러 면에서 인접한 중동부유럽 국가의 경우와는 상이했다.[18] 폴란드나 헝가리에서는 이미 공산당 주도의 개혁, 즉 자유화를 실시하고 나서 그 이후에 공산당이 퇴진하고 민주계가 개혁의 폭과 범위를 넓히는 민주화와 공고화를 추진했던 것과는 달리 체코슬로바키아의 경우는 자유화와 민주화가 하나의 패키지로 동시에 실시되었다는 점이 가장 큰 차이점이었다. 이렇게 자유화와 민주화를 동시에 실시했던 이유는 무엇보다도 공산정권 내부에서 개혁파가 성장하지 못했고 동시에 혁명의 순간에 일거에 통치의 자신감을 잃고 권력을 양도했던 공산정권 자체의 취약성 때문이었다. 이런 상황에서 뒤늦게 결성된 시민포럼과 반폭력대중은 이후의 반정부 시위를 주도하고 대중들을 동원함으로써 공산계 주도의 자유화를 삭제한 채 공산당을 몰아내는 민주화를 추진하기 시작했다.

03

경제침체가
벨벳혁명을 유도했나

양차 세계대전 사이 중동부유럽에서 가장 발전된 산업국가였던 체코슬로바키아는 1948년 2월 공산당 일당 독재 그리고 산업과 농업의 국유화로 본격적인 사회주의 계획경제를 시행했다. 사회주의 계획경제는 1950년대에서 1970년대 말까지는 외연적 경제성장을 추진하면서 2~3%대의 경제성장을 유지했지만, 1980년대 들어 경제성장률이 1%대로 둔화되었다. 이는 공산화 이후 30년 동안 합리성과 생산성 향상을 통한 경제성장을 무시하고, 노동과 자원 투입을 극대화하는 외연적 성장에 치중했던 결과였다.

1970년대 말부터 시작된 경제침체의 근저에는 계획경제 자체의 모순이 있었다. 무엇보다도 기업을 필두로 한 경제 주체가 효율성 증진과 혁신에는 관심이 없었고 산출 극대화 대신 투입 극대화에 치중했기 때문이었다. 투입의 극대화는 계획경제의 핵심 목표인 완전고용을 위한 극단적인 조치였다. 노동투입을 극대화시키고 이에 더해 불필요한 자원까지도 최대한 투입함으로써 적어도 생산에 매진했다는 평가는 받을 수 있었다. 그러나 1970년대 두 번의 석유 위기로 그동안 동유럽 위성국가에 값싸게 공급되었던 소련의 원유와 천연가스가 세계시장에 공급되면서 동유럽으로 공급되는 양이 크게 줄었고 가격도 폭등했다. 이로써 동유럽 경제는 자원과 인력을 투입하면 할수록 손해가 커지는 결과가 나타났다. 그러나 여전히 공산체제 하에서 투입 극대화는 포기할 수 없는 원칙이었고 이에 따라 경제 하락은 지속되었다.

계획경제에서는 제조업을 통한 생산에 가치를 부여했고 완전고용을 목표했기 때문에 대규모 고용이 가능한 중공업 분야에 집중하고 경공업과 식량산업, 서비스 분야의 중요성과 그것이 실제 일반대중들에게 끼치는 영향을 간과했다. 당시 체코슬로바키아는 사회주의 국가 중에서 산업(중공업)과 건설 분야의 GDP 비중이 가장 높았고, 서비스 분야의 비중은 가장 낮은 국가 중 하나였는데,[19] 1990년 기준 산업과 건설이 GDP에서 차지하는 비중은 54%에 이르렀던 반면 서비스 분야는 루마니아, 러시아를 제외하고는 가장 낮은 수준인 38%에 불과한 사실에서 이를 확인할 수 있다.[20]

산업구조 역시 문제가 많았다. 부존자원이나 에너지 기반이 부족했음에도 불구하고 이데올로기, 사회주의 분업 등의 이유로 중공업과 군수산업이 집중 육성되었다. 동시에 독점 구조 역시 경제 발전에 장애가 되었다. 품질에 상관없이 생산된 상품은 국내에서 판매되고 CMEA(경제원조상호회의) 시장에 수출되었기 때문에, 기업과 경영진은 상품의 품질 향상에는 관심이 없었다. 1985년 기준 체코슬로바키아 수출의 77%와 수

[표 4-4] 1975~1985년 체코슬로바키아의 수출입 대상

(단위: %)

구분		1975년	1980년	1985년
수출	사회주의국가	71.5	69.6	77.0
	CMEA	66.5	65.2	72.1
	선진자본주의국가	19.9	21.8	15.7
	EEC	12.8	13.0	9.1
	개도국	8.6	8.6	7.3
수입	사회주의국가	69.8	70.2	80.7
	CMEA	65.6	65.9	76.1
	선진자본주의국가	24.6	24.4	15.3
	EEC	14.3	12.9	8.6
	개도국	5.6	5.5	4.0

출처: Žídek, L. (2017), p. 140.

입의 81%가 사회주의 국가와의 교역이었다. 발전된 시장경제 국가와의 교역 최소화와 세계시장과의 단절은 경쟁력 약화로 이어졌다. 1966년 전체 상품 중 12%가 세계 시장에서 경쟁력을 갖추고 있었는 데 비해 1979년에 와서는 2%로 줄어들었다. 이는 경쟁이 없는 상황에서 기업이 효율성과 생산성을 개선할 유인이 없었기 때문에 나타난 결과였다.[21]

생산과 고용을 독점하고 있던 국영기업들은 민간기업과는 달리 이윤 극대화에는 관심이 없었다.[22] 다만 이들은 '투입 극대화–산출 최소화' 구조를 유지하기 위해, 투입을 위한 자원을 확보하는 데만 열중했다. 이는 결국 투입 자원을 얻기 위해 관료-기업 간 부패 커넥션으로 이어졌고, 산출이 최소화된 사실을 통해 더욱 많은 자원을 투입해야 한다는 본말

전도의 사회주의식 투입-산출 논리를 고착시켰다.

체코슬로바키아 사회주의 경제의 근본적인 문제점 중 하나는 계획 중심부에서 생산에 대한 수요를 정확히 예측할 수 없었다는 점이었다. 사회주의 경제의 특성상 가격이 고정되어 있었기 때문에, 수요와 공급의 균형이 이루어지지 못했으며 생산의 인센티브도 없었다. 더군다나 공급가격이 시장가격보다 높을 경우에는 역-매출세(negative turnover tax)를 통해 이를 보존해 주어 국영기업에게 시장가격을 올릴 유인을 없애 버렸다. 이렇게 기업들은 국가로부터 직접 보조금을 받았기 때문에 경영혁신이나 생산성 향상에 관심이 없었다.[23] 국영기업에 대한 보조금은 1985년 GDP의 15%에서, 1989년 19%로 점점 더 증가했고, 이에 따라 경제성장의 주체가 되어야 할 기업들이 오히려 경제성장을 가로막는 주범으로 전락했다.[24]

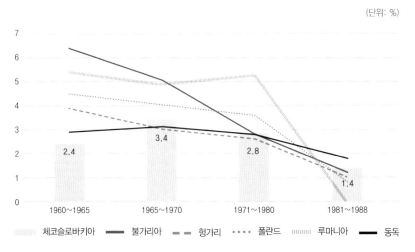

[그림 4-2] 1960~1988년 CMEA 국가의 경제성장률
출처: Gordon, L. (1987).

[표 4-5] 매출세

(단위: %)

분야	최저율	최고율	분야	최저율	최고율
농업, 임업	−240	66	제지	−80	52
연료, 석탄, 석유	−189	76	유리, 도자기	−69	69
난방, 전기	−181	0	섬유	−137	70
철강	−33	25	의류	−44	79
비철금속	−27	33	가죽, 제화	−222	52
화학, 고무	−216	71	인쇄산업, 문화	−111	76
엔지니어링, 하드웨어제품	−291	83	식품	−224	88
건설자재	−171	20	기타 산업재	−100	62
목재	−75	46	건설업	0	0

주: 마이너스(−)는 보조금을 나타냄
출처: Žídek, L. (2017), p. 16.

국영기업이 이렇게 방만한 경영을 지속할 수 있었던 것은 한마디로 '연성예산제약(soft budget constraint)' 때문이었다. 기업들이 이윤을 남기지 못하고 손실을 내도 국가가 손실을 메워 주어 경영부실을 유도하는 효과로 국영기업은 어떠한 경우라도 파산하지 않고 생존할 수 있었다. 이와 같은 연성예산제약은 몇 가지 형태로 나타났는데 재정적인 측면에서 예산보조, 감세, 납세 기간연장, 체납 용인, 국영은행의 연성 대출, 초과 신용거래뿐만 아니라 수입 규제, 관세 장벽 등의 간접 지원 조치도 포함되어 있었다.[25]

결과적으로 연성예산제약을 통해 시장경제에서 작동하는 기업의 '생존-퇴출' 사이클이 왜곡되었으며, 국영기업의 당초 목적인 공적 이윤 극대화보다는 정치적 커넥션을 유지하고 있던 일부 경영자의 개인적인 이윤 극대화가 기업의 목표가 되었다. 동시에 연성예산제약으로 기업의 혁신과 개혁 동기가 사라졌고, 부실기업에 대한 과잉 투자는 결국 국가 재정에 막대한 손실로 돌아왔다.

[표 4-6] 1955~1989년 분야별 평균임금

(단위: Kč)

구분	1955년	1960년	1965년	1970년	1975년	1980년	1985년	1989년
평균	1,190	1,303	1,453	1,915	2,313	2,656	2,920	3,170
농업	897	943	1,159	1,722	2,289	2,689	3,078	3,430
어업	1,144	1,409	1,672	2,325	2,878	3,294	3,771	4,173
산업전체	1,303	1,453	1,589	1,984	2,359	2,758	3,065	3,311
건설	1,387	1,521	1,690	2,199	2,601	2,926	3,257	3,526
도소매,수리	1,020	1,127	1,274	1,682	2,014	2,260	2,383	2,658
숙박요식	916	1,030	1,054	1,460	1,727	1,984	2,249	2,530
교통저장통신	1,236	1,425	1,562	2,145	2,530	2,951	3,135	3,374
금융	1,145	1,205	1,357	2,069	2,317	2,612	2,816	3,116
부동산임대	1,257	1,370	1,494	1,956	2,309	2,643	2,833	3,090
행정,국방	1,211	1,385	1,547	2,008	2,416	2,729	2,982	3,211
교육	1,152	1,375	1,450	1,826	2,223	2,477	2,654	2,847
의료보건	1,024	1,185	1,242	1,787	2,266	2,481	2,672	2,857
기타서비스	989	1,105	1,148	1,573	1,796	1,960	2,124	2,490

출처: Česk ý statistický úřad (2020).

노동시장에도 문제가 있었다. 육체노동을 우선시하는 사회주의 경제체제의 특성상 육체노동 분야의 임금이 상대적으로 높았고, 새로운 아이디어와 혁신을 주도하는 정신노동은 상대적으로 소홀히 취급되었다.[26] 육체노동을 위한 노동시장은 언제나 개방되어 있어 노동자는 어느 기업이나 취업할 수 있었고 기업은 노동자를 쉽게 해고할 수 없었다. 기업과 노동자 양측의 자율성은 최고에 달했으며 노동시장이라는 개념 자체가 존재하지도 않았다. 임금 역시 노동시장이 아닌 국가가 결정했기 때문에 노동시장을 만들거나, 설령 그러한 시장이 존재하더라도 여기에 진입하거나 이를 통해 노동을 수요하려는 측은 없었다.

[표 4-7] 동유럽 주요 국가의 대외부채

(단위: 십억 달러)

구분	폴란드	체코슬로바키아	헝가리	루마니아	불가리아	유고슬라비아
1971년	1.1	0.5	1.1	1.2	0.7	–
1975년	8.0	1.1	3.1	2.9	2.6	–
1980년	25.1	4.9	9.1	9.4	3.5	17.4
1985년	33.3	4.6	14.0	7.0	3.8	18.4
1989년	43.1	8.0	20.4	1.1	10.1	17.3

출처: Economist Intelligence Unit (1985); World Bank (1997); World Development Indicator (1993).

이런 상황에도 불구하고 이미 1960년대 일부 시장경제 요소를 도입하고 서방세계와의 교역과 투자를 벌인 헝가리, 폴란드와는 달리 체코슬로바키아는 1990년 체제전환이 시작되기 이전까지는 어떠한 개혁 조치도 취하지 않았다.[27] 폴란드는 이미 1950년대 말과 1970년대 중반 가격 자유화를 도입했고, 1980년대 중반 파산법을 통해 국영기업도 파산할 수 있는 길을 열어 주었다. 헝가리는 이보다 앞선 1960년대 말에 의무적인 계획을 폐지하고, 중앙계획을 완화하는 조치, 가격 자유화 조치를 도입한 바 있었다. 그러나 체코슬로바키아는 1990년까지 아무런 개혁도 추진하지 않았다.

[표 4-8] 중부유럽 국가의 개혁 조치

개혁조치	체코(슬로바키아)	헝가리	폴란드
의무 계획 폐지	1990년	1968년	1982년
중앙계획 쿼터 폐지	1990년	1968년	1991년
가격 자유화 첫 단계	1991년	1968년	1957, 1975년
통합 환율	1991년	1981년	1990년
IMF와 월드뱅크 가입	1990년	1982년	1986년
사기업 허용	1991년	1982년	-
파산법	1991, 1992년	1986년	1983년
2단계 은행제도(중앙-시중)	1990년	1987년	1988년
새로운 소득세법	1993년	1988년	1992년
부가가치세 도입	1991(1993)년	1988년	1993년
기업법	1991년	1989년	1990년
무역 자유화	1991년	1989년	1990년
실업혜택(실업급여)	1991년	1989년	1990년

출처: Kornai, J. (1996), p. 29.

이런 현실에도 불구하고 체코슬로바키아는 사회주의 국가 중에서 가장 높은 경제와 생활수준을 유지하고 있었다. 이는 당시 체코가 다른 사회주의 국가에 비해 상대적으로 우수한 생산 기반과 생산성을 유지하고 있었기 때문이었다. 1989년 체코슬로바키아의 1인당 GDP는 8,766달러로 헝가리(6,903달러), 폴란드(5,684달러), 루마니아(3,941달러)보다 훨씬 높았다. 대외부채는 체코가 80억 달러에 불과해 폴란드(431억 달러), 헝가리(204억 달러), 유고슬라비아(173억 달러)보다 훨씬 낮은 수준에 머물러 있었다. 따라서 다른 동유럽 국가에서의 경제침체와 비교할 때, 체코슬로바키아의 경제침체는 그리 심각하지 않았고 경제, 생활수준에 대한 불만은 다른 동유럽 국가 국민들에 비해 크지 않았다.

실제로 2010년 여론조사에 따르면 벨벳혁명의 원인을 경제문제로 인식한 사람은 소수에 불과했다. 즉, 1989년 11월 이미 사회주의 계획경제의 모순이 분명하게 들어났음에도 불구하고 많은 체코인과 슬로바키아인들은 사회주의 경제체제를 포기하고 전면적인 시장경제를 도입하는 데 부정적이었다. 따라서 이런 측면에서 1989년 11월 체코슬로바키아 공산정권의 붕괴와 체제전환의 직접적인 원인이 경제에 있다는 결론을 내리기는 어렵다. 물론 당시 체코슬로바키아의 경제가 침체기에 빠진 것만은 확실하지만 그래도 인접한 폴란드나 헝가리 혹은 루마니아 등의 다른 동유럽 국가들에 비해서는 훨씬 더 안정적이었고 국민들 역시 다른 동유럽인들에 비해 높은 생활수준을 영위하고 있어 경제침체가 국민들의 불만으로 이어지고 이것이 공산정권 퇴진 요구로 연결되었던 것은 아니기 때문이다.

　그럼에도 굳이 체제전환의 경제적 이유를 찾자면 인적인 이동과 정보 접근이 허용되면서 체코슬로바키아 시민들이 오스트리아, 독일 등과 경제, 생활수준을 비교하기 시작했다는 사실을 들 수 있다. 1950년대 기준 체코슬로바키아의 1인당 GDP는 4,922달러로 루마니아(1,301달러), 불가리아(2,200달러), 폴란드(3,439달러), 헝가리(3,507달러)는 물론 오스트리아(4,406달러)나 독일(4,517달러)보다 높았다. 그러나 공산체제를 거치는 동안 자본주의 시장경제와 사회주의 계획경제 사이의 격차가 벌어지기 시작했고, 이것이 1989년에 이르면 체코슬로바키아(13,976달러)가 동유럽 국가 중에서는 1인당 GDP가 가장 높았지만, 오스트리아(26,078달러)나 독일(26,393달러)과 비교할 때는 절반으로 추락했다.[28] 제2차 세계대전 직후까지는 독일, 오스트리아보다 앞섰던 경제가 이제는 폴란드, 헝가리와

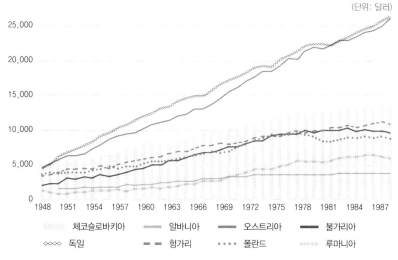

(단위: 달러)

체코슬로바키아	알바니아	오스트리아	불가리아
독일	헝가리	폴란드	루마니아

[그림 4-3] 1948~1987년 1인당 GDP
출처: Maddison Project Database (2020).

비슷한 수준이라는 현실이 체코슬로바키아인들에게는 '주관적 대공황'
이나 다름없었다.

요컨대, 1989년 체코슬로바키아의 경제 상황은 인접한 동유럽 공산국
가보다는 나았고 또 체제전환 직전까지도 공산 엘리트뿐만 아니라 반체
제, 일반대중들 역시 사회주의 계획경제를 완전히 포기할 의사가 없었다.
40년 전의 경제 수준과 공산체제 말기의 경제 수준을 비교할 때, 체코슬
로바키아인들의 실망감이 컸던 것은 분명하지만 이런 심리적인 불만을
벨벳혁명의 직접적 원인으로 판단하기는 어렵다. 설령 심리적인 불만과
박탈감을 혁명의 원인으로 인정한다 해도, 양자 사이를 이어줄 직접적인
매개가 필요했다. 즉, 심리적 요인이 실제 행동으로 이어지게 할 무엇이
필요했고 우리는 다음 절에서 그 매개를 사회적 요인에서 찾아본다.

04

'거짓된 삶'에서 벗어나려는
용기와 변화에 대한 기대

어떤 조건에서 체제전환이 시작되는지를 파악하는 다양한 모델이 있지만, 현실에서는 어느 하나의 조건이 충족되었다고 해서 곧바로 체제전환이 시작되는 것은 아니다. 이와 관련해 라멧(S. Ramet)은 외부효과, 특히 고르바초프의 개혁, 개방정책 그리고 동유럽에 자유의지를 부여한 소위 '시나트라 독트린'을 제외한 여덟 개의 내부 조건을 체제전환 발생의 조건으로 분류했다. 그가 제시한 체제전환 발생 조건은 경제침체, 새로운 그룹의 동원, 지식인의 이반, 정권의 비효율성과 부패, 신뢰 상실, 엘리트의 자신감 상실과 분파화, 부적절한 무력의 사용 그리고 마지막으로 변화에 대한 기대였다.[29] 라멧은 이러한 체제전환 발생 조건이 모두 특정한 임계점을 넘어서는 순간 체제전환이 시작된다고 주장하면서, 대표적인 사례로 폴란드, 유고슬라비아를 들었다.

[표 4-9] 체제전환의 조건

(조건 충족=5, 조건 미충족=0)

구분	폴란드	유고슬라비아	헝가리	루마니아	동독	체코슬로바키아	불가리아
경제침체	5	5	3	5	3	3	1
새로운 그룹의 동원	5	5	5	2	3	2	2
지식인의 이반	4	5	5	4	3	4	1
비효율성과 부패	5	5	3	5	2	3	1
신뢰상실	5	5	5	5	5	3	2
엘리트의 자신감 상실과 분파화	5	5	5	4	5	3.5	1
부적절한 군사행동	3	1	0	0	2	0	0
변화에 대한 기대	5	5	5	3	5	4	3
체제전환의 조건	4.6	4.5	3.9	3.5	3.5	2.8	1.4

출처: Ramet, S. P. (1991). p. 52.

폴란드와 유고슬라비아는 1989년 11월에 와서 5점 규모의 체제전환 지수가 각각 4.6과 4.5에 이르렀고 헝가리도 상대적으로 높은 3.9를 기록했다. 따라서 이 시점에서 체제전환이 일어날 가능성이 가장 높았던 국가는 폴란드, 유고슬라비아, 헝가리 순이었다. 체코슬로바키아는 1989년 11월 당시까지도 체제전환 지수가 2.8에 불과해, 동유럽 국가 중에서 불가리아를 제외하고는 체제전환 가능성이 가장 낮은 국가였다. 실제로 체코슬로바키아에서는 새로운 그룹이 체제 내로 동원되어 공산 체제 내부에서 권력투쟁이 벌어진 것도 아니었고, 무력사용과 이에 대한 반발이 거세진 것도 아니었다. 다만 그동안 정권의 홍보대사 역할을 해 왔던 지식인과 예술인들이 적극적인 반대로 돌아섰고, 사회 전체적으로 변화에 대한 기대가 커졌다는 점이 그나마 체제전환의 가능성을 높여 주는 요인이었다.

물론 "폴란드에서는 10년, 헝가리에서는 10개월, 동독에서는 10주 그리고 체코슬로바키아에서는 10일, 루마니아에서는 10시간 만에 체제전환이 발생했다."라는 말처럼,[30] 폴란드와 헝가리에서는 이미 자유화가 추진되고 있었고 이것이 민주화로 이전된 것이라 설명할 수 있지만, 체코슬로바키아의 경우는 1989년 11월 17일 학생시위가 발생하는 바로 그 순간까지도 체제전환이 시작되리라고 예상했던 이가 거의 없었다.

1989년 12월 중순까지도 여전히 40% 이상의 체코슬로바키아인들이 사회주의를 지지하고 있었다. 1989년 11월 20~22일 시행한 여론조사에서 체코슬로바키아인들은 국가가 당면한 가장 큰 문제로 환경문제(98%)를 꼽았고, 그 뒤를 경제(92%)와 정치(88%), 정부의 거버넌스(78%) 등으로 꼽았다. 또한 며칠 뒤인 1989년 11월 23일과 12월 9일 두 번에 걸쳐 실시한 여론조사에서는 국가가 나가야 할 방향으로 사회주의 노선을 지지한 비율이 각각 45%와 41%에 이르렀고, 사회주의와 자본주의를 혼합한 노선을 지지한 응답자는 47%와 52%로 더 높았다. 반면, 자본주의를 지지한 비율은 고작 3%에 불과했다.[31]

이런 사실에서 체코슬로바키아 시민들은 마지막 순간까지도 1948년 2월 공산정권이 약속했던 '사회주의에 이르는 체코슬로바키아의 길'을 믿고 있었던 것으로 보인다. 또한 체제전환 직후인 1990년 1월에 실시된 여론조사에서도 국가의 가장 시급한 문제를 환경오염(55%), 산업과 기술의 낙후성(57%), 도덕과 윤리의 추락(30%), 의료와 생활수준(24%)으로 들었고 정부가 가장 우선적으로 해결해야 할 과제로 총선과 민주화(52%), 환경오염(42%), 사회의료(30%) 등을 꼽았다.[32] 물론 경제개혁이 시급하다고 응답한 비율도 44%에 이르렀지만, 일반적으로 공산정권의 붕괴 원인으로 지목되는 경제이슈는 체코슬로바키아에서는 그 중요도가 상대적으로 낮았다.

이런 사실에서 우리는 공산정권의 붕괴 원인을 경제침체로 파악하는 체제전환 일반론을 체코슬로바키아에 적용하기 어렵다는 사실을 확인할 수 있다. 더군다나 국가가 직면한 가장 큰 문제를 경제라고 응답한 시민들조차도 경제침체의 원인을 사회주의 경제체제로 본 것이 아니라 사회주의 경제 자체의 개혁 부진으로 파악해 일부 자본주의 요소를 도입하면 이 문제를 무난히 해결할 수 있다고 믿고 있었다.

[표 4-10] 1989년 11~12월 "국가가 추구할 방향은?"에 대한 여론조사

(단위: %)

답변	1989년 11월 23~24일[1]	1989년 12월 9~12일[2]
사회주의 노선	45	41
자본주의 노선	3	3
사회-자본 중간	47	52
상관없음 혹은 모름	5	4

주: 1) 응답자 709명, 2) 응답자 1,107명
출처: Wheaton, B., & Kavan, Z. (1992), p. 220.

이와 관련해 2010년 실시된 여론조사에 따르면 체코인들은 무능한 정부, 부패한 정권, 자유민주주의에 대한 열망, 외부요인 등을 벨벳혁명의 원인으로 진단했다.[33] 이를 통해 볼 때, 동유럽 국가에서의 체제전환이 경제침체에서 시작되었다는 시각은 체코인들의 입장에서는 이해하기 어려운 측면이다(3%). 오히려 시민들은 정부의 위기관리 능력 부족(23%)과 공산정권 자체의 부패와 능력 부족(18%) 그리고 새로운 체제에 대한 기대(17%)가 체제전환이 시작된 원인이라고 믿고 있다. 또한 체제전환에

서 반체제운동의 활동과 지식인들의 이반도 상대적으로 덜 중요했던 것으로 판단했는데, 이는 일반적으로 동유럽 공산정권의 붕괴를 설명하는 반체제 세력의 중요성과도 상당히 다른 시각이다.

[표 4-11] "벨벳혁명의 발생 원인은?"에 대한 여론조사

(단위: %)

답변	비율
무능한 정부: 과잉인원, 정상화로 유능한 인재 부재, 과도한 업무 등	23
부패한 정권: 변화를 추진하거나 개혁을 할 능력이 없기 때문에 자멸	18
자유민주주의에 대한 열망: 전체주의, 독재로부터의 이탈, 정치체제 변화, 일당독재에서 이탈, 자유선거 실시, 자유로운 삶, 여행, 여행, 언론 등	17
외부의 요인: 공산주의 블록 붕괴, 외부(소련)의 지원 중단, 고르바초프의 개혁개방, 인접국에서의 변화에 따른 도미노	13
대중봉기: 대중 · 학생 · 시민의 시위, 두려움 없이 거리를 행진하는 시위대	6
경제적 이유: 경제침체와 이에 따른 사회 위기, 세계로부터 고립, 부채증가, 상품부족, 길게 늘어선 줄, 경제개혁 필요성	3
지식, 예술인들의 이반	2
반체제의 활동	2
자본주의 부활: 유럽에서 사회주의 공산주의 파산	1
소유권 반환: 소유권의 변화, 사적 재산권, 사유화	1
서방세계의 관심	1
기타	3
모름	10

출처: Kunštát, D. (2010), p. 31.

결국 1989년 11월 17일까지도 체코슬로비키아에서 체제전환이 발생할 수 있는 충분조건은 존재하지 않았다. 공산정권은 무능했고 부패했지만, 여전히 통치하려는 의지가 있었고 경찰과 군대도 이들의 수중에 있었다. 경제상황도 좋지는 않았지만, 인접한 다른 동유럽 국가들의 상

황과 비교해서는 그런대로 참을 만한 수준이었다.

이런 현실에서 그럭저럭 상황을 통제하고 생명을 유지하고 있던 공산 정권을 일거에 몰아내기 위한 특별한 촉매제가 필요했다. 그것은 바로 분산되어 있던 사회 각 부문의 이해를 하나로 결집시켜 공산정권에 반대하는 단일한 목소리를 내는 것이었다. 그러나 당시에도 정권에 반대하는 77헌장이 활동하고는 있었지만 소수 지식인들의 인권단체에 불과해서 시민, 학생들과의 연계가 부족했다. 사회 각 부문이 분산되어 있었던 이유는 공산정권의 분열 전술도 있었지만 여기에 더해 사회 각 계급, 계층 각자가 공산정권, 개혁, 민주화에 대해 다른 판단을 하고 있었기 때문이었다. 노동자들은 의견을 하나로 취합하지 못하고 산별 노동조합에 따라 개별적으로 의견이 분산되어 있었다. 다만 생산성 향상을 위한 개혁 조치 도입, 이를 위한 임금 차등화와 같은 인센티브 제도 도입 등에 대해서 찬성하고 있었을 뿐 본격적인 체제전환, 민주화 등에는 관심이 없었다.

공산정권 내부에서는 이전까지 명령을 통한 일사불란한 행동과 그 행동에 대한 찬사와 요란한 박수갈채의 시대가 끝났음을 인정할 수밖에 없었다. 다만 최후의 순간을 계속 늦추려 했다. 일단 현상유지를 하면서 사태의 추이를 보고 여차하면 군사적인 수단을 동원하여 위기에서 벗어날 방안도 고려했다. 그러나 이들에게는 더 이상 소련이라는 든든한 지원군이 없어졌다는 문제가 있었다. 더군다나 여전히 소련군의 명령을 받고 있던 체코슬로바키아 군대를 자의적으로 동원하기도 어려웠다. 그럼에도 불구하고 공산당 중앙위원회는 약 1만 3천 명 규모의 정규군과 155대의 탱크를 동원할 힘은 지니고 있었다. 물론 군대 동원에 대해서 국내외의 여론을 신경쓰지 않을 수 없었고 더군다나 소련의 의지도 중요했기 때문에 섣불리 나설 수는 없었다. 실제로 공산계는 마지막 순간에 중앙위원회에서 표결을 하면서까지 군대 동원을 진지하게 고려했지만 결국 군사력을 사용하지는 않았다.[34]

여기에 더해 공산당에게는 비밀경찰과 지역단위로 조직되어 있는 민병대라는 정보조직과 무장세력이 있었다. 비밀경찰은 상황을 신속히 파악할 정보력이 있었고 지역 공장 노동자를 배경으로 한 민병대도 건재했다. 그러나 체코슬로바키아 비밀경찰은 소련 KGB와 정보를 공유하면서 오히려 공산당 내부의 노쇄하고 판단력이 떨어지는 무능한 구당파를 몰아내는 것이 사태를 진정시키고 다시 현상을 유지할 수 있다고 판단했다. 이들은 곧 사건을 조작했고, 결국 벨벳혁명의 도화선이 된 11월 17일 시위대에 대한 무력진압, 거짓 발포와 학생 사망 소문 유포로 시민들과 학생들의 분노가 공산당 내부의 구당파로 향하도록 유도했다.[35] 지역 노동자 기반의 민병대는 공산당 중앙위원회의 지원을 받는 것이 아니라 오히려 그들을 지키는 데 동원되었다. 그러나 낯선 프라하로 동원된 이들을 반기는 중앙위원은 없었고 오히려 공산정권에 반대의 목소리를 높이는 시민들의 따뜻한 환대에 상황이 생각했던 것과는 완전히 다르다는 사실을 깨달았다.

한편, 당시까지도 많은 지식인들은 체제전환을 시도할 의지가 약했다. 그 대신 이들은 사회주의 체제에 자본주의 요소를 도입하는 소련식의 페레스트로이카를 지지했다. 이는 이미 1968년 프라하의 봄 당시 오타 시크(Ota Šik)가 제안했던 '제3의 길(třetí cesta)' 경제개혁과 일치했다. 결국 이들은 국가의 개입에는 반대했지만 그렇다고 국가의 보조금을 반대한 것은 아니었다. 여전히 사회주의 경제를 유지하고자 했던 이들의 입장에서는 급격한 시장경제 도입으로 오히려 자신들은 물론 국가 전체적으로도 위험한 결과가 초래될 것이라고 판단했다.[36]

이 모든 분열과 동상이몽을 하나로 이어 준 계기는 학생들의 11월 17일 시위였다. 학생들의 태도는 처음에는 온건한 시위에서 점차 급격한 시위로, 정부에 대한 충성적 비판에서 점차 비난과 저주로 바뀌었다. 여기에 그동안 온건한 수위를 지키면서 주로 인권, 시민권 운동에 몰두하고 있던 77헌장 등의 시민세력이 가세해 보다 강경한 목소리를 내기 시작했다. 이 모든 것이 한 순간에 전개되었다. 1989년 11월 17일 온건시위, 시위의 규모 확대와 과격화, 갑작스런 무력진압과 발포, 사망 루머 확산 그리고 결국에는 두 시간 총파업으로 이어지는 과정으로 이어졌다. 그동안 상대를 질시하고 서로 괴리되어 있던 노동계와 일반 시민들도 여기에 합류하면서 이제 공산당 대 반공산당이라는 대립구도가 생겨났다.

이러한 상황에서 아무런 준비도 하지 않았던 시민포럼 그리고 사태 전개에 허둥대던 공산당이 협상에 나섰다.[37] 사회를 대표하는 시민포럼과 정치를 대표하는 공산당은 사실 서로의 내부 사정과 상대의 실질적인 힘이 어느 정도인지 가늠하지도 못하고 있었다. 시민포럼은 공산당이 여전히 통제력을 유지할 수 있을 것이라 오해했고, 공산당은 시민포럼이 학생, 노동자, 일반시민 모두의 지지를 등에 업고 있는 줄 알았다. 서로가 서로를 두려워하고 상대의 패를 모르는 상황에서 어느 측도 급격한 요구를 하지 못했다. 실제로 시민포럼은 1989년 11월 19일 설립 선언문에서 체제전환을 주장하면서도 공산정권의 최후의 저항을 막으려는 듯한 온건한 결의를 내세웠었다.

[그림 4-4] 1989년 11월 17일 벨벳혁명 기념비

　현실 상황에서 많은 것이 가능하지만 다음 두 가지는 확고부동하다. 첫째 정신적, 도덕적, 정치적, 경제적 그리고 환경적 위기를 유발한 노쇠한 전체주의 지배양식으로의 회귀는 불가능하다는 사실이다. 둘째, 내일 당장 무슨 일이 일어난다 하더라도 유럽으로 회귀해야 하는, 자유롭고 민주적이며 번영하는 체코슬로바키아에서 살고자 한다는 것 그리고 우리가 이러한 이상을 포기하지 않으리라는 사실이다.[38]

　바로 이 순간에 그동안 무소불위의 권력을 휘둘러 왔던 공산 엘리드들에게 불확실한 미래에 대한 두려움이 커졌다. 자신들에게 충성해 왔던 지식인과 예술인들 그리고 사회주의 계획경제에 만족해 왔던 노동자들이 자신들에게 반대하는 소수의 지식인, 학생들과 연대해 단일한 목소리

를 내기 시작했다는 사실에 서서히 통치의 자신감을 잃어 갔다. 이미 자신들이 비공산계 다수 내각을 제안하면서 더 이상은 통치 정당성을 주장할 수도 없다는 사실도 인정했다. 이 시점에서 공산계 각료들이 집단 탈당했고 공산계를 주도하던 찰파 총리마저도 최대의 정적이라 할 수 있는 시민포럼의 하벨과 정치적인 동맹관계를 맺으면서 자신의 불확실한 미래를 대비했다. 찰파는 여전히 공산계가 다수를 차지하고 있던 의회를 설득해 대통령 선거에 공산계 후보를 내지 않고 그대신 단독 출마한 하벨의 당선을 지원했다.[39]

이렇게 벨벳혁명의 사회적 요인은 무엇보다도 1969년 이후의 정상화 정권이 의도했던 사회 각 부문의 단절과 상호 불신이 사라졌다는 점에서 찾을 수 있다. 이 순간 정권에 순종해 왔던 지식인들과 노동자들이 공산정권에 등을 돌려 반체제운동을 주도했던 지식인, 학생들과 연대했고, 이에 따라 공산정권은 통치의 자신감을 상실하고 스스로가 권력을 내려놓았다.

05

'소비에트형 인간'이 되길 거부하다

 지금까지 역사적·경제적·사회적 요인을 통해 벨벳혁명의 원인을 파악하면서도 정치적 측면은 논의에서 제외했다. 그 이유는 무엇보다도 공산정권에 대항할 수 있는 정치세력이 등장하고 또 공산당 내부에서의 보수파-개혁파 대립이 나타난 시점이 1989년 11월 17일 이후였다는 역사적인 사실에서 정치적 요인이 체코슬로바키아의 체제전환에 큰 영향을 끼치지 못했다고 판단하기 때문이다. 실제로 공산정권 붕괴 이후 정권을 차지한 체코의 시민포럼과 슬로바키아의 반폭력대중이 공식적으로 결성된 것은 11월 19일이었다. 또한 공산정권 내부에서의 권력투쟁이 나타나긴 했었지만, 그것이 체제를 진환시킬 정도로 큰 위력을 발휘하시도 못했었다.

 어떤 사건의 원인이 딱 하나일 수 없듯이 벨벳혁명도 여러 요인의 상호작용에 의한 결과였다. 더군다나 벨벳혁명이 발발하기 직전까지도 인접한 폴란드나 헝가리에 비해 체제전환 발생 조건이 상대적으로 낮아 체코슬로바키아에서의 혁명을 예측한 사람도 거의 없었다. 실제로 당시 체코슬로바키아에서는 공산당 내부의 개혁파가 너무 약했고 정권에 반대하는 반체제 세력도 소수에 불과했으며, 더군다나 이들과 일반대중, 노동자, 학생들과의 연대도 부족했다. 다만 체코슬로바키아 시민들 사이에 퍼져있던 경제침체와 생활수준 하락에 대한 불만, 공산정권의 무능력에 대한 실망, 이상적인 공산주의 이념과 현실 사회주의 정권 사이의 간극이 너무나 크다는 인식이 팽배해 있었다. 이상과 현실 사이의 충돌은 개개인의 불만을 야기했고 그것이 1989년 11월에 와서 사회 전체의 불만으로 결집되었다.

사실 공산정권에 대한 불만은 1948년 2월 공산정권이 들어서면서부터 시작되었다. 공산정권은 40여 년간 체코슬로바키아 시민들을 '소비에트형 인간(homo-sovieticus)'으로 개조시켜 그러한 불만을 누그러뜨리려 시도했으며 그것이 일정 부분 성공을 거두었다. 그러나 체제를 유지하고 발전시키는 주체의 정신과 행위를 언제까지나 통제하는 것은 불가능했다. 이미 양차 세계대전 사이의 제1공화국 시기 동유럽에서 유일한 '민주주의와 시장경제의 섬'이었고 동시에 자유주의, 개인주의, 다원주의가 허용되었던 체코인과 슬로바키아인들을 소비에트식 사회주의라는 하나의 이데올로기에 묶어 둘 수는 없었다. 이제 하벨이 언급한 바와 같이 '거짓된 삶'에서 벗어나 양심과 정의에 따라 새로운 삶을 살고자 하는 '진실된 삶'을 되찾기로 결정한 바로 그 순간 체코인과 슬로바키아인들은 소비에트형 인간으로 남아 있기를 거부했다. 시민 개개인의 이런 결의가 하나로 묶여 표출된 것이 바로 1989년 11월의 벨벳혁명이었다. 영웅적인 지도자도 없었고 혁명세력과 반혁명세력 간의 유혈 낭자한 충돌도 없었지만 벨벳혁명은 힘이 없는 시민들의 개별 의지가 결합되어 사회 전체의 정신과 행동의 변화를 유도하면서 정치, 경제의 구조와 제도를 바꾸어 버린 20세기 최후의 거대한 '혁명'이었다.

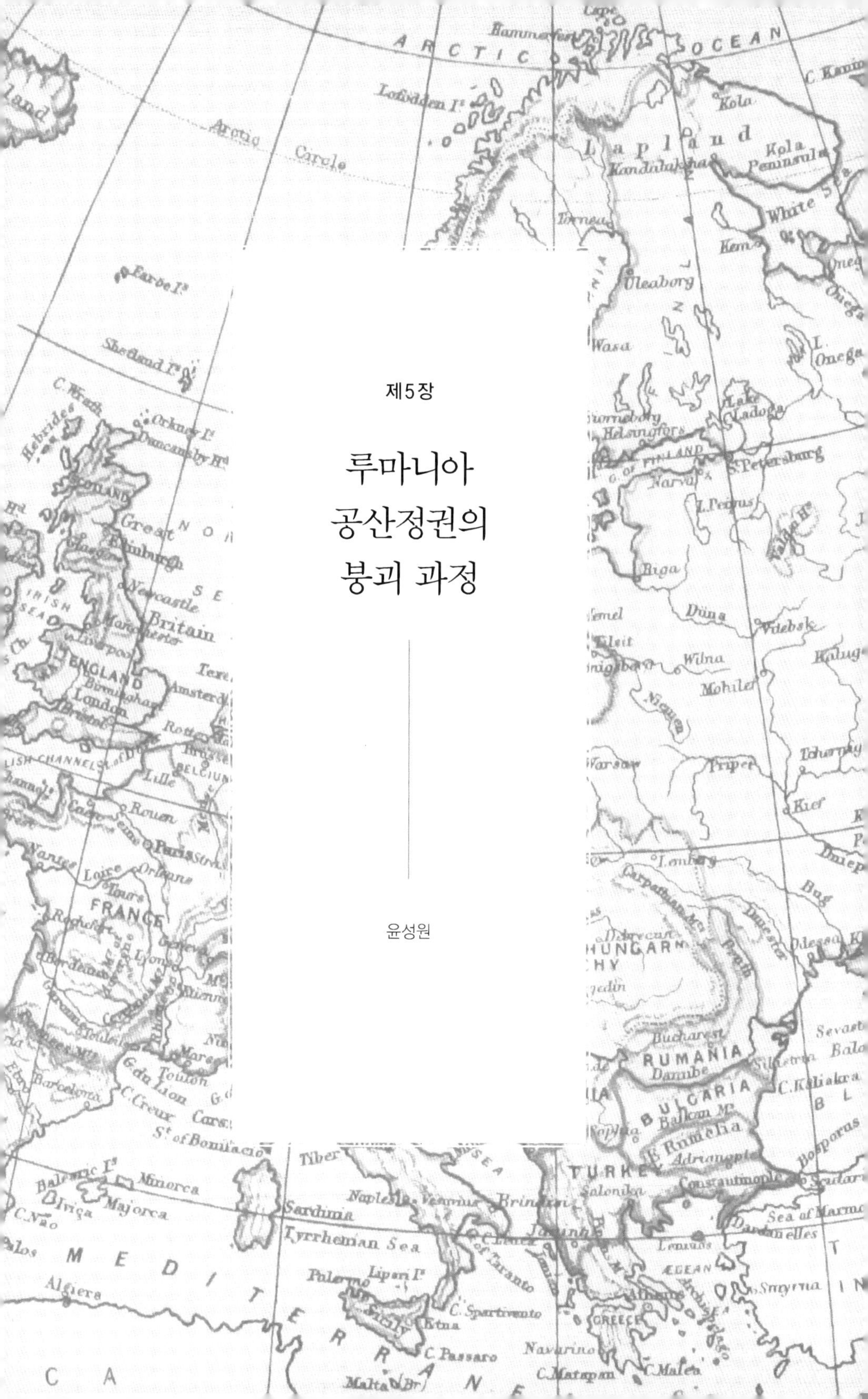

제5장

루마니아 공산정권의 붕괴 과정

윤성원

루마니아는 동유럽 국가들 중에서도 제일 늦게 공산화되었으면서도 민주화도 제일 더디게 이루어진 나라이다. 공산화의 시작은 제2차 세계대전 시기에서부터 비롯되었다고 할 수 있다. 전쟁 중 독일군과 연합하여 소련을 공격하였던 루마니아는 독일의 패색에 짙어지자 연합국으로 이적하였다. 전쟁이 끝나자 소련은 루마니아를 자국의 지배하에 두기 시작했다. 이 과정에서 페트루 그로자라는 친공산주의 인사가 권력을 장악했고 그로자 정부는 미하이 1세를 폐위하고 토지개혁과 여성참정권을 도입하는 등의 개혁을 실시했다. 1948년 루마니아 공산당이 창설되었고 당해 6월에는 소련의 헌법과 유사한 루마니아 헌법이 제정되면서 공산주의 정권의 법적 근거가 마련되었다. 그로자의 후임으로는 게오르게 게오르기우데지가 등극하였다. 소련을 견제하고 중국과의 긴밀한 관계를 맺는 등의 독자노선을 추구하던 게오르기우데지가 1965년 사망한 후에는 니콜라에 차우셰스쿠가 정권을 장악하였다. 그는 집권 초기에는 높은 경제성장률을 달성하기도 하였으나 지나친 긴축정책과 극단적인 1인 독재체제로 인해 공산주의 정부의 붕괴를 가져오기 시작했다. 극심한 생활고에 겪던 루마니아 국민들이 차우셰스쿠 정권을 비판하던 리스즐로 퇴게스 신부를 퇴거조치 하는 것을 반대하는 과정에서 반공산주의 시위로 확산되었다. 차우셰스쿠는 수차례 진압할 기회가 있었으나 민심의 흐름을 파악하지 못해 실기하였고 그 결과 측근들의 배신으로 인해 처형당했다. 이로써 루마니아의 공산정권은 막을 내렸다.

01

머리말

　루마니아는 동유럽 국가들 중 공산화와 민주화가 제일 나중에 이루어진 나라이다. 또한 이들 국가들 중 유일하게 혁명과 독재자 처형이라는 극단적인 방법을 통해 민주화를 이룬 나라이기도 하다. 독재자 니콜라에 차우셰스쿠(Nicolae Ceauşescu)의 처형이 12월 25일 이루어진 연유로 성탄절이 민주화의 시작을 의미하게 된 나라, 루마니아. 1980년대 초까지 가장 부유한 농업국가로 손꼽히던 루마니아는 극단적인 1인 독재체제를 겪으면서 최악의 경제 상황을 맞았고 이는 결국 루마니아 민주화의 도화선이 된 루마니아 혁명이 발발하게 된 원인이 되었다. 루마니아의 1인 독재체제는 북한 체제와도 매우 유사한 점이 많아 향후 북한 체제 전환에의 시사점 또한 살펴볼 수 있는 참고가 되는 사례라고 할 수 있다.[1] 이 장에서는 이러한 루마니아 공산정권이 어떠한 과정으로 붕괴가 되었고 그 원인은 무엇인지를 중심으로 살펴본다.

02

공산정권의
특징

루마니아는 전통적으로 농업을 주요 기반으로 삼던 나라이다. 농지 면적이 동유럽에서 제일 넓을 뿐만 아니라 농업에 종사하는 인구 수 또한 제일 많은 관계로 농업은 루마니아의 주요 국가 산업이 되었다. 대신 상대적으로 공업화 속도는 느렸다. 주변의 폴란드, 체코슬로바키아, 헝가리와 비교해 보더라도 루마니아의 공업화는 매우 더뎠고, 따라서 도시 노동자 수 또한 적었다. 대다수 국민들이 루마니아 정교회 신자인 보수적인 농업국가였던 만큼 공산당이 세력을 넓히기에는 유리한 환경은 아니었던 것이다.[2]

제1차 세계대전 이후 루마니아는 삼국협상(Triple Entente)[3]을 통해 트란실바니아(Transylvania), 바나트(Banat), 바사라비아(Basarabia), 부코비나(Bucovina) 북부 지방 등을 병합하면서 대(大)루마니아 왕국을 형성하였다. 세계대전 직후 소련의 코민테른 영향과 루마니아의 근대화 작업 과정에서 극좌 및 극우세력이 출현하였다.[4] 1921년 루마니아 공산당이 창설되었지만 공교롭게도 핵심 간부들은 모두 비(非)루마니아 출신들이었고 이들은 대루마니아 분할을 목표로 반민족적인 행동을 서슴지 않았다.[5] 이에 대해 당시의 이온 브러티아누(Ion I. C. Brătianu) 정부는 1924년 루마니아 공산당을 불법정당으로 간주하였다.[6]

루마니아가 본격적으로 공산화된 시기는 제2차 세계대전 시기와 맞물린다. 2차 세계대전 발발 당시 이온 안토네스쿠(Ion Victor Antonescu) 장군이 이끌던 루마니아군은 독일군과 연합해 주축국(Axis) 편에서 소련을 침공하였다. 그 결과 소련에 빼앗겼던 베사라비아(Basarabia)와 부코비나(Bucovina)를 되찾았다. 당시 유럽 최대의 산유국이기도 했던 루마니아는 제2차 세계대전 동안 독일과 오스트리아에게 원유를 무제한으로 공급했었다. 미국과 영국은 루마니아의 원유 공급을 차단하기 위해 플로이에슈티(Ploieşti)를 비롯한 원유생산 시설을 대대적으로 폭파하였다. 이를 더 이상 감당하지 못하고 독일의 패색이 짙어지자 루마니아 국왕 미하이 1세(Michael I)는 쿠데타를 일으켜 안토네스쿠 장군을 체포하고 1944년 8월 영국의 중재하에 연합국(Allied)으로 이적하였다.[7] 그리고 같은 연합국이었던 소련의 명령에 따라 북부트란실바니아에서 헝가리, 체코, 오스트리아로 진격하는 데 가담했다. 전쟁이 끝나자 소련은 루마니아를 점령지로 여기면서 '루마니아 정부가 북부 트란실바니아 지역의 평화와 안정을 지킬 수 있을지 의문'이라는 명목하에 군을 주둔시키기 시작했다. 이런 방식으로 루마니아는 소련의 지배하에 놓이게 되었다.

전시에는 콘스탄틴 서너테스쿠(Constantin Sănătescu) 장군이 정부를 이끌었는데, 그때만 하더라도 공산주의자들의 존재감은 크지 않았다. 그러다가 1945년 3월 6일 동맹국 통제위원회(Allied Control Commission)의 소련 대표의 선동에 힘입어 대규모 시위가 발생했고 그 결과 루마니아에 친(親)소련정부가 설립되었다. 공산당과 긴밀한 관계에 있던 농민전선(Ploughmen's Front) 출신인 페트루 그로자(Petru Groza) 박사가 총리가 되었다. 이때 정부 요직이 공산당 관련 인물들로 기용되기 시작했다. 노동당과 공산당이 행정부를 장악하였고 기존의 유력 정치인들은 제거되었다. 미하이 1세는 이러한 변화를 달가워하지 않았다. 그래서 그로자 총리를 사임시키기 위해 어떠한 입법안도 서명하지 않는 보이콧을 감행하였으나 그로자 총리가 오히려 왕의 서명 없이도 법안이 발효되도록 법을 바꿈으로써 미하이 1세의 시도는 수포로 돌아갔다. 같은 해 11월 8일 미하이 왕의 영명축일(name day)에 부쿠레슈티 왕궁 앞에서 친왕정 시위가 발생하였다. 이는 반대파와의 충돌로 이어져 수십만 명에 달하는 사상자가 발생하였다. 소련군은 이때에도 개입하여 루마니아군과 경찰 병력이 민간인을 사살하지 못하도록 통제하였다.[8] 그로자 정부는 왕의 반대에도 불구하고 토지개혁과 여성투표권을 도입하여 농민들과 여성들의 지지를 받았는데 이와 동시에 소련의 루마니아 지배도 본격화되었다.

　1946년 11월 선거에서 공산주의자들이 이끄는 인민민주연합(Bloc of Democratic Party, Blocul Partidelor Democrate: BDP)[9]이 84%의 높은 득표율을 기록하여 권력을 장악했다. 공산당 정부를 구성한 후 곧이어 중도정당의 역할을 없애고자 하였다. 국민농부당(National Peasants' Party)의 경우 그 정당 리더들이 미국 관료와 비밀리에 회동하였다는 사실이 알려지면서 간첩 혐의로 고소당하였고 공개재판을 거쳐 투옥되었다. 또한 제2차 세계대전 동안 친(親)주축군 정부 하의 고위관료들도 홀로코스트와 소런 침공에 관여했다는 이유로 전범자로 재판받아 처형되었다. 1947년 당시 루마니아는 동구권에서 유일한 왕정국가였는데, 그해 12월 그로자 총리와 당시 산업통상부 장관인 게오르기우-데지(Gheorghe Gheorghiu-Dej)는 부쿠레슈티 왕궁을 방문하여 미하이 I세가 폐위서에 서명할 것을 종용했다. 이로써 왕은 폐위되었고 루마니아 인민공화국(Romanian People's Republic)이 수립되었다.

1948년 공산주의자들은 사회민주주의자들과 합작하여 루마니아 공산당(Partidul Comunist Român, Romanian Communist Party: PCR)을 창설하였다. 그러나 공산주의자들은 곧 사회주의자들을 축출하였다. 소련은 루마니아 국부를 조직적으로 착취했다. 소련과 루마니아의 합작 기업인 소브롬(SovRom)사(社)를 설립하여 루마니아의 국부가 소브롬을 통해 소련으로 유출되도록 시스템을 구축하였고, 루마니아의 국부를 통제하였다.[10] 그뿐만 아니라 루마니아 정부에게 상당한 정도의 전쟁배상금도 요구했다.[11]

1948년 6월 헌법이 제정되면서 공산주의 정권의 법적 존립 근거가 마련되었다. 루마니아 헌법은 1936년 제정된 소련의 헌법과 매우 유사하였다. 헌법상으로는 모든 종류의 자유를 허용하였지만 파시스트 또는 반민주적 행위는 금지하였다. 종교적 자유 또한 보장하고 있으나 이는 사실상 마르크스-레닌주의를 홍보하기 위한 수단이었다. 종교행위는 예배당에 한해서 할 수 있도록 제한하였고 대규모 집회는 엄격히 금지하였다. 또한 성직자의 역할을 제한하기 위해 교회 사유지는 국유화하였다. 루마니아-그리스 합동 동방 가톨릭교회를 해체하고 루마니아 정교회(Romanian Orthodox Church)와 병합시켰다.[12]

1950년대부터 루마니아 공산당은 1958년까지 군대를 소련군에서 철수시키겠다고 약속하는 등 소련으로부터의 확실한 독립을 약속하였다. 1965년 니콜라에 차우셰스쿠(Nicolae Ceauşescu)가 공산당 총서기장이 되었고 1967년에는 국가평의회(State Council)의 의장(Chairman)이 되었다. 이후 1974년에는 국가주석이자 루마니아 사회주의 공화국의 초대 대통령으로 등극했다. 그는 1968년 소련이 체코를 침공하자 이에 대해 맹비난을 하여 대중의 지지를 받았으나 급격하게 경제발전을 하고자 해외 차관을 들이고 긴축 정책을 실시하면서 이에 반대하는 대중들을 억압하는 과정에서 정치적인 탄압을 가하기 시작했다.

루마니아 공산주의자들은 모두 스탈린주의를 따르지만 개인사 또는 신념에 따라 크게 세 가지 유형으로 나뉜다. 먼저 모스크바로 망명하여 생활했던 유형으로 아나 파우커(Ana Pauker)가 대표적인 인물이다.[13] 그 밖에 전쟁 중 투옥된 유형으로 게오르게 게오르기우데지(Gheorghe Gheorghiu-Dej)가 대표적인 인물이다.[14] 루마니아 국내에서 은둔생활을 주로 한 은둔형 공산주의자(Secretariat Communist)도 있다. 루크레찌우 퍼트러쉬카누(Lucreţiu Pătrăşcanu)가 이에 속한다. 그러나 이들 대부분은 숙청당했고 게오르게 게오르기우데지(Gheorghe Gheorghiu-Dej)만 살아남았다. 그는 1965년 병으로 사망할 때까지 루마니아공산당 총서기(first secretary), 국가평의회 의장(President of the State Council) 등을 두루두루 역임하였다.

게오르기우데지는 스탈린 사후 집권한 니키타 흐루쇼프(Nikita Khrushchev)가 소련을 개혁하는 것에 대해 그다지 찬성하는 입장은 아니었다. 그렇지만 코메콘(Council for Mutual Economic Assistance: COMECON,

경제상호원조회의)[15]이 루마니아를 동유럽의 곡창지대로 만들려는 계획을 저지하고 대신 중화학공업, 에너지 생산을 통한 경제발전을 추구하였다. 그래서 루마니아 최대 노동수용소를 폐쇄하고 다뉴브-흑해 운하사업도 무산시켰다. 배급제도 중단하고, 노동자의 임금을 인상시켰다. 그는 이러한 정책들을 통해 루마니아가 독립적으로 자생적길을 찾게 되길 바랐던 것이다.

[그림 5-1] 게오르게 게오르기우데지
출처: Wikipedia

그는 자신의 정치적 입지를 강화하기 위해 서로 존중해 주고 내정간섭을 하지 않는다면 정치적·경제적 노선에 구애받지 않고 어떠한 나라와도 협력하고자 했다. 그 결과 중국과 긴밀한 관계를 맺게 되었다. 중국은 원래 자치권을 인정해 주는 성향이 강하고 소련의 헤게모니에 대한 반발심 또한 있었다. 따라서 이러한 점이 중국과 루마니아간의 관계를 돈독하게 하는 데에 도움이 되었다.

루마니아는 내부적으로 국제협력에 관한 새로운 정책 방향이 수립되었음에도 불구하고 1955년 바르샤바 조약기구에 가입하였다. 이 기구는 자국의 병력 일부를 소련 군대 체제에 편입시켜야 하는 의무 조항이 있는데 루마니아 정부는 나중에 이에 반대하여 제한적으로만 참여하였다.

1956년 폴란드는 소련군이 자국의 내정에 간섭하는 것을 거부하는 움직임이 나타나기 시작했고, 헝가리에서도 민중 폭동이 발생하였다. 이어 루마니아에서도 학생들이 주축이 되어 부쿠레슈티(București), 클루지(Cluj), 티미쇼아라(Timișoara) 등지에서 자유보장과 생활여건 개선, 소련 지배 종식을 주장하는 시위가 일어났다. 이 중 티미쇼아라의 시위가 대표적인 것으로 이때 당시 3천여 명이 체포되었고 수만 명이 사망하였다.[16] 게오르기우데지는 이것이 자신의 정치적 입지에 타격을 주기 위해 일어난 것으로 여겼기 때문에 선동자로 의심되는 사람들을 대거 투옥시켰다(특히 헝가리 출신들 위주로). 이어 소련에게 신속한 군사개입을 요청하였다. 소련군은 헝가리-루마니아 국경 지역에 다수 배치되었는데 루마니아 상황에 비해 헝가리 상황이 더 심각해지자 소련은 헝가리를 침공하였다.

1956년 혁명 이후 게오르기우데지는 헝가리 새 지도자인 카다르 야노시(János Kádár)와 긴밀히 협력하였다. 너지 임레(Imre Nagy) 전 수상은 구금 후 처형되었다. 루마니아는 트란실바니아 지역에 있는 헝가리 대학을 루마니아 대학과 합병시켰고, 헝가리 중등교육기관도 루마니아 것으로 전환시켰다. 한편, 중공업 투자를 줄이고 소비재 생산을 늘려 국민들의 불만을 줄이고자 하였다. 또한 토지 국유화를 단행하여 1962년까지 경작지 77%를 국가농장이 통제하도록 만들었다. 게오르기우데지가 정권을 견고히 하는 과정에서 사회 각층으로부터 체포·구금되는 경우가 많아졌다. 이에 소련의 노동수용소를 벤치마킹하여 피테슈티(Pitești)에 노동수용소를 만들었다. 이 수용소는 동유럽 역사상 가장 악명 높은 세뇌 실험실로 알려질 정도로 혹독한 고문과 노동을 강요하였다.[17]

게오르기우데지가 1965년 사망하자 니콜라에 차우셰스쿠(Nicolae Ceaușescu)가 국가 주석으로 등극하였다. 차우셰스쿠가 제2차 세계대전 당시 공산주의 선동 혐의로 트르구지우(Târgu Jiu) 강제수용소에서 수감 생활을 했었는데, 그때 게오르게 게오르기우데지와 같은 감방을 쓰게 되었다고 한다. 그것이 계기가 되어 차우셰스
쿠는 게오르기우데지의 심복이 되었다고
한다. 게오르기우데지는 말년에 소련-중국
갈등을 적절히 이용하여 소련의 헤게모니
에 대응하고자 하였는데 차우셰스쿠 또한
같은 노선을 유지하고자 하였다. 루마니아
의 국익을 고려하여 서유럽과의 관계도 개
선해 나가기 시작하였다. 그리고 서방 매체
가 루마니아에도 알려지기 시작했다.[18] 그

는 1965년 8월 국호를 루마니아 인민공화   [그림 5-2] 니콜라에 차우셰스쿠
국에서 루마니아 사회주의 공화국(Socialist   출처: Wikipedia
Republic of Romania)으로 변경했다. 그러나 '루마니아 공산당' 명칭은 그
대로 유지되었다.

농산물과 소비재가 시중에 풍부하게 공급되고 1968년 소련의 체코
침공에 반대성명을 발표하였기 때문에 차우셰스쿠 집권 초기에 그는 상
당한 인기를 누렸다. 그는 서방 세계와 긴밀한 관계를 유지하였을 뿐만
아니라 국제기구와도 우호적인 관계를 가지고자 하였다. 대신 당시의
낮은 인구증가율을 우려하여 낙태와 피임을 불법화시키고 무자녀가구
에 세금을 부과하는 등의 다양한 인구증가 정책을 실시하였다. 정책 실
시 초기에는 불법낙태가 증가하여 일시적으로 인구가 감소하는 모습을
보였다.[19] 또한 그 과정에서 9천 명의 산모가 목숨을 잃었다.[20] 그러나 결
과적으로 1960년대 후반 출생자 수는 증가했다. 또한 고아원에 맡겨지
거나 길거리에 버려지는 아이들 수도 증가했다. 그러나 아이러니하게도

차우셰스쿠는 나중에 이 정책하에 태어난 세대에 의해 처형되었다.[21]

차우셰스쿠는 게오르기우-데지의 산업화 정책을 그대로 이어받았다. 그 결과 루마니아는 1951년부터 1974년까지 연평균 13%의 성장률을 기록하였다. 특별히 기계, 트랙터, 자동차 산업, 조선, 전기 디젤 기관차, 전기·화학 산업 등이 성장했으며 수도 부쿠레슈티는 1970년대 중반까지 사방으로 확대되었다. 1970년대 후반부터 지하철을 건설하기 시작하여 1989년까지 49km 구간에 34개 역을 건설하였다. 1977년 브란세아(Vrancea) 지역에서 지진이 발생하여 1천5백여 명의 사망자가 발생하였다.[22] 또한 수많은 건물들의 기반이 약해지거나 붕괴하였다. 이를 복구하는 과정에서 차우셰스쿠는 재건축보다는 철거 후 새로운 건물을 짓는 방향으로 복구 계획을 세웠다. 루마니아를 대표하는 건축가 이온 민쿠(Ion Mincu)가 프랑스 건축가 알베르 발뤼(Albert Ballu)와 공동으로 설계한 대법원(Palace of Justice) 건물까지도 철거 대상에 포함되었다. 결국 2천여 개의 건물을 철거하기에 이르렀고 수도 부쿠레슈티 구시가지의 1/5이 완전히 사라졌다.[23] 루마니아는 전기발전 및 송전시스템, 지하철, 아파트 건설 부분에서 성공적인 산업화를 이끌었다.

03

붕괴의
원인

루마니아 공산정권이 붕괴하게 된 원인은 크게 두 가지를 꼽을 수 있을 것으로 보인다. 첫째, 지나친 긴축정책으로 인한 경제침체가 원인이라 할 수 있다. 1980년대 긴축정책을 실시하기 전까지 루마니아는 상당히 발전 가능성이 많은 부유한 농업 국가였다. 지속적인 성장과 생산성 향상으로 루마니아 국민의 생활수준은 향상되어 1950년대 대비 1980년대 중반 루마니아의 경제적 부는 여덟 배로 증가했고 80% 이상의 국민이 아파트에서 거주하게 되었다. 1960년대 루마니아 공산당이 선택한 세 가지 주력분야(철강업, 중화학공업, 기계공업)는 규모면에서 괄목할 만한 성장을 가져왔다. 천연자원이 부족했던 루마니아는 다만 공장을 가동시키기 위해 엄청난 양의 원료를 수입해야 했는데, 해당 제품의 수출이 둔화되고 원료비용은 높아져 가는 상황에서 루마니아 외환보유고는 점차 감소하였다. 이 과정에서 1백억 달러에 달하는 외채가 발생하였다. 외채 상환의 명목으로 긴축재정 정책을 실시하면서 불과 수년 지나지 않아 루마니아의 경제적 수준은 유럽 전체에서는 가장 낮은 수준으로 떨어졌다. 이에 더하여 1977년의 지진, 1980년의 가뭄, 1981년의 홍수, 1984~1995년의 혹한 등도 루마니아 경제를 더욱 어렵게 한 요인이 되었다.[24]

1985년 이후부터는 일반 국민들도 경제적 어려움을 피부로 느끼기 시작하였다. 그러자 루마니아 국민의 불만이 곳곳에서 터져 나와 소요가 발생했으며, 심지어 차우셰스쿠가 트란실바니아로 이동하는 헬리콥터에 돌을 던지는 사건이 발생하기도 했다. 그러나 차우셰스쿠는 이에 개의치 않고 서유럽 국가에서 차입한 대출금을 상환하는 데에만 주력했다. 긴축정책을 실시하면서 식량, 가스, 난방, 전기 배급제를 실시했다. 또한 일요일에는 통행금지를 실시했고 버스와 택시는 메탄연료를 사용하도록 하였다. 가로등은 다섯 개 중 하나만 켜도록 했고 방송국도 한 곳만 남겨 두고 하루 두 시간만 방송토록 하였다. 그 결과 삶이 질이 급속도로 저하되었고 영양실조에 걸리는 사람들이 늘어났다. 유아 사망률 또한 유럽 내에서 최대 수준에 달했다.

한편으로는 국가계획위원회를 만들어 집단농장과 개인 소유 땅에서 경작할 농작물의 종류 및 생산량까지도 직접 국가에서 결정하였고, 수확 후 시장에 파는 가격도 국가가 결정하였다. 루마니아 농민들이 농업 생산성 향상을 위해 노력할 유인이 없는 상황이다 보니 전체 농작물 생산량에 많은 영향을 미쳤다. 이는 결국 1980년대의 식량난으로 이어졌다.[25]

차우셰스쿠는 과대망상적인 건설사업도 수행하였다. 대표적인 것 중하나가 세계에서 제일 큰 규모로 의회건물을 짓는 것이었다. 이와 함께 의회 인근의 신시가지(Centrual Civic)와 박물관(오늘날의 Casa Radio)도 공산주의와 차우셰스쿠에 바칠 목적으로 건설되었다. 대규모 건물을 짓기 위해 주거지는 헐리고 수천 명의 부쿠레슈티 주민은 주거지에서 쫓겨났다.[26] 무리한 건설사업으로 재정 상태와 경제상황은 악화되었다.

둘째, 1인 독재 체제의 비효율성과 비합리성 또한 루마니아 공산정권의 붕괴의 한 원인이라 할 수 있다. 차우셰스쿠는 1인 독재 체제의 모델을 북한에서 찾았다. 1971년 북한 방문시 주체사상에 감화를 받은 차우셰스쿠는 즉각적으로 도시계획에 역점을 두기 시작했다. '다차원적으로 개발된 사회주의 국가'를 건설하기 위한 목표 하에 부쿠레슈티에 위치한 역사적 유적들을 비롯하여, 교회, 병원, 스타디움을 철거하고 신시가지(Centrul Civic)와 인민궁전(Palace of the Parliament)을 건설하였다.

이와 아울러 사회 감시 체제를 강화했다. 독일식 도청 시스템을 도입하고 세쿠리타테를 증원하고 검열을 강화하였다. 국민의 1/3이 감시자가 되어 서로를 감시하기에 이르렀다. 이를 바탕으로 차우셰스쿠는 자신에 대한 신격화 작업에 돌입하였다. 1988년 페레스트로이카, 글라스노스트 운동이 소련과 중국에서 경제개혁 일환으로 진행되면서 루마니아의 스탈린식 사회시스템은 시대에 뒤처진 시스템이 되고 있었다. 그러자 차우셰스쿠는 루마니아 국민들이 해외에서 어떤 일이 일어나는지를 알지 못하도록 통제하기 시작했다.

바르샤바 조약에 체결한 다른 동유럽 국가들과는 달리 차우셰스쿠는 친(親)소련 노선을 취하기보다는 독자적인 외교 행보를 보였다. 루마니아 군대 또한 프라하의 봄을 종식시키기 위해 결성된 바르샤바 조약 동맹군에 가입하지 않았다. 차우셰스쿠는 프라하의 봄에 대해 공공연하게 비난하기도 했다. 또한 소련이 참가를 거부했던 1984년 LA 하계올림픽에도 참가하여 미국과 서독 다음으로 많은 53개의 메달을 획득했다. 소련 공산당 서기장 고르바초프가 개혁을 주장할 때도 차우셰스쿠는 더 강경한 노선을 고수했을 뿐 아니라 우상화 작업을 계속하였다.

루마니아는 경찰국가라고 해도 과언이 아닐 정도로 비밀경찰인 세쿠리타테(Securitate)의 권한이 막강했다. 1948년 루마니아 공산주의 정권에 의해 설립된 세쿠리타테는 주로 전쟁고아들을 징집하여 세뇌 교육 후 양성되었다. 차우셰스쿠 집권 당시 친위대 역할을 한 것으로 잘 알려져 있다. 세쿠리타테는 수적으로 엄청난 규모였다. 1985년 당시 루마니아의 인구는 2천2백만 명에 불과했으나, 세쿠리타테의 수는 무려 1만 1천 명에 이르렀다. 그 밖에도 50만 명의 정보원이 활동하고 있었던 것으로 알려져 있다. 세쿠리타테는 루마니아 전국에 1천1백여 개의 도청센터와 320만 개 이상의 도청기를 설치하여 인민을 철저하게 감시했다. 이런 상황에서는 언론이 자유가 억압되어 자유로운 의견 개진이 불가했고 루마니아 공산당에 반대하는 견해는 피력할 수 없었다. 모든 사람이 감시당한다는 인상을 주어 사람들이 공산당의 의견에 따르지 않을 수 없었다. 소련의 기준에서 보더라도 루마니아의 세쿠리타테 제도는 매우 무시무시한 제도였던 것이다.

루마니아는 차우셰스쿠 가족이 모든 정치 권한을 독점하였기 때문에 공산당 간부층의 세력이 크지 않았다. 그들은 박봉에 시달리면서 여러 보직을 순환해야 했다. 이는 정치 라이벌이 등장하기는 어려운 환경일 수밖에 없다. 따라서 헝가리나 소련에서처럼 개혁적인 리더가 등장하기는 어려운 구조라 할 수 있다. 권력이 소수에게만 집중되어 있는 경우,

책임 또한 소수의 일부 권력층만 지게 되며 권력 핵심에서 벗어난 주변부는 상대적으로 이로부터 자유로워진다. 따라서 1인 독재자에 대한 단죄를 통해 차상위 정치 엘리트 계층은 스스로 정치적 책임에 대한 면죄부를 받게 되는 셈이라 할 수 있다. 그리고 최상위 권력층에 대한 단죄가 끝나면 그들은 기존의 기득권을 이용하여 새로운 형태의 권력을 찾아 이동하게 된다.[27] 이러한 상황들로 인해 동유럽에서 가장 마지막까지 남은 공산정권이었던 루마니아는 가장 격렬하고 극단적인 방법을 통해 몰락될 수밖에 없었던 것이다.

04

붕괴의
과정

1981년부터 실시한 긴축프로그램으로 인해 루마니아 국민들은 더욱 가난해졌다. 공산당 정권에 대한 국민적 지지는 더 이상 없었고, 오히려 이에 반대하는 집회가 수차례 개최되었다. 대표적인 집회가 1977년에 발발한 쥬 탄광(Jiu Valley) 폭동[28]과 1987년 브라쇼브(Braşov) 폭동이 있다. 루마니아 주요 도시 중 하나인 브라쇼브에서 발생한 폭동사건은 루마니아 공산주의가 몰락한 결정적 계기를 마련했다. 지방 선거가 있던 11월 15일 트럭회사 스태굴 로슈(Steagul Roşu) 공장 노동자들은 임금삭감과 1만 5천 명에 달하는 해고에 불만을 품고 시위를 벌였다. 2만여 명이 시위에 가담하였는데 세쿠리타테와 군병력이 출동하여 도시를 에워싸고 시위대를 해산시켰다. 사망자는 없었으나 3백 명이 체포되고 투옥되었다. 이 사건이 직접적으로 혁명으로 이어지지는 않았으나 이후 차우셰스쿠 정권에 큰 타격을 준 것은 사실이었다.

몇몇 공산당 인사들이 차우셰스쿠를 비난하기도 했으나 1989년 3월 예상했던 시점보다 앞당겨서 루마니아의 외채를 상환함에 따라 차우셰스쿠는 정치적으로 입지를 굳혀 나갔다. 그러나 루마니아의 물자 부족 상황은 여전했다.

같은 해 11월 9일 베를린 장벽이 붕괴했지만 루마니아 국영언론은 동독 국영매체처럼 이 사실을 보도하지 않았다. 대신 이틀 후 차우셰스쿠는 언론에 등장하여 재정 긴축 프로그램이 경제 목표달성에 얼마나 유효한지와 사회주의는 사람들의 독립적인 발전을 위한 좋은 체제임을 강조했다. 그러나 같은 날 부쿠레슈티의 브레조이아누 거리(Brezoianu Street)와 코걸니차누 대로(Kogălniceanu Boulevard) 일대에서 학생들을 중심으로 시위가 발생했으나 빠르게 진압되었고 주동자들은 체포되었다.

110억 달러에 달하는 외채를 모두 상환한 결과 차우셰스쿠는 1989년 14차 공산당 총회에서 재선되었다. 이때도 학생들이 반대 시위는 벌였으나 보다 결정적인 시위는 같은 해 12월 16일 발발한 티미쇼아라 시위였다. 당시 헝가리계 루마니아인이자 개혁교회 신부인 라스즐로 퇴케스(László Tőkés)는 7월 헝가리 TV와의 인터뷰에서 루마니아 공산정권의 농촌체계화사업(systemisation policy)[29]을 비판하면서 루마니아인들은 인권이 무엇인지조차 모른다고 비판하였다. 이 방송은 헝가리 접경 지역에서 시청되었고 루마니아 전역으로도 확산되었다. 농촌체계화사업은 루마니아 농촌을 재건하자는 사업인데 기존의 농촌가옥을 부수고 대신 현대식 아파트를 건설하는 것이었다.[30] 이 방송은 루마니아 국민과 세쿠리타테 모두에게 충격적이었다. 루마니아 공산정권은 퇴케스 신부가 인종차별을 선동하고 있다고 주장하였다. 공산정권을 대신하여 그가 속한 교

[그림 5-3] 1989년 12월 16일 티미쇼아라 시위 현장
출처: Wikipedia

[그림 5-4] 라스즐로 퇴케스
출처: Wikimedia

구의 주교는 퇴케스 신부를 설라즈(Sălaj)주의 미네우(Mineu)지역으로 발령을 내어 사택에서 나가도록 조처했다. 이와 동시에 차우셰스쿠는 이란 방문을 공식 발표하였다. 이에 분노한 시민들은 퇴케스 신부가 괴롭힘을 당하거나 쫓겨나지 않도록 보호해 주고자 그의 사택을 에워쌌다. 사람들은 갈수록 더 많이 모여들었고 해산할 기미가 보이지 않았다. 이에 페트레 모쯔(Petre Moț) 티미쇼아라 시장은 퇴케스 신부의 사택 퇴거 결정을 번복해주겠다고 약속했다. 그러나 시민들이 모쯔 시장에게 약속한 내용을 서면으로 남겨 달라고 요구하자 그는 거절하였고, 이에 분노한 시민들은 반공산주의 슬로건을 외치기 시작했다. 이에 경찰과 세쿠리타테가 등장했다. 저녁 7시 30분까지 시위대는 해산되었지만 이때부터 원래 목적과는 다르게 시위의 양상이 변질되었다.[31]

일부 집회 참석자들은 루마니아 공산당(PCR) 지역위원회 건물을 전소하고자 난입했고 이에 세쿠리타테는 최루가스와 물대포로 진압하였다. 상당수 집회 참석자들이 체포되었고 밤 9시경에 시위대는 해산하였다.

그러나 시위대는 루마니아 정교회 대성당 주변으로 다시 모여서 도시를 행진하기 시작했고, 다시 경찰에 의해 진압되었다.

12월 17일 시위가 재개되었다. 시위대는 공산당 지역위원회 건물에 침입하여 공산당 관련 서류와 홍보 책자, 공산당 상징물들을 창문 밖으로 던져버렸다. 시위 상황이 심각해지자 경찰 인력만으로는 감당하기 어렵다는 판단하에 군 병력이 투입되었다. 최고 통치권자로부터 직접 명령을 전달받아 움직였으나 상황은 여전히 정리되지 않은 상태였고 혼란만 가중되었다. 밤 8시경에는 자유광장(Piața Libertății, Liberty Square)에서 데체발 다리(Decebal Bridge), 리포베이 거리(Calea Lipovei, Lipovei Avenue), 기로쿨루이 거리(Calea Girocului, Girocului Avenue), 오페라 하우스 등지에 다량의 총격이 발사되었다. 탱크와 트럭이 진격하여 도심으로의 접근을 막았으며 상공에는 헬리콥터가 감사하고 있었다. 자정이 되어서야 시위는 잦아들었다. 연대장 이온 코만(Ion Coman), 지방 당서기 일리에 마테이(Ilie Matei), 참모총장 쉬테판 구셔(Ştefan Guşă) 등이 시위 지역을 순시했다. 몇몇 지역은 이미 전쟁 폐허처럼 변한 상태였다.

12월 18일 아침, 군인과 사복 세쿠리타테 요원들이 시내 중심부를 감시하였다. 페트레 모쯔 시장은 전날 시위대들이 벌인 '만행'을 비난하면서 계엄령을 선포하였고, 2인 이상 모이는 것도 금지하였다. 금지령에 반발하는 30여 명의 젊은이들이 정교회 성당에 모여들었다. 그곳에서 루마니아 깃발을 흔들고 깃발에 새겨 있는 공산당 문양을 제거하였다. 제거한 자리에는 커다란 구멍이 남았다. 이는 마치 1956년 헝가리 혁명 당시 상황과 흡사했다. 그들은 경찰들이 들이닥칠 것을 알면서도 "깨어나라, 루마니아인들이여!"를 불렀다. 이 노래는 일찍이 1947년에 금지곡으로 선정된 애국 노래였다. 그러다 시위대는 총격을 당했다. 일부는 현장에서 사망했고, 일부는 심한 부상을 입었다.

12월 19일 티미쇼아라 지역 공산당원인 라두 발란(Radu Bălan)과 참모총장 쉬테판 구셔(Ştefan Guşă)는 노동자들이 근무하는 공장을 방문하여 업무에 복귀할 것을 종용하였으나 성공하지는 못하였다. 다음 날 20일, 노동자들은 도시로 다시 진입했다. 10만 명의 시위자들이 오페라 광장을 점령하고 "우리는 사람이다! 차우셰스쿠는 멸망한다!"를 외쳤다. 당시 차우셰스쿠는 이란에 머물고 있었다. 차우셰스쿠가 위기 상황에 자리를 비운 것은 결과적으로 그의 잘못된 결정이었다. 이 시위를 초기에 막지 못했기 때문에 전 루마니아로 확산되는 결과를 가져왔기 때문이었다. 그가 왜 이란 방문을 굳이 했어야 하는지는 알려져 있지 않지만 이란과의 경제, 상업, 기술적 협력을 위해 수개월 전부터 계획되어 있었던 것이라고 알려져 있는 정도였다.[32] 그는 이란으로 출발하면서 티미쇼아라 시위 사태를 자신의 아내인 엘레나와 중앙위원회 비서인 에밀 보부(Emil Bobu), 총리인 콘스탄틴 다스카레스쿠(Constantin Dăscălescu)가 진압하도록 일임하였다. 이들은 시위대 대표단을 만나 협상하였지만 시위대들이 요구인 차우셰스쿠 사임에 관해서 합의에 이르지 못하면서 무위로 돌아갔다. 공산당 간부들과 고위공무원 등은 차우셰스쿠보다 그의 부인인 엘레나를 더 싫어했기 때문에 사태가 잘 진정되리라 기대하는 것은 애초에 불가능한 일이었다는 이야기도 있다.[33]

상황은 더 악화되었다. 3박 4일의 방문을 마치고 12월 20일 귀국하자마자 차우셰스쿠는 공산당 중앙위원회 건물에서 TV 연설을 하였다. 이 연설에서 티미쇼아라 시위에 관해서는 '루마니아 내정에 외세가 간섭한 것'이라고 일축했다. 그는 티미쇼아라 시위에 관한 정보를 Voice of America, Radio Free Europe 등 서방 라디오를 통해 접하고 있었다. 그는 귀국한 다음 날 총회 개최를 계획하고 있었다. 언론에서는 이 회의를 '차우셰스쿠를 지지하기 위해 긴급하게 소집된 회의'라고 보도했다.

다음 날인 12월 21일, 차우셰스쿠는 10만 명을 대상으로 한 관제집회를 소집하였다. 그 집회에서 대중연설을 통해 그는 티미쇼아라 시위에 대해 비난을 하였다. 공산당 간부들은 차우셰스쿠 앞에서 그가 여전히 대중적인 인기를 누리고 있다고 보이기 위해 애를 썼다. 노동자들을 태운 수십 대의 버스가 도착하였다. 노동자들은 해고당할까 두려워 마지못해 따라온 경우가 대부분이었다. 이들은 궁전광장(Palace Square, 오늘날의 Revolution Square)에 도착하여 붉은 깃발과 공산당 배너, 차우셰스쿠 초상화를 받아들고 참석했다.[34] 차우셰스쿠의 연설 내용은 특별할 것이 없었다. 마르크스-레닌주의를 근거로 하는 사회주의 혁명에 대한 성과를 강조하기에 바빴고 루마니아가 다층적인 사회주의 국가로 발전되었음도 강조했다. 차우셰스쿠는 티미쇼아라 시위가 어디까지나 '파시스트 선동자'에 의해 발생한 것이라고 비난하였다. 그는 국민과는 전혀 소통이 되지 않는 상태였고 그래서 민심을 잘못 파악하고 있었다. 참석자들은 응답 없이 듣고만 있었고 다만 앞줄에 앉아 있는 참석자들만 차우셰스쿠 연설에 환영하고 있었다.

그러다가 몇 분 지나자 참석자들 몇몇이 그에게 야유를 퍼붓기 시작했다. 이는 상상조차 할 수 없었던 반응이었다. 몇몇 노동자들은 "티미쇼아라!"를 외치기 시작했고 이는 퍼져 나갔다. 차우셰스쿠는 오른손을 들어 누군가가 제지할 것을 요구했다. 그는 그 연설 자리에서 고작 미화

19달러에 불과한 월급인상과 학생들 장학금 인상을 약속하고 있던 차였다. 혁명의 도화선에 불붙는 순간이었다.[35]

차우셰스쿠가 중앙위원회 건물 발코니에서 연설하고 있을 때 군중 저편에서 총성이 들려왔다. 세쿠리타테가 총격을 가하기 시작했던 것이다. 연설 집회는 시위로 바뀌었다. 당시 연설장면은 생중계로 방송되고 있었는데 시위로 바뀌자 방송국에서는 차우셰스쿠를 찬양하는 공산당 홍보 영상으로 급히 편집하여 내보냈다. 그러나 시위 장면의 일부는 이미 생방송된 상태였다.

대부분의 루마니아 국민들은 무엇인가가 일어나고 있음을 깨달았다. 차우셰스쿠와 그의 부인, 공산당 간부들은 패닉상태에 빠졌다. 차우셰스쿠 경호원들은 차우셰스쿠에게 얼른 건물 안으로 피신하도록 떠밀었다. 참가자들로부터 터져 나온 야유는 폭동으로 이어졌다. 거리로 뛰쳐나와 도시 전체를 혼란에 빠뜨렸다.

시위자들은 코갈니체아누 광장(Piaţa Kogălniceanu), 통일광장(Piaţa Unirii), 로세티 광장(Piaţa Rosetti), 로마나 광장(Piaţa Romană) 등 시내 중심가로 몰려들었다. 누군가는 루마니아 깃발인 삼색기를 휘둘렀는데, 공산당 문양은 도려낸 상태였다. 그리고 이것을 너도나도 따라 하기 시작했다.

시간이 지나면서 더 많은 사람들이 거리로 나왔다. 아마 그때라도 차우셰스쿠가 국민들과의 대화를 시도했더라면 그렇게까지 비참한 최후를 맞지는 않았을지도 모른다. 그러나 여전히 그는 자신의 권력에 의존했고 힘으로 이길 수 있다고 생각했다. 그는 세쿠리타테와 군대를 동원해 시위를 저지하고자 했다.[36] 이 과정에서 다수의 사상자가 발생했다. 총탄에 맞거나 곤봉에 맞기도 했고 칼에 찔리거나 장갑차에 깔리기도 했다. 벨기에 출신 언론인 대니 위예(Danny Huwé)도 총에 맞아 사망하였고,[37] 프랑스 출신 언론인인 장-루이 깔데롱(Jean-Louis Calderon)도 탱크에 깔려 사망했다(후에 이들 기자의 사망을 기려 그의 이름을 딴 광장과 거리가 생겼다). 소방차는 시민들에게 물대포를 쏘았고 경찰은 시민들을 때리고 체포하였다. '다뉴브' 레스토랑 앞에서 바리케이트를 치던 시민들은 자정 이후 정부군에 의해 강제 해산되었다. 총격전은 새벽까지도 계속되었다.

12월 22일 새벽 차우셰스쿠는 두 번째 실수를 저질렀다. 그는 시위가 진압되었다고 믿었기 때문에 도망가기는커녕 아침 회의를 소집해 놓은 상태였다. 그러나 아침 7시 전 산업단지 노동자들이 시위 참가를 위해 대거 도심에 몰려들고 있다는 소식을 들었다. 9시 30분 대학광장(Piaţa Universităţii, University Square)은 시위자들로 가득 찼고 군인과 경찰들도 대거 모여들었다. 그러나 군인과 경찰들은 시위를 진압하기 위해서가 아니라 함께 시위에 가담하기 위해 모여든 것이다. 10시 라디오를 통해 계엄령이 선포되었고 5인 이상의 모임이 금지되었다. 차우셰스쿠는 다시 발코니에 모습을 드러내 연설을 시작했다. 그러나 이는 대중의 분노만 더하게 할 뿐이었다. 상공에 떠 있던 헬리콥터로부터 집에 돌아가 성탄을 준비하라는 내용의 공보물이 뿌려졌다. 당시 식용유 살 돈도 없었던 시민들은 이런 내용의 공보물을 보자 더욱 분노했다.

같은 날 비슷한 시각 바실리 밀레아(Vasile Milea) 국방부 장관이 의문의 죽음을 당했다. 밀레아 장관은 반역의 명분으로 사임된 상황이었는데, 차우셰스쿠는 그의 반역행위가 밝혀지자 자살한 것이라고 주장했다. 여기에 대해서는 여러 이야기가 있다.[38] 차우셰스쿠가 밀레아 장관에게 시위자들에게 발포 명령을 내리자 따르기를 주저하였다는 얘기도 있고,

티미쇼아라 시위 발생시 실탄 없이 군대를 파병한 것에 대해 차우셰스쿠가 탐탁지 않아 했었다는 얘기도 있다. 이런 이유로 군인들은 밀레아 장관이 사실상 살해당한 것이라고 받아들이고 있었다. 공산당 고위간부들은 사실상 차우셰스쿠가 실패한 것으로 보고 더 이상 자신의 부하들이 차우셰스쿠 정권에 충성토록 애쓰지 않았다. 이것이 결국 차우셰스쿠 정권의 몰락을 가져오는 데 결정적인 역할을 하였다.

밀레아 장관의 사망에 대해서는 여러 이야기가 있다. 그의 가족들은 세쿠리타테에 의해 집무실에서 총살당한 것이라도 주장하였지만 그가 자살했다는 이야기도 있었다(이 사건은 한참 후에 공식적으로 조사가 진행되었는데, 조사 결과 그가 스스로 총을 겨눴으며 그가 쏜 총알이 심장을 관통하지는 않았지만 주변 동맥을 관통하면서 사망에 이르게 된 것이라고 결론이 났다). 그의 사망 소식이 알려지면서 수많은 군인들이 시위대 편으로 가세하여 시위 상황은 시위대에게 유리하게 전개되었다. 밀레아 장관 후임으로 빅토르 스턴쿨레스쿠(Victor Stănculescu) 장군이 임명되었다. 스턴쿨레스쿠 장군은 차우셰스쿠 정권과 연루되길 원하지 않았기 때문에 티미쇼아라 시위 진압을 담당할 최고사령관으로 임명되자 병원에 가서 깁스를 하고 깁스를 한 상태로 차우셰스쿠 소환 명령에 나타났다는 에피소드도 전해진다.[39] 그는 군인들에게 다시 복귀할 것을 명령하였고 차우셰스쿠에게는 헬리콥터로 자리를 피할 것을 설득하였다. 화가 난 시위대는 공산당 본부를 점거하기 시작하였다. 시위대의 침입에 스턴쿨레스쿠 장관과 그의 부하들은 저항하지 않았다. 그들은 이미 이온 일리에스쿠(Ion Iliescu)의 편에 서기로 결심하였기 때문이었다.

차우셰스쿠의 두 번째 대중 연설 시도가 실패하자 그는 아내인 엘레

[그림 5-5] 1989년 혁명 당시 TV에서 비춰진 이온 일리에스쿠의 모습
출처: 루마니아 역사박물관

나와 함께 공산당 중앙위원회 건물 옥상으로 피했다. 그때 한 무리의 시위자들이 공산당 중앙위원회 건물로 뛰어들어 차우셰스쿠의 경호원을 제압하고 그의 집무실로 들이닥쳤다. 차우셰스쿠 부부가 타고 있던 승강기가 전력 공급 부족으로 멈춰서자 경호원들이 승강기 문을 열고 그들을 옥상으로 피신시켰다.

22일 11시 20분, 차우셰스쿠의 개인 조종사인 바실레 말루짠(Vasile Maluțan) 중령은 헬리콥터를 타고 궁전광장(Palace Square)으로 진입하여 대통령 일행을 태우고 오라는 지시를 받았다. 말루짠 중령은 궁전광장에 진입하였는데, 시위자들이 그곳을 가득 메우고 있어 착륙이 어렵다고 판단하여 대신 중앙위원회 건물 테라스에 착륙하였다.[40] 그는 차우셰스쿠 일행을 겨우 태우고 차우셰스쿠 별장이 있는 스나고브(Snagov)로 출

[그림 5-6] 차우셰스쿠가 마지막 연설을 하던 공산당 중앙위원회 건물 발코니
출처: 루마니아 역사박물관

발하였다. 그곳에 도착한 후 차우셰스쿠는 말루짠 중령에게 헬리콥터 두 대에 무장 군인들을 가득 태우고 스나고브로 데리고 오라고 지시했다. 그러나 말루짠 중령이 그의 부하에게 지시사항을 전달하자 그 부하는 지금 혁명이 시작되어 수행할 수 없다고 하였다. 하는 수 없이 헬리콥터를 다시 가동시켜 차우셰스쿠를 포함하여 총 다섯 명이 탑승, 스나고브를 떠나 티투(Titu)로 향했다. 티투에 도착할 무렵, 말루짠 중령은 헬리콥터를 수직으로 상승하였다 하강하였다를 반복하면서 차우셰스쿠에게는 지금 헬리콥터가 지상 레이더 사정거리 내에 있어 미사일을 피하기 위해서 필요한 조치라고 거짓말을 하였다. 패닉이 된 차우셰스쿠는 헬리콥터를 착륙시킬 것을 명령했다.[41]

헬리콥터가 착륙한 지점은 피테슈티(Pitești)로 향하는 국도 어느 지점

이었다. 말루짠 중령은 여기서 더 이상 어찌할 방법은 없다고 얘기했다. 차우셰스쿠와 동승했던 세쿠리타테는 지나가는 차를 잡아타고자 정차 신호를 보냈다. 두 대의 차가 멈춰 섰다. 한 대는 임업 관련 공무원이 몰던 차였고, 다른 한 대는 의사가 운전하던 차였다. 의사는 이러한 일에 연루되기 싫어했던 터라 차우셰스쿠를 태우고 가다가 엔진에 이상이 생겼다고 거짓말을 했다. 그러자 자전거 수리공이 몰던 차가 멈춰 서서 그들을 태우고 트르고비슈테(Târgoviște)로 향했다. 차주는 그들에게 마을 끝자락에 위치한 농업기술연구소에 피신시켜 줄 수 있다고 설득하여 그곳으로 데려갔다. 그들이 도착하자 연구소장은 그들을 방으로 안내하고 문을 잠가 버렸다. 차우셰스쿠 일당은 경찰에게 체포되었다. 그리고 바로 트르고비슈테 군부대로 이송되어 그곳에 며칠간 감금되었다.[42]

12월 24일 구국전선(Frontul Salvării Naționale, National Salvation Front: FSN) 위원회 의장 이온 일리에스쿠 는 임시 군법회의를 개최하는 법령에 서명하였다. 대량학살과 기타 여러 죄목으로 차우셰스쿠에 대한 임시 재판이 12월 25일 열렸다. 약 두 시간 열린 이 재판에서 차우셰스쿠 부부는 사형선고를 받았다. 차우셰스쿠는 재판 도중 스턴쿨레스쿠 장군과 비르질 머구레아누(Virgil Măgureanu) 루마니아 정보국장 등을 반역자라고 주장하기도 하였다. 그러면서 이 재판은 합법적인 재판이 아니라고 주장하였다. 보통은 항소할 수 있는 기회가 주어지지만 차우셰스쿠 처형은 바로 진행되었다. 세 명의 낙하산 부대원이 군용 소총을 장착했다. 재판과정과 재판을 받는 차우셰스쿠의 모습은 루마니아와 전세계에 방송되었다. 그러나 처형 장면은 카메라맨이 느리게 이동하는 바람에 생중계 될 수 없었다. 카메라맨은 사형집행이 이루어지고 나서야 현장에 도착했다.[43]

차우셰스쿠 처형 후 궁전광장에 모여있던 국민들은 기쁨에 환호했다. 더욱이 그날은 크리스마스 전날이었다. 그동안 루마니아 국민들은 억눌려 있어서 크리스마스를 즐기지 못했었다. 시민들은 차우셰스쿠의 초상화, 홍보물 등을 창문 밖으로 내던지고 불로 소각하였다. 건물 지붕에는 "루마니아 공산당 영원하라!"는 문구가 게시되어 있었는데 여기서 '공산당'이라는 단어를 떼어 냈다.

그 시각 부쿠레슈티 국제공항에서는 군 병력 간에 서로를 적으로 오인하여 대치가 발생했다. 군트럭 여러 대가 검문소들을 지나 공항 영내로 진입하였다. 마지막 검문소를 통과하는 순간 사방으로부터 총격을 받았고 이 과정에서 40명의 군인과 여덟 명의 민간인이 사망하였다. 생존한 군인들은 공항 수비대에 의해 체포되었다.

차우셰스쿠 몰락과 더불어 새로이 부상한 구국전선은 공산당 간부들 중 차상위 급 간부들이 군 장성들과 도모하여 조직되었다. 그러나 아직 완전하게 권력을 장악한 상태는 아니었다. 여전히 차우셰스쿠 정권에 충성하던 군부는 민간인에게 총격을 가했고 일상생활에서 가장 중요한 곳들을 공격하였다. 공격 대상에는 방송국, 전화국, 신문사, 우체국 등이 대상이었다. 또한 중앙도서관, 미술관, 콘서트홀, 대학 및 대학광장, 공항, 병원, 국방부 등도 공격하였다.

부쿠레슈티 주민들은 12월 22~23일 밤, 거리로 나와 위험한 적들과 싸웠다. 군대는 서로 상반된 명령들을 전달받아 혼란스럽게 서로 싸우는 와중에 사망자들이 많이 발생했다. 탱크와 예비군 병력이 23일 밤 9시에 루마니아 의회 건물(Palace of the Republic)을 보호하기 위해 도착했다. 그사이 전세계로부터 지지의 메시지가 넘쳐났다. 그리고 다음 날에는 식량, 의약품, 의류 등 인도주의적 차원의 물질적 지원도 쇄도했다. 12월 24일 부쿠레슈티는 전시 상황이나 다름없었다. 탱크와 트럭들이 도시를 순찰하고 다녔고, 바리케이트도 설치되었다. 대학광장, 철도역, 궁전광장 주변에서의 총격전도 계속되었다. 그러나 간간이 크리스마스 트리를 가지고 가는 시민들도 눈에 띄었다. 시내 총격은 27일까지 지속되다가 어떤 연유에서인지는 알 수 없지만 어느 순간에서부터는 사라졌다.

루마니아 혁명 과정에서 발생한 사망자 수는 1,104명에 달하고 그중 162명은 12월 16일에서 22일까지 있었던 차우셰스쿠 전복을 위한 시위 기간 중에 사망했다. 나머지 942명은 차우셰스쿠 몰락 이후 구국전선이 주도한 무력 진압 시위 과정에서 사망하였다. 부상자 수 또한 상당했다. 총 부상자 수는 3,352명인데 이 중 1,107명은 차우셰스쿠 전복 시위 기간 중에 나머지 2,245명은 구국전선이 권력을 장악한 이후에 부상당한 수이다. 하나 아쉬운 점은 국립중앙도서관이 불타서 50만 권 이상의 장서와 3천7백 가지의 기록이 소실되었다는 것이다.[44]

루마니아 혁명은 전세계로부터 관심을 받았다. 처음에는 이온 일리에스쿠(Ion Iliescu)가 이끄는 구국전선에 지지를 보냈다. 일리에스쿠는 루마니아 공산당 간부의 일원이자 한때는 차우셰스쿠의 동지이기도 했다. 구국전선은 루마니아 공산당 그룹 중에서 차상위층으로 구성되었는데, 차우셰스쿠 사후 즉시 국가 기구의 통제권을 인수받았다. 여기엔 라디오와 텔레비전 등의 미디어 통제권도 포함되었다. 그들은 미디어 통제권을 정적을 공격하는 데에 사용하였다. 1948년 이전에 설립된 정당들의 후계자임을 자처한 신생정당들이 많이 있었다.

초기 국민들이 보여 준 구국전선에 대한 지지는 1990년대 폭력시위

(Mineriad) 기간 중에 많이 사그러들었다. 대선 기간 동안 야당에서 조직한 대규모 집회가 부쿠레슈티 도심 곳곳에서 발생하였다. 일리에스쿠가 85%라는 압도적인 지지로 재선된 후에도 여전히 반대 시위가 일어났다. 경찰들이 시위자들을 해산시키기 위해 노력했지만 시위는 곧 정부기관에 대한 공격으로 이어졌다. 이에 일리에스쿠는 노동자들에게 도움을 요청하였다. 이에 고무된 노동자들은(주로 광부) 부쿠레슈티로 진격하여 반정부 시위자들을 공격하였다.[45] 민주화 이후 처음 치러진 선거 전날(1990. 5. 20.) 구국전선의 당원이자 일리에스쿠의 정치자문가이기도 한 실비우 브루칸(Silviu Brucan)은 "1989 혁명은 반공산주의 혁명이 아니라 반차우셰스쿠 혁명에 불과하며 일리에스쿠가 루마니아 공산당을 해산한 것은 매우 큰 실수"라고 비판한 바 있다.[46] 소비에트 블록 하에 있던 다른 공산주의 정당들도 스스로 사회민주주의 혹은 민주사회 정당으로 정체성을 다시 구축하고 있던 상황이었다. 그러나 루마니아 공산당은 완전히 소멸되어 역사의 뒤안길로 사라졌다. 그러나 다수의 루마니아 공산당 출신 정치인들은 개인적으로는 루마니아 정치판에서도 살아남았다. 일리에스쿠도 1996년 대선에서는 패했으나 2000년 당선되는 등 2004년 완전히 정계은퇴하기 전까지 10년 이상 루마니아 정치사에 중요한 인물로 남았다.

구국전선은 두 가지 경제모델 중에서 하나를 선택해야 했다. 포스트 공산주의 시대에 동유럽 국가들에게 적용될 수 있는 모델은 두 가지가 있었다. 하나는 급진적인 방식이고 다른 하나는 점진적 개혁방식이라 할 수 있다. 구국전선은 루마니아 국민들이 이미 차우셰스쿠의 긴축정책에 피로감을 느끼고 있다는 것을 알고 있었기 때문에 점진적 개혁방식을 선택했다. 그럼에도 불구하고 신자유주의적 개혁도 진행되었다. 물론 한 번에 진행된 것은 아니었다. 1990년 말까지 상품가격은 자유화되었고 환율도 자유화되었다. 루마니아 화폐인 레우(leu)는 60%나 평가 절하되었다. 국유농장은 개인에게 분배되었다. 민영화 대상으로 삼은 708개의 국유기업 명단도 작성되었다.[47] 1991년 루마니아는 IMF와 협상을 체결하여 국유기업의 민영화를 시작하였다. 관련 법안도 루마니아 의회를 통과하였다.[48] 1992년 총리로 선출된 테오도르 스톨로쟌(Theodor Stolojan)은 긴축계획을 실시하여 임금을 고정시키고 가격은 대폭 자유화시켰다. 그 결과 경제상황이 매우 악화되었다. 인플레와 실업률이 급속하게 악화되었다.[49] 긴축정책은 1995년까지 사회지출을 삭감하는 내용도 포함하고 있는데 긴축정책의 결과 빈곤을 유발하는 결과를 가져왔다.

신자유주의적 개혁은 1996년 개혁 성향의 루마니아 민주 대표자회의(Democratic Convention of Romania)가 정권을 잡은 이후 더욱 가속화되었다. 정부는 지원금을 삭감하고 실업혜택에 대한 개혁을 강조했고 민영화 기업의 수를 늘리는 방식으로 대응해 나갔다.[50]

05

맺음말

루마니아의 혁명은 1989년 12월 16일부터 차우셰스쿠가 처형당한 25일까지 약 10일간 진행되었다. 루마니아 공산정권의 반체제 인사인 라스즐로 퇴케스 신부를 축출하려 하는 데 대한 시민들의 반발이 혁명 발단의 도화선이 되었지만 보다 근본적으로는 경제파탄 및 1인 독재 우상화로 인한 내부적 불만이 극도로 쌓여 있던 상태에서 국민의 분노가 표출된 것이라 할 수 있다. 또한 권력을 독점한 소수의 권력 핵심층을 제외한 나머지 엘리트 계층은 1인 독재 체제의 존속 가능성이 의심되는 상황에서 자신의 이익을 위해 리더 교체를 통한 개혁이 바람직하다고 판단했을 것으로 여겨진다. 시민들로부터 표출된 분노가 엘리트 계층의 이해관계와 혼재되면서 체제 붕괴에 적극적으로 참여하고 독재자를 즉결 처형하는 극단적인 방식으로 혁명이 전개되기에 이르렀다 할 수 있다.

루마니아의 사례는 정권의 리더십이 국가 경제와 국민의 삶의 질에 얼마나 직접적으로 영향을 미치는가를 잘 보여 준다 하겠다. 앞서 루마니아 공산정권이 붕괴하게 된 원인을 크게 두 가지로 언급하였다. 하나는 경제적 빈곤을 꼽을 수 있고 또 다른 하나는 1인 독재 체제의 불합리성을 들 수 있다. 1980년대 초까지만 하더라도 상당한 잠재력을 가진 부유한 농업 국가 루마니아는 외채를 무리하게 갚아 나가려는 차우셰스쿠의 과욕으로 인해 불과 몇 년 만에 유럽 내 최빈곤 국가로 전락하고 말았다. 식량, 가스, 전기, 난방을 배급제로 실시하고 통행금지 및 방송 시간제한 등의 통제는 국민들의 삶의 질을 저하시키기에 충분했다. 더욱이 농민들에게는 개인 소유 땅에서 경작할 농작물과 생산량, 시장 가격까지도 일일이 통제함으로써 농민들이 농업생산성 향상을 위해 노력할 만한 유인책을 모두 없앴다. 이는 루마니아 전체 농작물 생산량에도 부정적인 영향을 미쳤다. 식량난으로 인해 영양실조에 걸리는 사람들이 급속도로 증가하고 유아사망률 또한 유럽 내 최고 수준에 달하였다. 이와 아울러 우상화를 위한 대규모 건설사업과 농촌 체계화 사업은 다수의 거주민들이 집에서 쫓겨나게 만들었다.

25년간 집권한 차우셰스쿠의 1인 독재 우상화는 루마니아 사회를 비정상적인 사회로 만들었다. 차우셰스쿠가 육성한 세쿠리타테는 감시와 도청을 통해 언론의 자유를 제한하고 공산당에 반대되는 의견을 개진할 수 없는 사회로 만들어 버렸다. 인접 국가의 개혁 개방 운동에 관한 뉴스는 원천적으로 봉쇄함으로써 루마니아 국민들은 세상이 어떻게 돌아가는지 알지 못했고 더욱너 도태되는 결과를 가져왔다. 후계자를 키우지 않고 소수 핵심세력만 권력을 나누어 가지다 보니 정치 엘리트 내부적으로도 불만이 쌓일 수밖에 없었고 이는 역설적으로 차우셰스쿠 정권 몰락에 결정적인 역할을 하였던 것이다.

루마니아의 혁명이 발생한 지 30년이 지났다. 차우셰스쿠는 처형되었지만 아직까지도 차우셰스쿠 정권 때 자행되었던 여러 만행들에 대해서는 법적인 처벌이 제대로 이루어지지 않은 채 과거의 기억이 서서히 국민들의 머릿속에서 잊히고 있다고 한다. 그 후 루마니아는 나토(NATO)와 유럽연합(EU)에 가입하였고, 유럽연합의 지원을 받으면서 경제적으로 형편이 훨씬 나아졌다. 그러나 유럽 전반에 걸쳐 만연한 경기침체와 일자리 부족 등은 루마니아에도 예외는 아니어서 루마니아 국민들이 적지 않은 부담을 가지는 것도 사실이다. 2014년에 실시된 한 여론조사에 따르면 40%의 루마니아 국민들이 오히려 공산정권 시절을 그리워하고 있는 것으로 파악되고 있다.[51]

향후 루마니아가 다시 한번 풍부한 성장 잠재력을 지닌 국가로 도약하기 위해서는 과거 청산이 무엇보다 중요해 보인다. 그리고 이와 아울러 루마니아 국민들이 변화된 글로벌 환경에서 과거 지향적이 아니라 미래 지향적으로 살아가기 위해서는 정부 차원에서 시대에 발맞춰 발 빠르게 준비하고 비전을 심어 주는 노력이 필요해 보인다.

제6장

유고슬라비아 체제전환 배경과 기원 연구 : '티토이즘' 붕괴와 '문화적 민족주의' 부활의 관점에서

김철민

유고연방의 체제 전환 배경과 그 기원을 이해하는 데 있어 1980년 5월 티토의 사망은 중요한 요소를 차지한다. 그 이유는 티토의 사망은 곧 유고연방 유지의 핵심이자 구심체였던 '티토이즘'의 실질적인 소멸과 함께, 연방 붕괴를 촉진한 '문화적 민족주의' 부활로 이어졌기 때문이다. 티토는 사회주의 시기 동안 1948년 소련과의 코민포름 분쟁 경험을 통해 구축한 '티토이즘'의 3대 축, 즉 외교정책으로서의 '비동맹주의', 사회·경제정책으로서의 '자주관리제도' 그리고 민족정책으로서의 정치적 민족주의인 '유고슬라비즘'을 바탕으로 유고연방 내 민족 간 갈등들을 조정하고 연방에 대한 충성을 유도해 왔다. 즉, '티토이즘'은 유고연방 내 다양한 민족과 종교로 어우러진 문화적 민족들을 한데 모아 사회주의 이념을 통한 연방 유지의 중요한 핵심이었었다. 하지만 티토의 사망은 '티토이즘'의 완전한 소멸을 불러왔으며, 문화적 민족주의 부활과 함께 연방 해체의 길을 가야만 했다.

1970년대 다극 체제(Multipolar System) 전환과 데탕트(Detente, 긴장 완화) 도래 속에서도 유고연방은 미-소 양대 블록 간 냉전 하에서 제3세계 국가들을 중심으로 티토이즘의 한 축인 '비동맹주의'를 모색할 수 있었다. 하지만 연이은 석유파동들과 소련 블록의 경제위기 그리고 1980년대 미 행정부의 현실주의적 전략 접근이 구체화하면서 위기를 맞이하게 된다. 더불어, 또 다른 축인 '자주관리제도' 또한 1970년대 석유파동 이후 여러 모순점이 드러난 가운데, 1980년대 외채급증과 인플레이션 확대 그리고 대량 실업 사태는 서구로부터의 경제 지원과 함께 결과적으로 '자주관리제도'의 소멸을 불러왔다. 무엇보다도 티토이즘의 마지막 축이었던 '유고슬라비즘'의 붕괴는 여러 분쟁과 함께 유고연방의 해체를 불러오게 된다. '유고슬라비즘'은 유고연방에 대한 충성 유도를 통해 각 민족의 '문화적 민족주의' 대두를 억제하는 데 초점이 맞추어져 있었다. 하지만 티토 사망 직후 불거진 코소보에서의 알바니아인 권리 요구 증대에도 불구하고, 당시 유고연방은 세르비아의 문화적 민족주의 부활을 제어하고 이를 억제할 수 있는 통합 능력과 정치적 지도력이 거의 부재한 상황이었다. 따라서 동유럽 체제 전환의 여파 속에 '세르비아니즘' 부활은 자연스럽게 유고연방의 해체를 불러왔다고 할 수 있다.

본 장에선 동유럽 체제전환 사례 중 유고연방을 중심으로 체제전환의 배경과 그 기원을 분석하고자 했다. 유고연방은 다른 동유럽 국가들과 달리 체제전환 과정에서 내전들과 함께 연방의 해체를 동시에 경험해야 했다. 따라서 유고연방의 체제전환 배경과 기원을 분석하는 데 있어 1980년대 연방의 전반적 정치·경제적 상황과 함께 '티토이즘 각 축의 소멸 배경에 대한 이해는 중요하다 할 것이다. '티토이즘을 통해 유고연방 내 다양한 민족, 문화간 '이질성'을 극복하고자 했던 티토는 사망 이후 1980년대 자신의 업적과 활동에 대한 객관화 작업과 재평가를 받아야 했다. 하지만 체제전환 과정 중 발생한 보스니아 내전 등 여러 분쟁을 지켜보면서, 국제 사회는 다양한 종교와 문화적 모자이크로 구성된 유고연방을 조화롭게 이끌었던 티토의 통솔력과 그 축인 '티토이즘'에 대해 새롭게 조명하고 있다.

이 장은 『동유럽발칸연구』 제44권 2호(2020)에 게재된 "유고슬라비아 체제전환 배경과 기원 연구: '티토이즘' 붕괴와 '문화적 민족주의' 부활의 관점에서"를 수정·보완한 글이다.

01

머리말

제2차 세계대전 이후 소련을 위시한 동구 블록은 정치, 군사, 경제 및 사회, 문화 등 거의 모든 분야에서 미국 등 서구 블록과 체제 경쟁을 진행해 왔다. 하지만 소련이 1980년대 '현실주의(Realism) 전략 접근'을 토대로 한 미국의 강력한 힘(Power)과 군사력 그리고 경제력 등에서 밀리게 되자 동유럽 국가들에서도 체제전환 움직임이 확대되게 된다. 1989년 베를린 장벽 붕괴는 제2차 세계대전 이후로 동유럽을 견고하게 유지해 왔던 사회주의 체제의 몰락을 의미했으며, 이후 동유럽 국가들은 각자의 정치·사회적 상황에 맞추어 기존 사회주의, 공산주의를 벗어나 민주주의와 자본주의로의 체제전환을 진행하여 갔다. 1980년대 사회주의 유고슬라비아 연방(Socialist Federal Republic of Yugoslavia: SFRY, 이후 '유고연방'으로 약칭함) 또한 정치, 경제, 사회와 문화 등 다양한 분야에서 대두되던 체제 위기들이 자유주의와 민주주의 분출 그리고 민족주의를 향한 대중들의 욕구 분출과 맞물리며 체제전환을 맞이해야 했다.

　제2차 세계대전 이후 수립된 유고연방은 한 개의 연방 국가 안에 두 개의 문자(라틴과 키릴문자), 세 개 주요 종교와 문화(정교, 가톨릭, 이슬람), 여섯 개 주 민족(세르비아인, 크로아티아인, 슬로베니아인, 보스니아 무슬림, 마케도니아인, 몬테네그로인)과 두 개 소수민족(알바니아인, 헝가리인) 그리고 여섯 개 공화국(슬로베니아, 크로아티아, 보스니아-헤르체고비나, 세르비아, 몬테네그로, 마케도니아)과 두 개 자치주(보이보디나, 코소보)로 구성된 동유럽에서도 대표적인 '종교와 문화의 모자이크' 국가였다. 이러한 모자이크는 과거 2천 년간 이어진 이 지역의 역사적 배경에서 기인한다. 유고 지역은 보스니아를 경계로 고대 동·서 로마 제국과 양대 크리스트교(로마교회의 가톨릭, 콘스탄티노플 교회의 정교) 분기점에 자리했었다. 14세기 이래로 오스만 터키 제국은 유럽 진출을 확대했지만, 제2차 비엔나 공략(1683)이 실패한 이후로 오스만 터키는 합스부르크(1867년 이후 오스트리아-헝가리 이중제국)와 스렘스키 카를로브찌(Sremski karlovci) 조약(1699)을 맺어야 했다. 이후로 오스만 터키의 유럽 진출과 위협은 사라지게 되었다. 양 제국 간 조약 결과 유고 지역은 보스니아를 경계로 양대 제국의 국경선에 자리하게 된다. 이때 이후로 이곳은 1054년 분리된 동·서 교회 접합점뿐만 아니라 이슬람 문화권 교차지점에 자리함으로써 가톨릭, 정교, 이슬람 등 세계적인 종교와 문화적 충돌지역이 되게 된다. 무엇보다도 유고 지역의 지전략적 중요성은 고대 이래로 오늘날까지 여러 강대국의 간섭 증대와 함께 이 지역이 주요 전장이 되는 배경을 제공했다. 그리고 이것은 자연스럽게 유고 지역 민족 간 분열 및 해체 욕구를 자극하였다고 할 수 있다. 역사적 배경에 따라 형성된 합스부르크하의 슬로베니아, 크로아티아, 반면 오스만 터키 제국하 세르비아, 몬테네그로, 마케도니아, 보스니아 등 양 제국 지역은 19세기에 들어와 산업혁명과 르네상스 경험 여부에 따라 정치, 경제는 물론 사회적으로 양분되어야 했다. 그리고 이러한 기초적 토대들은 자연스럽게 사회주의 기간에도 그대로 이어져 유고연방 내 민족 간 정치·경제적 분열 위기와 함께 사회·문화적 긴장 등이 그대로 내재하는 문제점으로 이어졌다.

사회주의 시기 동안 유고연방이 복잡한 '종교와 문화의 모자이크' 그리고 정치·경제·사회적 이질성을 극복하고 그나마 연방을 유지할 수 있었던 배경에는 티토의 카리스마와 그의 정치 철학을 담은 '티토이즘'이 자리한다. '티토이즘'은 사회주의 주도권을 둘러싸고 일어난 1948년 '코민포름(Cominform, Informbiro) 분쟁'에서의 소련과의 갈등 촉발 이후 유고식 사회주의 정책 수립의 필요성에 따라 만들어졌다.[1] 유고연방을 지탱해 준 중요 토대였던 '티토이즘'은 1950년대 한국전쟁에서의 경험, 흐루쇼프의 '베오그라드 선언'(1955)과 티토의 '모스크바 선언'(1956) 그리고 이에 따라 수립된 '사회주의로 가는 각자의 길'을 그 기초로 했다.[2] '티토이즘'은 크게 세 가지 축으로 구성된다. 그중 첫째는 자본주의 일부 시스템을 도입한 것으로 하부 구성원들의 의지와 결정을 기초로 중앙정부는 단지 조정자 역할만을 담당했던 '경제와 사회정책'인 '자주관리제도(Self-management, Samoupravljanje)'를 들 수 있다. 둘째는 '외교정책'으로 냉전(Cold War)하에서 자유주의와 민주주의를 표방하는 미국 블록인 제1세계와 사회주의, 공산주의를 지향하는 소련 블록인 제2세계 어느 쪽에도 휩쓸리기를 거부하는 제3세계 블록 구성 원동력인 '비동맹주의(Non-Alignment Policy, Politika nesvrstanosti)'이다. 마지막 축은 '민족정책'

으로 종교·문화적으로 복잡한 유고연방 내 민족들을 하나로 통합하고 혈통과 종교, 언어 등 문화적 요소가 아닌 연방에 대한 충성 등 정치적 요소를 강조한 '정치적 민족주의(Political Nationalsim)'인 '유고슬라비즘(Yugoslavim, Jugoslavizam)'를 들 수 있다.[3]

이 장에선 유고연방 사례를 중심으로 동유럽 체제전환 배경과 기원에 대해 분석하고자 한다. 특히 1980년 5월 티토(Josip Broz Tito, 1892~1980) 사망 이후 전개된 티토 재평가 확산과 경제위기가 어떤 결과로 도래하게 되었는지, 이런 과정에 공화국 간 논쟁과 갈등이 '티토이즘(Titoism, Titoizam)'의 여러 축을 어떻게 붕괴시켰는지, 그리고 티토 체제 아래에서 사회주의 이념 아래 잠재됐던 '문화적 민족주의(Cultural Nationalism)'가 어떤 과정을 통해 부활했고, 이것이 유고연방 붕괴에 어떻게 작용했는지에 대한 연구를 통해 유고연방의 체제전환에 대한 전반적 이해를 돕게 될 것이다.

02

비동맹주의와 자주관리제도,
의미와 쇠퇴

20세기 초 1:99라는 자본주의 속성의 문제점, 즉 소수 부르주아의 자본 독점에 저항해 일어났던 프롤레타리아 혁명에 기초한 사회주의 체제는 아이러니하게도 경제위기와 체제 내 모순으로 인해 체제의 막을 내리게 된다. 실제 동유럽 국가들의 체제전환 욕구는 1980년대부터 본격적으로 대두된 경제위기와 함께하고 있었다. 다만 유고연방의 경우 체제전환 양상이 민족 간 내전 촉발과 연방 붕괴로 이어졌다는 점에서 다르다 할 것이다. '티토이즘'의 구성 요소 중 '비동맹주의'와 '자주관리제도'는 1960년대와 1970년대 동안 유고연방의 경제발전을 일으키고 유지하는 데 있어 중요한 축이었다. 하지만 1980년대 '냉전(Cold War)' 약화라는 국제 역학 구도 변화와 경제위기 대두 속에 이 두 가지 축은 붕괴하였고, 이것은 유고연방 해체와 체제전환의 배경을 제공해 주었다.

'비동맹주의' 수립을 향한 티토의 의지는 1948년 '코민포름(Cominform,

Informbiro) 분쟁'과 '한국전쟁'(1950. 6.~1953. 7.)에서의 경험이 그 기초가 되었다. 유고연방은 코민포름 축출 이후 서방의 지원과 강력한 반(反)체제 인사 검거를 통해 정권의 안정을 도모할 수 있었다. 어느 정도 안정기에 접어들자 티토와 그의 추종자들은 스탈린(Joseph Stalin, 1878~1953, 재임 1922~1953) 체제가 막스(Karl Marx, 1818~1883) 이론과 비교해 어떤 문제점을 지녔는지, 그리고 그 차이점은 무엇인지 등에 관해 연구하기 시작하였다. 이에 따라 질라스(Milovan Đilas, 1911~1995), 카르델리(Edvard Kardelj, 1910~1979) 그리고 키드리취(Boris Kidrič, 1912~1953) 등을 중심으로 막스 이론 연구가 활발히 일어났다.[4] 냉전하 국제 역학 구도하에서 양대 블록으로 들어가기 어려웠던 유고연방은 외교적으로 새로운 독자 노선 구축을 희망하였고, 한국전쟁은 제3세계 블록 형성을 향한 의지와 가능성을 확인시켜 주게 된다. 1950년 1월부터 유고연방은 UN 안보리 비상임 이사국으로서 한국전쟁의 주요 결정에 참여하였고, 10월엔 의장국을 수행하였다. 당시 유고연방은 UN 안보리에서 인도와 이집트 등 각 비상임 이사국의 투표 성향과 의견 개진을 통해 자신과 비슷한 입장과 상황을 지닌 국가들의 외교 전략을 확인할 수 있게 된다.[5] 이를 토대로 티토는 3세계 블록 구축을 통해 '비동맹주의 아버지'로 불렸으며, 양대 블록 간 냉전하에서 비동맹주의 외교를 통해 외교 분야 외에도 경제적 지원과 함께 사회, 문화 등에서 여러 국익을 도모할 수 있었다. 무엇보다도 이것은 티토 생존 시 유고연방의 경제를 일으키고 활성화하는 데 큰 동력이 되었다고 할 수 있다.[6] 티토이즘의 한 축인 외교정책으로서의 '비동맹주의'는 1953년 3월 스탈린 사망 이후 1955년 6월 흐루쇼프(Nikita Khrushchev, 1894~1971, 당서기장 1953~1964)의 베오그라드 선언

(Belgrade Declaration, Beogradska deklaracija)과 1957년 11월 '사회주의의 각자의 길'을 선언한 티토의 '모스크바 선언'으로 그 기틀을 보장받을 수 있었다.

'자주관리제도'는 1948년 6월 '코민포름 분쟁'으로 대변되는 스탈린과의 갈등과 소련의 중앙집중식 계획 경제에 대한 저항으로 일어났다. 1950년대 말부터 대두된 노동 및 경제 분야에서의 '자주관리제도'는 노동자들의 경영 참여와 창의적 아이디어를 통한 기업 활성화에 초점을 맞추었으며 이후 한동안 유고연방의 경제 목표 달성에 큰 도움이 되었다. 이후 '자주관리제도'는 1963년 신헌법 도입에 따라 '시장 사회주의(Market Socialsim, Tržšte socijalizam)' 등 서구 자본주의의 새로운 경제요소들이 첨가되면서 사회 전 분야로 확대되는 등 '사회적 자주관리제도'로 발전 정착되게 된다. 이것은 유고연방이 다른 동유럽 국가들보다 더 자유로운 토론 분위기와 함께 지방 분권적 체제를 구축하는 계기가 되었다. 하지만 이 제도는 1970년대 두 차례 불어닥친 석유파동(Oil Shock)에 따른 세계 경제위기 속에 큰 위기를 맞게 된다. 다른 국가들처럼 유고연방 또한 석유파동 여파로 신속한 기업 구조조정과 경영 환경 개선이 시급하게 요구되었지만, 노동자 권익과 구성원들의 결정에 따른 상향식 의사 결정 시스템은 유고연방 내 경영 환경 개선을 미루게 한 주요 요인이 되었다. 실제 1970년대 중반에 들어와 '자주관리제도'에 따른 지나친 노동자 권익 보호 및 새로운 기술 개발과 도입 주저는 심각한 노동 생산성 저하 문제를 불러왔고, 1980년대 경제위기의 주요 배경이 되게 된다.

석유와 가스 등 생산원료가 부재한 유고연방에 1970년대 불어닥친 제1·2차 석유파동(1973. 10.~1974. 3., 1979)는 자연스럽게 경제 모든 분야의 실적 악화로 이어졌다. 제1차 석유파동 당시 유고연방은 이를 극복하기 위해 원가 절감이 포함된 제6차 5개년 계획(1976~1980)을 야심 차게 추진했었다. 하지만 이란 혁명(1978. 1.~1979. 2.)과 이란-이라크 전쟁(1980. 9.~1988. 8.) 여파로 불어닥친 제2차 석유파동(1979)은 유고연방의 경제재건 의지를 실패로 돌아가게 했다. 이런 가운데 1981년 3월, 남부-북부 공화국 간 경제적 불균형 문제와 외채급증 관련 논쟁이 확대되었고, 제2차 석유파동 여파 속에 제7차 5개년 계획이 겨우 수립될 수 있었다. 제7차 5개년 계획은 제6차 계획보다는 저성장을 목표로 했지만, 이 또한 세계 경제가 성장한다는 것을 전제로 한 것이었다. 1982년 단기 경제개선안이 발표되었고, 여기에서 외환통제와 소비재 수요억제, 수출 확대를 위한 20% 디나르 평가절하가 결정되었다. 그나마 1980년대 초반에는 세계 경제의 완만한 성장 속에 인플레이션과 외채 증대 억제 계획은 어느 정도 실천될 수 있었다. 그러나 지역 간 경제 격차 문제 해소는 실패로 돌아가야 했다. 더불어 티토 사망과 '비동맹주의' 퇴색 이후 서구로부터의 지원과 차관도입이 미비한 가운데 공화국 간 경제협조 미비와 이기주의에 따른 중복투자로 인한 손실증대로 인해 결과적으로 제7차 5개년 계획 달성도 실패한다. 1980년대 경제위기 대두 속에 '자주관리제도'에 따른 구조조정 실패와 최신 기술 도입 미비로 인한 경제 토대 약화 그리고 디나르 평가절하는 1980년대 유고연방의 국제신인도를 급속히 악화시켰다. 그리고 이것은 1980년대 유고연방이 체제를 유지하기 어려울 만큼 극도의 경제위기와 함께 다양한 정치·사회문제를 불러오게 하였다.

03

1980년대 경제위기와
티토이즘 붕괴

1980년대 유고연방의 경제위기는 초기엔 외채 문제로 시작되어, 중기 이후론 급격한 인플레이션과 실업률 문제로 확대되었다. 냉전 동안 유고연방은 '비동맹주의' 혜택으로 다른 동유럽과 비교해 서구의 대규모 차관 유입이 더 쉬운 편이었다.[7] 하지만 경제계획 수행을 위해 서구로부터 들여온 차관과 이에 따른 이자는 티토 사망 이후인 1980년대에 들어와 연방정부 감당 수준을 넘어선 수치로 늘어나 있었다. 실제 제1·2차 석유파동 이후 연방정부의 외채 규모는 매년 20%씩 상승하고 있었으며, 1982년 국가 부채는 이미 20십억 달러에 달한 상태였다. 이 수치는 당시 유고연방 전체 GDP의 약 1/3에 해당하는 액수였다.[8]

[표 6-1] 사회주의 시기 유고연방의 경제 현황

(단위: 십억 달러, %)

구분	외채	인플레이션	국가GDP	실업률
1965년	1.2	34.6	–	6.6
1971년	3.2	–	15.8	6.7
1973년	4.7	20	21.5	8.1~9.1
1980년	8.9	27	70	13.8
1982년	20	40	62.8	14.4
1987년	21.96	167	84.6	16.1
1989년	17	2,700	129.5	15
1991년[9]	18	164	120.1	16

출처: Wikipedia

[표 6-2] 1980~1991년 유고연방의 실질 GDP 성장률 변화 추이

(단위: %)

구분	GDP 성장률	구분	GDP 성장률
1980년	2.3	1986년	4.1
1981년	1.4	1987년	−1.8
1982년	0.5	1989년	1.5
1983년	−1.4	1990년	−11.6
1984년	1.5	1991년	−6.3
1985년	1		

출처: Wikipedia

[표 6-1]을 토대로 보더라도 1970년대까지 유고연방의 외채 수준은 그리 큰 문제가 아니었다. 1971년 통계를 볼 때 당시 외채는 국가 GDP 의 약 20.11%로, 이 수치는 당시 영국 67.95%, 미국 46.64%과 비교했을 때 매우 건실했으며, 독일 17.87%과 비교하더라도 매우 안정된 수치였

다. 하지만 제1·2차 석유파동 여파를 극복하지 못한 채 맞이한 1980년대 외채는 [표 6-1]과 [표 6-2]에서도 보이듯 이미 유고연방이 감당하기 어려울 정도로 늘어나 있었으며, 실질 GDP 또한 마이너스 성장으로 심각한 경제적 위기에 직면해 있었다.[10] 이를 해결하기 위해 당시 크로아티아 출신으로 연방집행위원회(Savezno Izvršno Veće: SIV, Federal Executive Council) 총리이던 플라닌쯔(Milka Planinc, 1924~2010, 재임 1982~1986)와 그 뒤를 이었던 보스니아 내 크로아티아 출신인 미쿨리치(Branko Mikulić, 1928~1994, 재임 1986~1989. 3.)는 충격요법(Shock Therapy)에 가까운 고강도 긴축 정책을 도입하게 된다. 이들은 그 대가로 채권국들에 채무 탕감을 요구하는 새로운 외채 협상을 시도하였다. 1982년 5월 IMF는 파리클럽에 모인 서구 진영 채권국들과 함께 유고연방의 강도 높은 구조조정과 긴축 정책을 전제로 한 채무 탕감에 동의해 주었다. 하지만 이런 결정들은 유고연방 구성원 간의 갈등을 더욱 확대하는 결과를 초래했다. 가정마다 월 40리터까지의 기름만 제공되었으며, 자동차 사용 또한 격일제로 운영되었다. 하지만 그 효과는 미비하였고 고강도의 긴축 정책과 구조조정은 오히려 유고연방 내 공화국 간 불신과 논쟁 그리고 연방정부에 대한 불신 속에 불만 확대를 불러왔으며, 곧이어 연방 해체 위기로 발전하게 된다.

충격에 가까운 긴축 재정 및 구조조정을 시행한 연방정부는 이와 함께 디나르(Dinar)화의 39% 대폭 평가절하를 단행하였다. 유고연방은 이를 통해 수출증대 및 국제 수지 호전을 꾀하였지만, '자주관리제도' 후유증에 따른 낮은 노동 생산성과 제조업 경쟁력 저하로 인해 단기간의 착시 효과로 끝나야 했다. 극단적인 평가절하 조치에 따라 1979년 1달러당 15디나르는 1985년에는 1달러당 1,370디나르가 되었다. 하지만 1980년대 들어와 유고연방은 이미 전체 수출에서 얻어 들인 외자수입의 약 절반 정도를 외채 상환에 쓰여야 하는 상황에 직면해 있었다. 이것은 국민 개인 소득이 디나르 평가절하 조치 이전에 대비해 약 19.5%가 감소하는 결과를 불러왔다.[11] 플라닌쯔 총리는 1986년 2월 퇴임 직전 IMF에 다시 한번 긴급 자금을 요청함으로써 국가 부도를 막고자 노력했다.[12] 하지만 단기간의 수출증대 효과가 끝나자 곧이어 대규모 인플레이션과 실업자가 양산되었다. 1970년대까지 10% 전후였던 실업률은 1980년 13.8%를 기록한 이후 계속 확대되어 1987년에는 16%가 넘는 상황에 이르게 된다. 실업자 중 약 60%는 20대로 이것은 심각한 사회 문제와 함께 정부에 대한 불만 확대로 이어졌다. 여기엔 당시 약 1백만 명의 재외 근로자가 포함되지 않은 수치였다는 점에서 문제의 심각성이 더욱 자리하고 있었다.[13] 유고연방은 '비동맹주의' 효과로 다른 어떤 동유럽 국가들보다 많은 수의 유고 건설 회사들이 해외에 진출해 있었고 건설 회사에서 일하는 재외 근로자들이 서유럽 외에도 중동, 아프리카의 대규모 인프라 건설 현장에 참여하고 있었다. 하지만 이 또한 1980년대 유가 하락에 따른 중동 건설 일감의 급격한 감소와 함께 한국과 같은 경쟁국들의 참여로 어려움을 겪어야 했다.[14]

  1987년 이후 유고연방의 외채 문제는 고강도 긴축 정책과 환율 정책에 따라 어느 정도 안정을 찾을 수 있었다. 하지만 이번엔 인플레이션이 심각한 문제로 등장했는데, 1987년 인플레이션은 이미 167%에 그리고 1989년엔 2,700%에 달하고 있었다. 급상승한 인플레이션에 따라 상품 수입과 해외여행 시 인플레이션을 참작한 일정 금액의 보증금을 국가에

맡겨야 하는 상황에 이르렀으며, 은행들의 연이은 도산 속에 기업들의 폐업 또한 증가하고 있었다.[15] 이때 이후로 TV와 세탁기 등 가전제품은 물론 커피와 세제, 초콜릿 등 기본 생활용품 또한 물품이 크게 부족하였고, 외자 부족에 따른 원료 수입 어려움과 긴축 정책에 따라 정전 상황이 자주 반복되어야 했다. 1988년도에는 서구에서 빌려 온 외채가 유고연방 전체 GDP의 1/3에 달하는 약 21십억 달러에 이르는 등 유고연방의 경제를 더욱 힘들게 하였다. 1989년 베를린 장벽이 붕괴한 직후 유고연방의 경제는 더욱 심각해져 인플레이션은 일시적으로 순간 1,000% 이상 급상승하는 상황이 초래되기도 했다.[16]

1980년대 초 외채 문제로부터 시작된 위기는 1980년대 말에 들어와 급격한 인플레이션 상승으로 이어졌다. 경제 붕괴 위기 속에 크로아티아 사업가 출신으로 연방 집행위원회 총리가 된 마르코비치(Ante Marković, 1924~2011, 재임 1989. 3.~1991. 12.)는 미국에 새로운 재정지원을 요청했다. 그는 그 대가로 민영화 프로그램 도입, 디나르 화의 대량 평가절하와 외국기업 투자 자유화, 임금동결과 정부지출축소를 약속해야 했다. 무엇보다도 그가 한 약속의 핵심에는 연방 내 모든 기업에 있어 '자주관리제도' 폐기가 담겨 있었다. 이것은 각 분야에서 대규모 구조조정을 전제한 것으로 티토이즘의 사회·경제정책인 '자주관리제도' 포기를 의미한 것이었다. 1989년 12월, 유고연방 의회에서 마르코비치가 제시한 24개 경제 개혁 프로그램 중 17개 법안이 통과되었다. 이 개혁안 중 가장 시급한 핵심 내용은 인플레이션과 환율 안정이었다. 1990년 초 유고연방 내 은행들의 전체 부채는 약 20억~30억 달러로 추정되었고, 미국을 비롯한 서구에서 은행 적자 해소와 새로운 환율 정책 추진을 위한 10억 달러

긴급 자금이 연방정부에 제공되었다. 이후 이 국가들은 유고연방이 약속된 대로 경제 안정 프로그램을 작동할 시 40억 달러 자금을 제공할 것이라는 점 또한 약속해 주었다.[17]

긴급 자금을 바탕으로 환율 안정과 함께 인플레이션을 잡기 위해 유고 정부는 1990년 임금동결과 함께 '신 디나르(New Dinar, Novi dinar) 정책'을 추진하였다. 이에 따라 기존 1만 디나르가 1디나르로 되었으며, 디나르 환율 또한 유럽에서 가장 안정적이라 평가받던 독일 마르크(Mark)화에 고정으로 묶여졌다. 서구의 지원과 획기적인 정책 결과 인플레이션이 잠시나마 잡힐 수 있었고, 서구와의 외환 거래 또한 어느 정도 안정을 찾을 수 있었다. 실제 1990년 4월까지 인플레이션은 거의 0%에 가까웠고, 수출입 증대 속에 보유 외환 또한 약 30억 달러가량 증대하였다. 하지만 1990년 말에 들어와 산업 생산량은 작년 대비 이미 −8.7%가량 떨어져 있었고, 이런 가운데 인플레이션이 다시 확대되어 약 120%까지 상승하게 된다. 곳곳에서 임금 체불이 일상화되는 등 경제 전반에 위기감이 확대되는 가운데, 세르비아와 보이보디나주 등은 연방정부의 인플레이션 억제 정책 등 경제 안정 프로그램이 너무 많은 고통을 부담시킨다는 이유를 들어 이를 거부하는 등 지방 정부의 중앙정부를 야한 불신감이 팽배해지고 있었다.

외채급증과 환율 문제, 인플레이션과 실업률 급상승 등 거의 모든 분야의 동시다발적 경제위기는 유고연방 존속에 대한 회의감을 증폭시켰다. 무엇보다도 탁월한 외교 능력과 민족 간 통합을 끌어냈던 티토의 죽음은 1980년대 경제위기의 또 다른 중요 배경을 형성했다. 1980년대 전반적인 경제적 어려움 확대와 함께 누적된 지역 간 경제 불균형 심화는 연방 유지와 단결에 커다란 부담감이 되고 있었다. 저개발 지역 지원 정책이 실패로 돌아갔음이 판명되자 상대적으로 부유한 북부지역 공화국들은 더 이상의 경제적 지원을 거부하였다. 이것은 남부 지역 공화국들의 불만과 위기를 더욱 불러왔다. 하지만 티토 부재와 '티토이즘' 붕괴로 이를 해소하거나 중재할 매개체가 사라진 가운데 결과적으로 연방 유지를 둘러싼 각 공화국 간 갈등과 연방 해체 논쟁이 촉발되었다.

04

티토 재평가 확산과
유고슬라비즘의 약화

1980년 5월 4일, 유고연방의 구심점이었던 티토가 사망했고, 이것은 곧 '티토이즘'의 붕괴를 의미했다. '비동맹주의' 퇴색으로 서구로부터의 지원이 약화 된 가운데, 1980년대 심각한 경제위기 대두는 '자주관리제도'의 자연스러운 소멸 또한 불러왔다. 사회주의 유고연방을 유지해 주었던 '티토이즘'의 두 개의 중요한 축이 사라지게 된 것이다. 이와 함께 1980년대는 티토의 사망 이후 '티토이즘'의 마지막 축인 '유고슬라비즘' 마저 퇴색하던 시기였다. 이것은 곧 각 민족의 다양한 종교와 언어 그리고 각자의 다른 역사, 혈통, 관습에 근거한 '문화적 민족주의'가 확대된다는 것을 의미했다. 앞서 분석했던 바와 같이 1980년대 초부터 상승하던 경제위기는 공화국 간 이기주의와 단기 정책들로 인해 대부분 실패하였고, 이에 대한 불만은 각 민족의 권리 요구가 담긴 발언과 시위들로 이어졌다. 그 결과 과거 당 강령이자 사회주의에 기초한 '형제애와 단결

'(Brotherhood and Unity, bratstvo i jedinstvo)'을 강조하던 구호는 사라졌고, 하나의 유고슬라비아인(Yugoslav, Jugosloveni)을 중시하던 '유고슬라비즘' 이상 또한 비판받는 상황에 이르고 있었다. 이러한 '유고슬라비즘'의 퇴색과 비판은 티토가 생전에 다른 종교와 문화 속에 여러 민족이 평화롭게 공존할 모델로 구축했던 유고연방의 위기로 이어지게 된다.

'유고슬라비즘'의 퇴색 조짐은 코소보 공화국을 주장하던 코보소 내 알바니아인 시위와 그 진압 과정에서 대두되었다. 그리고 코소보 문제 해결을 둘러싼 각 민족 간 논쟁은 과거 티토 정책들에 대한 비판과 함께 그에 대한 재평가 작업으로 이어지게 된다. 1983년 10월, 자그레브에 모인 크로아티아 역사가들은 세르비아 출신의 정치가인 코쉬투니짜(Vojislav Koštunica, 1944~, 대통령 2000~2003, 총리 2004~2008)와 베오그라드 법대 교수이자 훗날 ICTY 대변인을 역임한 챠보쉬키(Kosta Čavoški, 1941~)가 쓴『당의 다원화 또는 단일화(Party pluralism or monism, Stranački pluralizam ili monizam)』란 책을 두고 토론하였다. 코쉬투니짜와 챠보쉬키는 이 책을 통해 1944년부터 1949년 사이 사회주의 운동과 정치체계를 설명하면서, 당시 '유고슬라비아 인민전선(People's Front of Yugoslavia: PFY, Narodni front Jugoslavije: NFJ)'이 민주주의를 억누르는 중요 기구로 활용되었다는 비판을 제기하였다. 즉, 이것은 티토의 초기 정책들에 대한 비판을 의미했다. 점차 이 논의는 확대되어 크로아티아 지식인들은 세르비아 민족주의자들과 군부가 주장하는 중앙 집중화된 연방 체계 문제점을 지적하면서, 경제, 사회 그리고 정치적 다원주의에 기초한 지방 분권화가 유고연방이 추구해 왔던 자주 관리화된 정치체계를 더 보호해 줄 수 있을 것이라는 목소리로 이어졌다. 이들은 카르델리(Edvard Kardelj,

1910~1979)[18]가 주도했던 자주 관리화된 노동자 이익을 위한 다원주의의 의미를 되새기면서, 동시에 '신계급(New Class, Nova Klasa)' 논쟁으로 숙청당했던 질라스의 정치적 자유를 향한 업적을 또한 찬양하였다. 티토의 파르티잔(Partisan, partizan) 동지이자 한때 당내 핵심인사였던 질라스는 '코민포름 분쟁'(1948) 이후 스탈린식 중앙집권적 사회주의 체제와 다른 새로운 이론 연구 중 공산당 내 새로운 계급 즉 노멘클라투라(Nomenkulatura)가 존재함을 확인하였다. 그는 진정한 사회주의로 가기 위해선 일당 독재가 아닌 민주 사회주의당 건설 등 다당제 필요성을 역설했고, 여러 차례 수감 중에도 1955년 『신계급(The New Class)』 그리고 1962년 『스탈린과의 대화(Conversation with Stalin)』 등을 출간하며 공산주의 현실과 체제 모순점을 통렬히 비판했던 인물이다.[19]

티토 재평가 작업의 이면에는 1980년대 코소보 알바니아 시위 진압을 통해 확대되던 군부의 영향력 급증을 경계하려는 의도 또한 담겨 있었다. 더불어 군부 등 중앙정부로의 지나친 권력 집중으로 세르비아의 지나친 권리 주장이 확대할 수 있다는 의구심도 주요 배경 중 하나였다. 즉, 1966년 란코비치(Aleksandar Ranković, 1909~1983, 부통령 재임 1963~1966) 사건[20] 같은 것들이 재발했을 때 연방이 붕괴할 수 있음을 경고하는 의미를 지니고 있었다. 실제 당시 군 수뇌부의 상당수는 세르비아계가 장악하고 있었으며, 티토 사망 이후 급속히 확대되던 세르비아 민족주의 움직임이 연방의 와해를 가져올 것이라는 우려가 증폭되던 상황이었다. 실제, 1991년 통계에 따르자면 연방군 와해 이전 이미 군 장교와 군사 전문가의 약 70%가 세르비아인과 몬테네그로 출신으로 채워져 있었는데 이것은 사회주의 유고연방 안에 이 두 민족이 약 38.8% 인구수를 차지했던 것과 비교하자면 매우 높은 수치였다. 공산당 내 여러 의견과 갈등 확산 속에 군부는 '유고슬라비즘'의 기치 아래 유고연방을 유지할 수 있는 거의 유일한 정부 조직체로 남아 있었다.

세르비아에서의 티토 재평가 움직임은 더 크게 대두되었다. 1981년 세르비아 시인이자 급진적 민족주의자로 유고 내전과 보스니아 내전 당시 세르비아 전범들의 행위를 적극 지지하기도 했던 죠고(Gojko Đogo, 1940~)는 "티토는 데디녜(Dedinje, 베오그라드 내 티토 관저가 있던 곳)의 늙은 쥐에 불과했다."라며 원색적으로 비난한 뒤 감옥에 투옥되어야 했다. 하지만, 이것을 시작으로 티토의 파르티잔 동지로 정치가이자 역사학자였던 데디예르(Vladimir Dedijer, 1914~1990) 등 세르비아 학자들의 티토 재평가 움직임이 뒤를 이었다. 1984년 4월, 28명의 일단의 반(反)체제 인사들이 군에 의해 체포되었고, 이어 6월에는 보스니아 출신의 세르비아인이자 대학 강사로 세르비아 민족주의를 부르짖던 쉐셸리(Vojslav Šešelj, 1954~)가 그의 활동과 주장들이 연방의 안정을 해치고 사회질서를 어지럽힌다는 이유로 체포되어 8년형이 선고되었다. 쉐셸리 투옥 사건은 1984년 '사라예보(Sarajevo) 동계 올림픽'과 맞물리며 국제 사회의 많은 관심을 받게 되었고, 뒤이은 국제 인권 협회 등의 압력에 따라 1986년 3월 석방조치가 내려져야 했다. 하지만 그는 이후에도 스스로 제2차 세계대전 당시 티토가 이끌던 파르티잔과 싸웠던 세르비아 민족주의 단체인 체트니크(Chetnik, četnik) 대원이라고 표방하는 등 세르비아에서 티토격하 움직임과 문화적 민족주의 목소리는 더욱 커졌다.[21]

세르비아 내에서도 군부의 지나친 간섭과 정치 개입에 대한 불만들이 있었지만, 과거와 달리 구심점 부재 속에 각자의 정치적 이해관계와 목소리만을 내고 있었다. 1984년 5월 15일, 제3기 '집단대통령(Collective Presidency, Kolektivno predsedništvo)' 체제(1984. 5. 15.~1989. 5. 15.)가 시작되었다.[22] 이와 함께 당 수뇌부의 대폭 교체가 이루어지게 된다. 하지만, 여전히 혁명세대들이 다수를 차지하고 있었고, 무엇보다도 이들에겐 1980년대 대두되던 시급한 문제들을 해결할 능력이나 새로운 이상들이 보이지 않았다. 실제 1982년 5월 16일, 크로아티아 출신으로 '연방 집행위원회' 의장(1982. 5. 16.~1986. 5. 15.)이 된 플라닌쯔는 1971년 '크로아티아 봄' 당시 시위 주동자 체포에 주도적인 역할을 했던 인물이기도 했다. 그녀의 임명은 크로아티아 민족주의자들의 강한 반발을 불러왔다. 플라닌쯔는 1980년대 주요 이슈였던 경제문제를 해결할 이상과 능력을 지니지 못했었다. 따라서 그녀는 임기 동안 경제가 매년 10% 이상 추락하고 있었지만, 오직 사회주의 정치체제 고수와 중앙집중에 기초한 연방 존속에만 더 몰두했었다.

티토 사후 확대된 1980년대 티토 업적들에 대한 재평가와 재해석 문제는 자연스럽게 '유고슬라비즘'의 퇴색을 불러왔다. 당 시대의 사회, 문화상을 그대로 담아 왔던 문화와 예술 분야에서 또한 티토 재평가를 다룬 새로운 실험 영화 및 예술 행위들이 등장하였고, 티토시대 당시 행해진 사회주의 체제의 경직성과 모순점 등을 고발하는 문화 사조가 주류를 이루었다. 실제 1980년대 티토 재평가 작업과 일련의 격하 움직임은 그대로 유고 내 모든 사회·문화적 현상으로 대두되게 된다. 과거 금기시되었던 티토의 여러 정책과 사회, 정치, 경제생활 전반에 대한 대중 간 비판이 확대되었으며, 이것들은 예술 작품들에 그대로 표현되기도 했다. 대중들의 비판의식 확대는 정치·사회적 다양한 표현과 논쟁으로 이어졌고, 매스컴과 여러 예술 작품들을 통해 분위기가 고조되어 갔다. 이것은 또한 당시의 사회, 문화상을 반영했던 영화산업 전반에도 큰 영향을 미치게 된다.[23]

이런 대중적 분위기 속에 1985년 5월 세르비아 민족주의의 주요 대변인 단체였던 '세르비아 과학예술 아카데미(Serbian Academy of Sciences and Arts: SASA, Srpska Akademija Nauka i Umetnosti: SANU)'에서는 유고연방 현실에 대한 통렬한 비판과 함께 티토를 반(反)세르비아주의자로 규정하는 사건이 발생하였다. '세르비아 과학예술 아카데미'는 또한 세르비아 경제가 슬로베니아와 크로아티아 공화국에 예속당해 왔으며, 이것은 과거 티토의 의도적인 경제정책으로 비롯된 것이라 비판하였다. 이와 함께 티토가 사후를 대비해 만든 1974년 헌법 내용이 세르비아 이익을 철저히 억압하고 보이보디나와 코소보 등 공화국 각 자치주에 대한 권한을 너무 비대하게 부여하는 등 세르비아의 분할을 획책했다고 주장하였다.[24] 실제 1974년 헌법은 유고슬라비즘 유지라는 전제하에 기존의 '연방(federation)'에서 일종의 '연합(confederation)' 형태에 더 비중을 둔 헌법 수정이었다. 즉, 연방정부는 국방, 외교 및 거시 경제만 책임지고 공화국들에 상당한 자율성을 부여해 주는 것을 골자로 하고 있었으며, 그 과정에서 세르비아 내 코소보와 보이보디나에도 공화국과 동등한 자치권을 부여함으로써 결과적으로 세르비아 영향력을 크게 억제되는 효과를 가져왔다. 1974년 헌법에 대한 세르비아의 불만은 1977년 7월 당시 세르비아 당 서기였던 마르코비치(Dragoslav Draža Marković)에 의해 표면화되었지만, 본격적인 반대 움직임은 1980년 티토 사후부터라 할 수 있다.[25] '세르비아 과학예술 아카데미'는 코소보 내 알바니아인들의 지나친 권리 요구를 강력진압할 것과 함께 크로아티아 내 세르비아 소수민족 권익 보호를 요구하였다. 세르비아에서의 티토 재평가 작업과 정책 비판은 다분히 '문화적 민족주의' 인식에 기초하고 있었다. 이것은 곧 세르비아가 '유고슬라비즘'을 포기하겠다는 것을 의미했다. 티토 생존 동안 깊숙이 잠재되어 왔던 유고연방 내 민족들 간 '문화적 민족주의'는 티토 체제에서 희생자였다는 세르비아의 인식 확산을 시작으로 연방 전체로 확대되게 된다.

05

문화적 민족주의 부활의 시발,
코소보 갈등

티토의 죽음과 함께 그동안 사회주의 유고연방 유지의 주요 핵심이었던 '티토이즘'의 축들이 하나둘 붕괴하는 가운데, 1980년대 유고연방은 심각한 경제위기 속에 미래 연방 유지에 대한 부정적 시각들이 증폭되고 있었다. 이것의 발단은 코소보 내 알바니아인들의 격렬한 시위들(1981. 4., 1989. 2., 1990. 2.)과 세르비아니즘 부활이었으며, 이후 각 공화국 간 첨예한 갈등이 이어졌다. 1980년대 유고연방은 경제위기와 코소보 문제 해결을 위해 여러 처방을 제시하였다. 하지만 과거 세대인 파르티잔 세력이 주도하던 정책들은 연방 내 모든 민족의 공감대를 얻기 어려웠고, 무엇보다도 다수민족의 존경을 받으며 이를 추진할 인물이 부재하였다. 연방정부가 내놓는 처방들조차 주로 단기적 성과에 의존했었고, 이것은 결과적으로 유고연방의 상황을 더욱 악화시켜 갔다. 이런 가운데 코소보 내 시위는 유고연방 유지 세력들을 더 곤혹스럽게 하였다. 오랫동안 중앙정부에서는 코소보에 경제발전 자금을 제공함으로써 불만을 억제할 수 있으리라 판단해 왔었다. 하지만 티토 시절 코소보에 할당된 상당수의 자금이 경제성장을 위한 하부조직과 훈련원 양성에 투자되었지만, 이렇게 교육받아 양성된 알바니아 지식인과 중산층들은 오히려 알바니아 민족주의 전도사가 되어 연방정부를 향한 투쟁에 더 적극적으로 가담하는 악순환이 이어졌다.

1980년대 당시 코소보의 프리쉬티나(Priština) 대학교는 알바니아 민족주의 운동의 중심지가 되어 있었다. 과거 프리쉬티나 대학은 1968년 이전까지 베오그라드 대학의 부설학교로 연방 자금을 통해 연방 유지 등 티토이즘 관련해 여러 교육을 실행해 왔었다. 하지만 1966년 란코비치 사건과 그 여파로 자치권이 확대된 1968년 이후로는 이웃한 알바니아로부터 교수들이 직접 파견되면서 알바니아 역사와 문화, 언어 교육 확대가 진행되게 된다. 세르비아는 자신들의 중세 왕국 발원지이자 독립 정교회 총 본산지가 자리한 코소보에서 알바니아 민족 정체성이 강화되어가는 것에 대해 계속해서 불만을 표출해 왔다. 하지만 다른 공화국들은 코소보 문제를 계기로 세르비아 민족주의가 발현되는 것을 경계하곤 했다. 1970년대 들어와 코소보 알바니아인들 사이에 반(反)세르비아 움직임이 더욱 확대되는 가운데 세르비아로부터의 지원이 끊겼다. 1970년대 말 힘겨워진 경제 상황 속에 프리쉬티나 대학교 졸업생들 상당수가 실업자가 되었으며, 이들 중 상당수는 코소보 독립 등 민족주의 운동에 가담하게 된다.

1980년대 코소보는 경제위기와 정부 기금지원 약화, 공무원 증원 어려움 등에 따른 고등실업자 양산 속에 빈부격차 또한 크게 증대되어 갔다. 알바니아인들의 불만은 코소보 내 세르비아인들을 향한 공공연한 테러로 이어졌고, 이것은 다시 코소보 내 세르비아인들의 본토로의 대규모 이주를 불러왔다. 세르비아인 감소는 자연스럽게 코소보에서의 세르비아 민족 정체성 약화로 이어졌다. 코소보 내 세르비아인 인구 변화를 시기별로 살펴보자면 특히 1980년대 들어와 인구감소가 크게 확대되었음을 확인할 수 있다. 실제, 1871년 코소보 내 알바니아인과 세르비아인 분포도는 각각 약 31% : 66%였다. 하지만 양차 세계대전 사이인 1921년 분포도는 역전되어 61% : 33%가 되었으며, [표 6-3]에도 나와 있듯 사회주의 수립 초기인 1948년 약 68% : 23%, 란코비치 사건 (1966) 이후인 1971년에 들어와선 약 73% : 18%를 구성하게 된다. 이후 경제위기가 대두되며 알바니아인 시위가 격화되던 1981년 당시 코소보 인구는 제2차 세계대전 이후로 약 117.7%가 증가한 것으로 조사되었지만, 이 중 알바니아인과 세르비아인은 약 77% : 13%를 차지하는 등 세르비아인 감소가 가속화되고 있었다. 즉, 이것은 코소보 내 알바니아인이 1948년 이후 146.2% 증가한 데 반해, 세르비아인과 몬테네그로인은 18.3% 증가에 멈추었음을 의미하는 것이었다. 따라서 이 문제는 세르비아 본토에서도 심각한 문제로 인식되게 된다. 실제 1981년부터 1986년 사이 인구통계로 보자면 코소보 내 세르비아와 몬테네그로인은 1981년 조사 때보다 약 8.7%, 인구수로는 20.456명이 감소해 있었다.[26] 즉, 이것은 티토 시대 유고연방 시절 동안 코소보에서 남슬라브적 요소가 계속 반감되어 왔다는 것을 의미했었고, 특히 세르비아인들에 있어 이곳이 독립 정교회 본산지이자 중세 왕국 발원지라는 관점에서 절대 받아들이기 어려운 문제였다.

[표 6-3] 민족구성에 따른 코소보 내 인구조사

(단위: 명, %)

구분		전체	알바니아인	세르비아인	몬테네그로인	터키인	무슬림	기타
1948년	인구수	727,820	498,242	171,911	28,050	1,315	9,679	18,623
	비율	100	68.45	23.62	3.85	0.18	1.33	2.56
1953년	인구수	808,141	524,559	189,869	31,343	34,585	6,241	21,546
	비율	100	64.91	23.49	3.88	4.28	0.77	2.66
1961년	인구수	963,988	646,605	227,016	37,588	25,764	8,026	18,989
	비율	100	67.07	23.55	3.90	2.67	0.83	1.97
1971년	인구수	1,243,693	916,168	228,264	31,555	12,244	26,357	29,105
	비율	100	73.66	18.35	2.54	0.98	2.12	2.34
1981년	인구수	1,584,558	1,227,424	209,792	26,875	12,575	58,948	48,946
	비율	100	77.5	13.2	1.7	0.8	3.7	3.1

출처: Petranović, B., & Zečević, M. (1988), p. 1250.

연방 붕괴 시기인 1991년 통계로는 알바니아인과 세르비아인 분포가 각각 약 80% : 13%로 10년 전과 유사한 것을 확인할 수 있는데, 이것은 밀로세비치(Slobodan Milošević, 1941~2006, 대통령 재임 1989~2000)의 코소보 연설과 잔류 독려가 일정 정도의 영향을 미친 것이라 분석할 수 있다. 하지만 NATO군과의 코소보 전쟁(1999. 3.~6.) 직후인 2000년 조사에선 세르비아인 수가 크게 줄어들어, 알바니아인과 세르비아인이 각각 약 87% : 9%가 되게 된다. 2007년 유럽안보협력기구(Organization for Security and Co-operation in Europe: OSCE) 조사에 따르자면 코소보 민족 구성상 알바니아인이 92%를 차지한 데 반해, 세르비아인은 더욱 줄어 5%를 차지하였다고 밝히고 있다. 더불어 2008년 2월 코소보 알바니아인들의 독립선언 이후 세르비아인의 코소보 정부 불신임 속에 치러진 공식 통계에선 코소보 인구(약 173만 명) 중 약 1.5%(약 2만 5천 명)만이 세르비아인 것

으로 밝혀졌다.[27]

코소보 내에서의 알바니아인 증가는 자연스럽게 코소보 자치권 강화와 다양한 권리 요구로 이어졌다. 특히 1980년 티토의 사망은 코소보에서의 알바니아인 민족 권리 요구를 크게 고무시키게 된다. 코소보에선 공화국 지위 요구 시위가 연이어 일어났고, 시위 주동자들을 향해 연방정부는 민족주의 죄목으로 장기간 투옥을 결정했다. 이런 가운데 1981년 3월 프리쉬티나 대학교 학생기숙사의 빈약한 주거조건과 학생 취업문제에 항의하는 대학생 시위가 발생했다. 이후, 알바니아 노동자들의 가세 속에 시위는 대규모로 확대되었고, 곧이어 코소보 자치 공화국이란 용어가 다시 한번 등장하게 된다. 이와 함께 세르비아인과 같은 동등한 시민권과 부의 평등 그리고 사회정의, 정치범 석방 등의 요구가 이어졌다. 이들 중 급진적인 일부는 코소보 공화국 안으로 마케도니아 내 알바니아 거주지역을 포함해야 한다고 주장하였고, 또 다른 이들은 코소보를 이웃 알바니아로 합병할 것을 주장하는 등 '대(大)알바니아주의' 목소리 또한 대두되게 된다.

시위 도중 세르비아인을 향한 공개 테러가 빈번하게 일어났고, 이것은 세르비아인의 분노와 강력진압 요구로 이어졌다. 경찰의 강력진압 속에 11명의 알바니아인이 사망하고 57명이 구금되는 유혈진압 소식이 알려지자 시위는 더 격화되어 갔다. 사태의 심각성을 인식한 당시 보스니아 출신의 집단대통령 의장인 미야토비치(Cvijetin Mijatović, 1913~1993, 의장 재임 1980. 5.~1981. 5.)는 1981년 4월 2일, 프리쉬티나와 세르비아인 다수 거주지인 북부 미트로비짜(Mitrovica) 지역에 비상계엄령을 선포하며 연방 군대 파견을 결의하게 된다. 코소보 내 모든 교통과 통신이 끊겼고,

프리쉬티나에는 야간 통행금지가 발효되었다. 이후 1981년과 1985년 사이 민족주의 죄목으로 3,344명의 알바니아인이 구금되었다.[28] 세르비아 공화국은 코소보 시위대의 요구를 지지하는 일부 연방 기구들을 맹렬히 비난하였고, 이 사건을 계기로 코소보 권리를 보장해 준 1974년 헌법에 대한 세르비아인의 피해의식 또한 확대되어 갔다. 비상계엄령에 따라 코소보 위기가 진정되는 듯 보였지만, 이번엔 언론과 정부 그리고 당내에서 코소보 문제를 둘러싼 논쟁이 확대되기 시작했다. 격렬한 논쟁 결과 연방 유지를 위해 민족주의 시위나 요구를 인정하지 않겠다는 공식발표가 있었고, 이후 시위 주동자와 지지 단체들, 대학교수 그리고 행정공무원들에 대한 대대적인 숙청이 진행되었다. 크로아티아가 코소보 문제를 계기로 확대되던 세르비아니즘을 경계하며 세르비아가 유고슬라비즘을 이탈하려 한다고 압력을 가하자, 이번엔 세르비아가 이들에 대해 '붉은 우스타샤(Crvena Ustaša)'라 비난하는 등 갈등이 본격화된다.[29]

이러 가운데 밀로셰비치는 1987년 4월 24일 1만 5천여 명이 모인 코소보 언덕에서 세르비아 민족주의에 대한 그의 이상을 역설하였다. 그는 1986년 5월 28일 열린 제10차 세르비아 공산당 전당대회에서 서기장(1986. 5. 28.~1989. 5. 8.)에 새롭게 취임한 상태였다. 무엇보다도 그의 코소보 언덕 연설은 란코비치를 대신해 그가 세르비아 민족이익 대변인으로 새롭게 탄생했음을 의미했다. 하지만 그의 연설은 크로아티아와 슬로베니아 등 다른 민족에게는 세르비아니즘 부활에 대한 피해의식을 더욱 각인시키는 계기가 되었다. 계속된 비난에도 불구하고 밀로셰비치는 몬테네그로와 보이보디나 그리고 코소보에서 연일 관제 데모를 이어 갔으며, 이들 지역 지도부를 자신의 추종자들로 채워 갔다. 밀로셰비치의 거침없는 세르비아 민족주의 행보는 유고연방군에까지 영향을 미치게 하였다. 대표적인 사건이 1987년 9월 3일에 일어난 '파라친 학살(Paraćin Massacre)'로 연방군 내 20세의 알바니아 청년(Aziz Kelmendi)이 민족갈등 끝에 자동무기로 네 명의 동료 군인을 사살하고 다섯 명을 부상입힌 사건이다. 무엇보다도 이 사건은 사회주의 유고슬라비아연방을 유지하던 중요한 축이자 '유고슬라비즘'의 마지막 보루였던 연방군의 와해가 본격적으로 시작되었음을 의미했다.

1989년 5월, '집단대통령제' 세르비아 대통령(1989. 5. 8.~1991. 1. 11.)이 된 밀로셰비치는 1974년 헌법을 일방적으로 폐기해 버렸다. 이후 1989년 6월 28일, 코소보 전투 600주년 기념식 참석차 코소보 평원을 방문한 밀로셰비치는 이곳에 모인 약 20여만 명의 세르비아인들을 향해 지난 1389년 6월 오스만 터키와의 코소보 전투 당시 아픔을 끄집어내며 유고연방을 세르비아 중심의 '중앙 집중화'로 끌고 가겠다는 의지를 강력하게 피력하게 된다.[30] 이때 이후로 밀로셰비치는 세르비아인들 사이에 1389년 코소보 전투에서 사망한 라자르 군주가 환생했다는 의미에서 '작은 라자르(Little Lazar, Mali Lazar)'로 추앙되었다. 그리고 이때 등장한 '코소보는 세르비아다(Kosovo is Serbia, Kosovo je Srbija)'란 용어는 현재까지도 이어져 코소보 수호를 향한 세르비아 민족 의지를 표현으로 상징되게 된다. 이것은 문화적 민족주의인 세르비아니즘의 부활이자 본격적인 신호탄을 의미했다. 밀로셰비치의 일방적 행보와 세르비아니즘 부활은 코소보 내 알바니아인들의 분노는 물론, '지방 분권화'를 기초로 유고연방 유지를 희망하던 슬로베니아와 크로아티아에 큰 좌절감과 공포를 불러왔다.

코소보 강경책과 세르비아니즘 부활이 유고연방을 해체할 것이라는 연방 내 당원들의 만류와 반발이 이어졌다. 그러나 밀로셰비치는 1989년 9월 22일 열린 세르비아 공산주의자 중앙위원회 제8차 총회에서 코소보의 자치권을 박탈해 버렸다. 코소보 내 알바니아인의 강력한 반발과 저항이 뒤를 이었고, 1990년 2월엔 30여 명의 알바니아인과 세르비아인이 사망하는 사건이 발생했다. 밀로셰비치는 이를 빌미로 코소보 내 모든 공공기관을 폐지하고 언론을 장악해 버렸다. 위기감 증대 속에 코소보 내 세르비아인들이 민병대를 조직하는 등 양 민족 간 충돌은 심각한 상황에 이르게 된다.

복잡한 종교와 문화의 모자이크로 구성된 유고연방 특성상 세르비아니즘의 부활은 자연스럽게 다른 민족들의 문화적 민족주의 대두로 이어졌다. 1989년 이후 슬로베니아에선 개혁 공산주의자이자 훗날 초대 대통령이 되는 쿠찬(Milan Kučan, 1941~, 재임 1991~2002)을 중심으로, 그리고 크로아티아에선 '집단대통령제'하 대통령이자 훗날 초대 대통령이 된 투즈만(Franjo Tuđman, 1922~1999, 재임 1990~1999)을 중심으로 연방탈퇴 시위와 각자의 문화적 민족주의 바람이 확산하고 있었다. 슬로베니아와 크로아티아 내 여러 신문과 잡지 그리고 지식인들 사이에 코소보 유혈진압과 세르비아니즘 확대를 비난하는 논문과 사설들이 계속해서 제기되는 가운데, 유고연방 전역에선 문화적 민족주의를 부르짖는 목소리들이 더욱 확산해 갔다.[31] 문화적 민족주의 부활은 티토이즘의 마지막 축이던 유고슬라비즘의 소멸마저 불러왔고, 유고 공산당 와해와 연방군 해체 속에 유고연방은 내전 발발과 함께 사라지게 되었다.

06

맺음말

유고연방의 체제전환 배경과 그 기원을 이해하는 데 있어 1980년 티토의 사망은 중요한 요소를 차지하고 있다. 그 이유는 티토의 사망은 곧 유고연방 유지의 핵심적 구심체였던 '티토이즘'의 실질적인 소멸과 함께, 연방의 붕괴를 촉진한 '문화적 민족주의' 부활로 이어졌기 때문이다. 티토는 1948년 소련과의 코민포름 분쟁 경험을 통해 구축한 '티토이즘'의 3대 축, 즉 외교정책으로서의 '비동맹주의', 사회·경제정책으로서의 '자주관리제도' 그리고 민족정책으로서의 정치적 민족주의인 '유고슬라비즘'을 바탕으로 유고연방 내 민족 간 갈등들을 조정하고 연방에 대한 충성을 유도해 왔다. '티토이즘'은 유고연방 내 다양한 민족과 종교로 어우러진 문화적 민족들을 한데 모아 사회주의 이념을 통한 연방 유지의 중요한 핵심이었었다. 하지만 티토의 사망은 '티토이즘'의 소멸을 불러왔으며, 문화적 민족주의 부활과 함께 연방 해체의 길을 가야만 했다.

1970년대 국제 정치는 이미 양극 체제(Bipolar System)에서 다극 체제(Multipolar System)로 전환되어 있었고, 이것은 냉전 약화와 함께 데탕트(Detente, 긴장 완화) 시대의 도래를 의미했다. 미-소라는 양대 블록 간 냉전하에서 제3세계 국가들을 중심으로 비동맹주의를 모색했던 유고연방은 사회주의 체제 고수 속에서도 서구 블록과의 상호 경제 교류 및 외교 관계를 밀접하게 구축할 수 있었다. 하지만 석유파동들과 소련 블록의 경제위기 속에 레이건(Ronald Reagan, 1911~2004, 재임 1981~1989) 행정부의 현실주의적 전략(Realistic Strategy) 접근이 구체화하자 1980년대 국제 역학 구도는 크게 변화하기 시작했다. 사회주의 체제전환의 가시화 속에 '비동맹주의 아버지'라 불리던 티토가 사망하자 '티토이즘'의 한 축이 사라졌고, 뒤이어 도입 초기 다른 사회주의 국가들과 비교해 장점으로 여겨지던 '자주관리제도' 또한 1970년대 석유파동 이후로 여러 모순점이 드러나게 된다. 자원이 부재한 유고연방으로선 신속한 구조조정과 경영 환경 개선이 요구되었지만, '자주관리제도'하에서 노동자들은 자신의 권익과 혜택을 포기하거나 축소하려 하지 않았다. 새로운 경제 활로 모색이 실패함에 따라 1980년대 외채급증과 인플레이션 확대 그리고 대량실업 사태로 이어졌고, 여러 분야에서의 경제위기 증대는 유고연방 유지에 대한 회의론을 자극하였다. 서구의 경제 지원이 절실한 가운데 자주관리제도 해체에 대한 채권국들의 요구가 이어졌고, 이것은 '티토이즘'의 두 번째 축의 소멸을 불러왔다.

무엇보다도 티토이즘의 마지막 축이었던 '유고슬라비즘'의 붕괴와 '문화적 민족주의' 부활은 여러 내전과 함께 유고연방의 해체를 불러왔다. 한스 콘의 분류에 따르자면 '유고슬라비즘'은 정치적 요소에 따라 우리

(We)와 그들(They)을 구분하는 정치적 민족주의로 해석할 수 있다. 즉, '유고슬라비즘'은 유고연방에 대한 충성 유도를 통해 각 민족의 문화적 민족주의 대두를 억제하는 데 초점이 맞추어져 있었다. 하지만 티토 사망 직후 불거진 코소보에서의 알바니아인 권리 요구 증대 그리고 이에 대한 세르비아인의 분노와 공포는 밀로세비치에 의한 세르비아니즘 부활로 이어지게 된다. 당시 유고연방은 세르비아의 문화적 민족주의 부활을 제어하고 억제할 수 있는 사회적 통합 능력과 정치적 지도력이 거의 부재한 상황이었다. 따라서 세르비아니즘의 부활은 자연스럽게 크로아티아 등 다른 민족들의 문화적 민족주의 대두로 이어졌고, 결과적으로 동유럽 체제전환과 함께 유고연방이 해체의 길을 가는 주요 배경이 되게 된다.

　본 장에선 동유럽 체제전환 사례 중 유고연방을 중심으로 체제전환의 배경과 그 기원을 분석했다. 유고연방은 다른 동유럽 국가들과 달리 체제전환 과정에 내전들과 함께 연방의 해체를 동시에 경험해야 했다. 따라서 유고연방의 체제전환 배경과 기원을 분석하는 데 있어 1980년대 연방의 전반적 정치·경제적 상황과 함께 '티토이즘 각 축의 소멸 배경에 대한 이해는 중요하다. '티토이즘을 통해 유고연방 내 다양한 민족, 문화 간 '이질성(heterogenity)'을 극복하고자 했던 티토는 사망 이후 1980년대 자신의 업적과 활동에 대한 객관화 작업과 재평가를 받아야 했다. 하지만 체제전환 과정 중 발생한 유고 내전과 보스니아 내전을 지켜보며 국제 사회에선 다양한 종교와 문화적 모자이크로 구성된 유고연방을 이끈 그의 통솔력은 물론 '티토이즘'에 대한 조명이 새롭게 이루어졌다. 본 연구가 '티토이즘' 소멸과 '문화적 민족주의' 부활이라는 측면에서 유고연방의 체제전환 배경과 그 기원을 분석하고자 했던 이유라 할 것이다.

제7장

불가리아 공산체제의 특징과 붕괴

이하얀

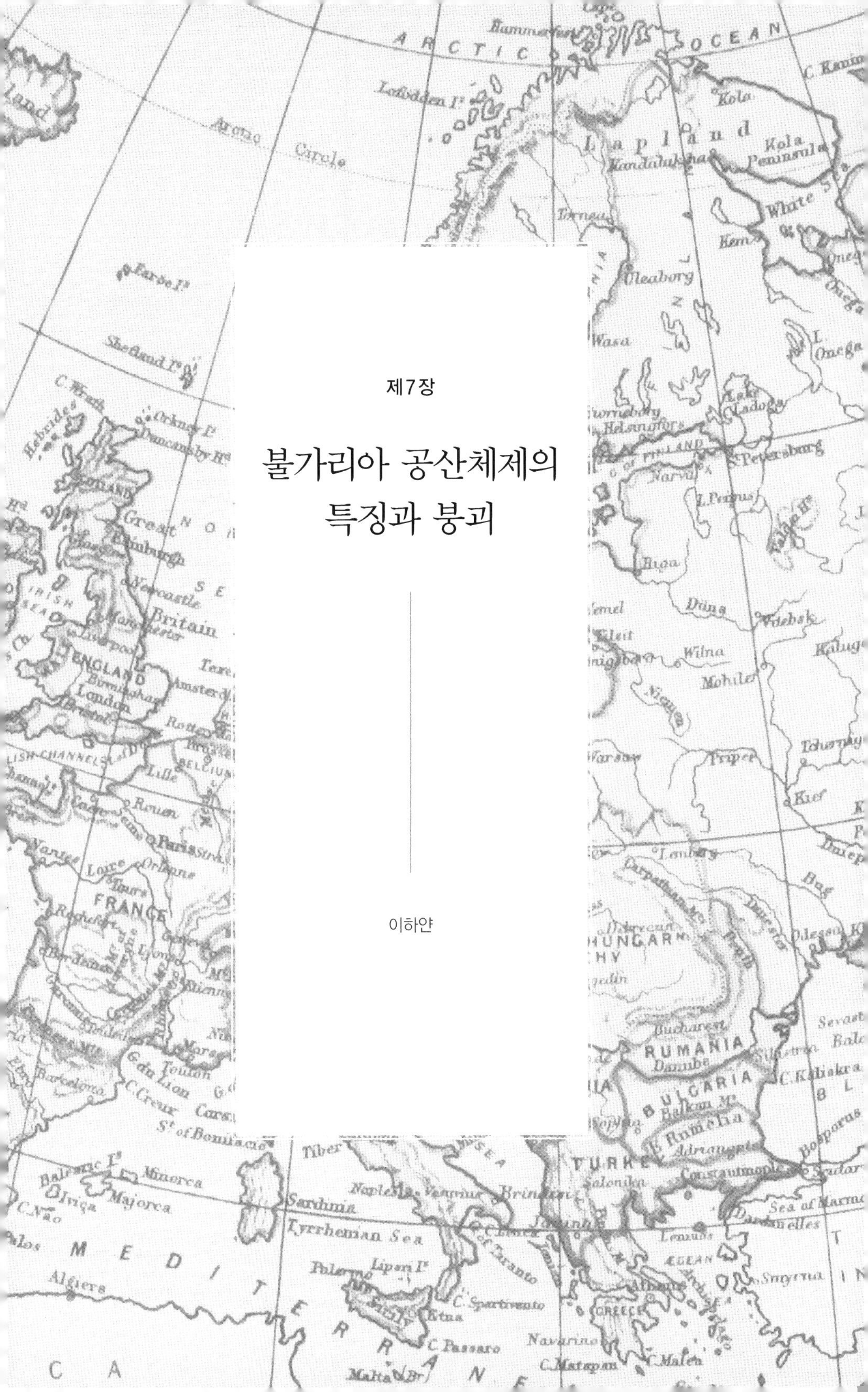

이 장에서는 불가리아의 공산체제의 특징과 정권 몰락의 과정을 분석하는 것을 목적으로 한다. 서술된 내용의 범위는 1944년 불가리아 인민 공화국이 수립된 때부터 1992년 공산정권이 무너지고 민주세력 정권이 수립되기까지이다. 역사의 흐름대로 불가리아 공산당이 어떻게 등장했는지, 그들 공산체제의 특징은 무엇인지 면밀하게 살펴보았다.

제2차 세계대전이 끝나 갈 무렵, 불가리아는 소련이 자신들에게 전쟁을 선포하는 것을 막기 위해 최선의 노력을 다하였다. 불가리아는 1944년 9월 2일부터 9일까지 독일과의 외교 관계를 끊고 미국과 영국에 휴전을 요구하였다. 그리고 유고슬라비아에 주둔해 있던 불가리아 군대를 철수하기 시작했다.[1]

하지만 이러한 노력에도 불구하고 1944년 9월 5일, 소련군대는 불가리아에 진입하여 전쟁을 선포한다. 소련군은 이틀 뒤 불가리아의 바르나(Varna)와 플레벤(Pleven) 감옥에 침입하여 정치범들을 석방하였다. 9월 9일 아침에는 소련군이 불가리아의 수도 소피아의 주요 검문소를 점령하였고 이내 콘스탄틴 무라비예프 총리는 소련에 항복을 선언하게 된다. 이러한 상황속에서 불가리아의 친소 공산주의자들의 조직인 조국 전선(The Fatherland Front, Отечествен фронт: ОФ)이 9월 9일 정권을 잡으며 불가리아 왕국은 몰락하게 된다.

1948년 불가리아 정부는 1948년 12월 제5차 공산당 회의를 통해 '민주적 중앙집권제'를 채택했다. 이는 동유럽의 다른 집권당들과 같은 경로였다. 지휘 사슬이 중앙에서 아래로 향하는 형태를 의미한다. 소련식 경제 개혁을 본떠 만든 경제 개혁 5개년 계획을 추진하고 집단 농장화를 조성한다. 하지만 시간이 지나며 국가 주도의 사회주의 경제의 잠재력은 소진되었고 일반 국민이 체감하는 실질 경제는 악화하기 시작했다. 자연스럽게 대중의 공산주의 체제에 대한 불만은 점차 커지기 시작했고, 정치적 변화, 즉 민주주의에 대한 갈망이 서서히 켜졌다. 1980년대 후반부터 동유럽과 발칸 지역의 공산주의 정권에서 붕괴 조짐이 보이자 불가리아 사회에서도 균열과 위기가 발생하였다. 민주화를 요구하는 시민들의 시위가 전국적으로 연일 이어졌고 1989년 11월, 베를린 장벽이 무너진 다음 날, 40년 넘게 불가리아를 지휘하던 또도르 지프코프가 사임한다. 불가리아는 발칸반도에서 유일하게 유혈사태 없이 평화로운 체제 전환을 맞이하는 일명 '푸른 혁명'을 이뤄 냈다.

이 장은 『EU연구』 57호(2021)에 게재된 "중동부 유럽국가와 소련 간 관계에 관한 연구: 체제전환 전후 불가리아를 중심으로"를 수정·보완한 글이다.

01

머리말

불가리아의 역사를 살펴보고 있자면, 한반도의 역사와 비슷한 구석이 있어 묘한 동질감을 느끼게 되어 더 자세히 들여다보게 된다. 불가리아는 아시아와 유럽의 관문에 위치하여 지도상 군사 전략상 중요한 위치에 놓여 있다. 이러한 지정학적인 이유로 양차 세계대전 당시 양쪽 진영에서 참전을 권유하였다. 두 번의 전쟁이 불가리아에 남긴 것은 수많은 인명과 물자의 피해, 전쟁의 제국적 성격과 반민주적이고 불안한 정치 그리고 비참한 수준의 경제침체 성적표였다. 한때 '대불가리아제국'으로 위세를 떨치며 발칸 유럽 영토의 반 이상 차지했던 과거의 영광이 강대국에 치여 역사의 뒤안길로 사라진 것이다. 전쟁이 끝난 뒤에도 불가리아는 강대국의 그늘 안에서 벗어나지 못했다. 2차 세계대전이 끝날 무렵인 1944년 9월 5일, 소련군이 불가리아에 진주하였고 이에 불가리아는 저항 없이 소련 편에 가담할 것을 선언하였다. 이어 친소 공산주의자들의 조직인 조국 전선(Fatherland Front)이 9월 9일 정권을 잡으며 불가리아 왕국은 몰락하게 된다. 소련은 불가리아와 '아버지와 아들 국가'라는 별칭이 있을 만큼 그 인연의 역사가 길다. 소련은 러-터 전쟁을 통해 약 500년간 오스만제국의 지배를 받고 있던 불가리아가 독립하는 데 도움을 주었다. 2차 세계대전 당시 불가리아 내 만연한 파시즘을 붕괴하는 데도 큰 도움을 준 것도 바로 소련이다.

1944년, 불가리아의 조국 전선에서 활약했던 게오르기 디미트로프(Georgi Dimitrov)를 서기장을 필두로 한 불가리아 인민 공화국(The People's Republic of Bulgaria)이 성립되고 공산주의자들이 국내 정치를 장악한다. 이때부터 불가리아 인민 공화국은 스탈린주의를 추종하는 소련의 가장 충실한 동맹국이 된다. 불가리아 인민 공화국은 소련 헌법에서 초안을 잡은 불가리아 헌법, 일명 '디미트로프 헌법'을 제정하고 스탈린식 경제 계획을 추진한다. 하지만 전통방식의 경제에서 집중적인 경제 성장으로의 전환은 쉽게 이루어지지 않았고 이내 불가리아는 경제적 어려움을 겪게 된다. 1980년대 중반에 들어서는, 도시를 중심으로 고등 교육을 받은 중간계층이 형성된다. 이들은 불가리아 정치 변화의 주도적인 세력으로 성장한다. 1980년대 후반부터 중동부 유럽과 발칸 지역의 공산주의 체제 붕괴 조짐이 퍼지자, 불가리아에 내부에서도 위기와 균열 현상이 등장하기 시작한다. 베를린 장벽이 무너지며 불가리아의 공산정권도 막을 내리지만, 곧바로 민주국가로의 전환이 이루어지지 않았다. 갑작스러운 체제의 전환은 오히려 많은 사회적 문제들을 불러일으켰고 과도기적 대혼란이 계속되었다.

이 장에서는 불가리아의 공산체제의 특징과 정권 몰락의 과정을 살펴보고자 한다. 연구의 범위는 1944년 불가리아 인민 공화국이 수립된 때부터 1992년 공산정권이 무너지고 민주세력 정권이 수립되기까지이다. 역사의 흐름대로 불가리아 공산당이 어떻게 등장했는지, 그들 공산체제의 특징은 무엇인지 면밀하게 살펴보고자 한다.

02

불가리아
공산체제의 특징

조국전선의 탄생

제2차 세계대전이 끝나갈 무렵, 불가리아는 소련이 자신들에게 전쟁을 선포하는 것을 막기 위해 최선의 노력을 다하였다. 불가리아는 1944년 9월 2일부터 9일까지 독일과의 외교 관계를 끊고 미국과 영국에 휴전을 요구하였다. 그리고 유고슬라비아에 주둔해 있던 불가리아 군대를 철수하기 시작했다.[2] 하지만 이러한 노력에도 불구하고 1944년 9월 5일, 소련군대는 불가리아에 진입하여 전쟁을 선포한다. 소련군은 이틀 뒤 불가리아의 바르나(Varna)와 플레벤(Pleven) 감옥에 침입하여 정치범들을 석방하였다. 9월 9일 아침에는 소련군이 불가리아의 수도 소피아의 주요 검문소를 점령하였고 이내 콘스탄틴 무라비예프 총리는 소련에 항복을 선언하게 된다. 이러한 상황속에서 불가리아의 친소 공산주의자들

의 조직인 조국 전선(The Fatherland Front, Отече
ствен фронт: ОФ)이 9월 9일 정권을 잡으며 불
가리아 왕국은 몰락하게 된다.

조국 전선은 제2차 세계대전 중 불가리아
볼셰비키의 정치적 저항 운동으로 시작되었다.
조국 전선은 4개의 조직으로 구성되어 있다.
극우 정치 조직인 즈베노 인민 연맹(The Zveno
movement, 불가리아어로 '연결'이라는 뜻), 불가리아
공산당(Bulgarian Communist Party: BCP), 불가리
아 농민 연합(Bulgarian Agrarian National Union:
BANU) 및 사회민주당(Bulgarian Social Democratic
Party: BSDP)이 연합한 형태이다.[3]

[그림 7-1] 불가리아 조국전선 로고
출처: TilmannR, Wikimedia
Commons

조국 전선의 각 조직은 서로 대조되는 이데
올로기를 가지고 있었기에 이견을 조율하기가
쉽지 않았다. 불가리아가 친 독일 군국주의 독
재에 직면했을 때 처음으로 조국 전선의 모든
조직이 뜻을 함께하였다. 각종 협회와 전국의
노조는 조국 전선의 구성원이 될 수 있었고 조
직의 일원이 되는 동시에 조직 자체의 독립성

[그림 7-2] 조국전선의 수상 키몬
게오르기에프
출처: Nk, Wikimedia Commons

을 유지할 수 있었다. 조국전선 정부는 즈베노 인민 연맹의 키몬 게오르
기에프(Kimon georgiev)를 수상으로 지명하고 내각을 구성하였다.[4]

공산당은 법무부와 내무부 지위를 받아 경찰 권력을 손에 넣을 수 있
었다. 그 즉시 헌법의 테두리 밖에 있는 특별 법원인 '인민재판소(The

People's Court)'를 만들었다. 1945년 2월 1일부터 시작된 인민재판소는 주로 친독 인물의 숙청여부를 판단하는 판결에 몰두하였다. 왕실 고문 8명, 내각 장관 22명, 불가리아 24대 국회의원 67명, 장군을 비롯한 육군 고위 장교 47명에 대해 항소권 없는 사형 선고를 내렸다. 총 9,155명이 선고를 받았고 이 중 2,730명은 사형, 그리고 1,305명은 종신형을 받았다. 이 밖에 얼마나 더 많은 선고가 집행되었는지는 기록된 바가 없다. 정확한 수치를 계산하지 않는다고 하더라도 이러한 숙청의 규모는 동유럽 국가에서 가장 컸고 엄중한 성격의 형이었음이 분명하다.[5] 하지만 이러한 대규모 숙청에는 의문이 든다. 불가리아는 독일에 의해 점령된 역사가 없고, 동부 전선에 참전하지 않았기 때문에 딱히 '친독 인사'라고 규정할 만한 불가리아 사람이 많지 않았다. 그렇기 때문에 사형 선고 및 종신형을 받은 이들은 불가리아의 지식인층과 정치계층 중 잠재적인 정부 반대 집단에 해당한다고 보는 것이 더 이해하기 쉽다. 땅 위로 새싹이 틔우지 않도록 뿌리를 잘라 내는 작업을 한 것이다. 군부 조직 또한 숙청을 피할 수 없었다. 정치적으로 신뢰할 수 없다고 판단되는 장군과 일부 장교들을 포함하여 800여 명이 숙청되었다.

소련의 붉은 군대는 불가리아에 남아 있기로 되어있는데, 이것은 공산주의자들에게 유리하게 작용하였다. 1944년 12월, 붉은 군대에서 복무했던 불가리아인 이반 키노프(Ivan Kinov) 대령이 군참모총장으로 선출되었다. 기존의 훈련된 군대 대부분이 적과 교전했던 반면, 전 파르티잔(partisan)들은 불가리아 내부에 배치되었던 새로운 군대인 인민 경비대의 중추를 형성했다. 사실상 이 부대는 전적으로 공산주의자들을 위한 조직이었다.

[그림 7-3] 1944년 12월 불가리아 인민재판소 첫 재판
출처: Ioan Kolev, Radio Bulgaria

　　조국 전선 정부가 신문과 라디오 등 미디어를 통제했지만 사실상 소
련의 연합군 통제위원회가 이를 허가할 권리를 갖고 있었다. 이는 곧 조
국 전선이 언론에 대한 실질적인 지배권을 갖고 있지만, 더 강력한 안전
장치가 필요한 경우, 공산당 지배하에 있는 유통 및 인쇄 노조에 의해
야권의 미디어를 언제든지 통제를 할 수 있다는 것으로 해석된다. 또 각
조국 전선 위원회는 공산당의 지배 아래 있었다. 불가리아 내 모든 산업
체에 설립된 노동자 평의회는 다른 동유럽권에서는 볼 수 없는 불가리
아 공산사회만의 특징이다. 물론 이 조직 또한 공산당이 지배하고 있었
기 때문에 일반 국민은 공산당의 위력을 몸소 체감할 수 있었다. 노동
자 평의회는 기업의 회계체제를 조사할 수 있는 권력을 가졌고 조사 내
용을 조국 전선 위원회에 직접 보고하는 형식이었기 때문이다. 공산당이
내무부 장관을 통제할 수 있게 되면서 새로운 경찰조직이 만들어졌는데
여기에는 비밀경찰도 포함되어 있었다. 다른 동유럽 국가들과 마찬가지

로 이 비밀경찰에는 소련의 고문관이 따라붙었다.

불가리아는 전통적인 농업 국가로 당시 불가리아 전체 인구의 4/5 이상이 농민이었다. 이들 대부분은 불가리아 농민 연합에 조건 없는 충성을 유지했다. 전통적으로 이 연합체는 동유럽에서 가장 강력한 농민 정당 중 하나였다. 특히 1900년부터 1923년 사이에 가장 큰 영향력을 행사하였다.[6] 20세기 초의 산업 및 공장 노동자를 위한 사회주의 운동과는 달리 농민 연합은 농업 및 농장 노동자에 집중했다. 불가리아 농민 연합은 단순히 연합의 일부로 존재하는 것이 아니라 다수의 조직과 함께 권력을 잡은 동유럽에서 유일한 농민당이다. 이러한 이유로 농민집단은 공산주의자들이 권력을 강화하는 데 있어 가장 큰 장애물로 여겨졌다.

농민들은 자신들을 보호하는 농민 연합에 의지해 왔다. 또 조국 전선이 설립된 이후, 농민들의 공산주의 잔인함에 대한 반발심과 더불어 토지 집단화와 관련한 불만 때문에 농민 연합에 대한 믿음이 더욱 커졌다. 그래서 불가리아의 공산주의자들은 폴란드나 루마니아, 체코슬로바키아 등 다른 국가에서 시행했던 것처럼 압수된 토지를 농민에게 제공하였다. 하지만 이것으로 농민들을 자신의 편으로 만들 기에는 역부족이었다.

공산주의자들이 할 수 있는 유일한 일은 농업기관들과 주요 농민에 대한 정면 공격뿐이었기 때문에 1945년 5월 공산당은 농민연합 내부에 음모작전을 펼쳤다. 이에 농민 연합은 분열을 시작하여 당시 수장인 니콜라 페트코프(Nikola Petkov)가 사임하고 불가리아 농민전국연합(BANU–NP)의 지도자로 취임하게 된다. 공산당이 조국 전선을 장악했지만, 농민 연합은 조국 전선의 일원으로 존재하였고, 1989년 사회주의가 몰락할 때까지 불가리아의 농업 정책에 참여하였다.[7]

공산당은 코스타 룰체프(Kosta Lulchev)가 이끄는 반 공산집단인 사회
민주당 내에서도 이와 비슷한 분열을 조성했다. 농민 연합을 분열시킨
공산당은 총선을 요구했다. 그들은 조국 전선 내 네 개의 조직이 단일정
당으로 출마하는 단일 후보자 명부 방식을 주장했다. 하지만 영국과 미
국의 지원을 받은 농민 연합의 서기장 페트코프는 이것이 반민주적이라
고 주장하며 정당별 선거 방식을 요구하였다. 그는 11월 18일까지 선거
를 연기하는 데 성공했지만, 단일정당 문제에 대한 자신의 주장을 관철
하지 못했고 지지자들에게 투표를 보이콧 하도록 지시했다.

　이 결과로 전통적으로 국민의 지지를 받고 있던 지도자 G. M. 디미트
로프(Georgi Mihov Dimitrov)가 농민 연합의 새로운 서기장이 되었다. 디
미트로프는 카이로에 본부를 둔 '친동맹 불가리아 국가위원회(Pro-Allied
Bulgarian National Committee)'를 운영하던 중 불가리아로 복귀한 것이다.[8]

　같은 해 한 언론인에 대한 민사소송 재판에서 군대 내부의 음모가 공
개되었다. 이로 인해 두 가지 사건이 발생한다. 첫 번째, 군조직에 대한
대규모 숙청이 이루어져 2천 명 이상의 장교가 옷을 벗었다. 두 번째로
7월에 통과된 법안에 의해 군대의 통수권이 국방부에서 내각 전체로 넘
어갔다.

　이 사건 이후 두 차례에 걸친 선거가 진행되었다. 1946년 9월 8일 실
시된 첫 번째 선거를 통해 군주제 존립에 관한 국민의 의견을 물었다.
그 결과, 국민 전체의 92.7%가 군주제 폐지에 찬성하는 것으로 나타났
다. 선거 직후인 9월 15일, 어린 나이에 왕위에 올랐던 시메온 2세(King
Simeon II)와 어머니 그리고 공주가 이집트 알렉산드리아로 추방당했다.
두 번째 선거는 10월 27일에 진행된 불가리아 인민 공화국 최초 제헌

[그림 7-4] 게오르기 디미트로프
출처: IFerran Cornellà, Radio Bulgaria

의회 선거이다. 이 선거에서 서 공산당이 364석, 반대파가 101석을 차지하였다. 조국 전선 내에서 비공산당이 영향력을 크게 상실한 것이다. 선거의 결과로 공산당의 게오르기 디미트로프(Georgi Dimitrov Mikhaylov)가 불가리아 최초의 공산정권 지도자가 되었다.[9]

두 번에 걸친 선거는 서방세계에 큰 메시지를 던졌다. 군주제에 대한 국민투표는 불가리아가 세계대전을 치렀던 그 왕조를 스스로 제거했다는 의미를 내포했다. 이를 통해 불가리아가 한층 더 성장하였고, 국제적으로 협력할 수 있는 새로운 형태의 정부가 창설되었다는 것을 보여 주었다.

1947년부터 새로운 정부는 국내에서의 남은 작업을 시작했다. 정권에 대항하는 반대파의 숙청을 시작한 것이다. 같은 해 6월 농민 연합의 간부 23명과 수장 페트코프를 처형하였다. 이듬해 7월에는 룰체프가 이끄는 사회민주당의 간부를 체포하고 주요 반대파 인사들이 국외로 추방되며 불가리아 공산당은 권력 독점에 성공하였다. 마지막 남은 유산계급 또한 남김없이 정리하였는데, 전쟁 범죄자, 투기꾼, 나치 협력자 등의 재산을 몰수하였다. 화폐와 은행 개혁을 시행하며 특정 수준 이상의 저축이 담긴 개인계좌가 차단되고 모든 저축에 대해 세금을 부과하였다. 새로운 법령에 따라 토지개혁이 시행되어 농민의 토지 소유 제한을 20ha로 제한하고, 적국에 협력했던 사람들의 토지를 몰수하였다. 정부의 이러한 과도한 정책으로 인해 노동자들은 춥고 힘든 겨울을 보내야 했다. 도시의 실업률이 급증하였고 식량과 연료가 부족했다.[10]

소련의 헌법을 바탕으로 초안을 잡은 신헌법인 일명 '디미트로프 헌법'이 1947년 12월 4일에 의회를 통해 채택되었다. 디미트로프 헌법으로 인해 불가리아는 '인민 공화국'으로 거듭났다. 표면적으로는 모든 자유가 약속된 것처럼 보이지만, 실질적인 권력은 국가기관이 아니라 공산당에 집중된 전형적인 소련식 체제였다. 국가의 생산수단은 국유화되었고 사법부의 고위직들은 의회의 통제를 받아야만 했다.[11] 각 지역의 조국 전선 위원회가 모든 의회 후보를 결정했기 때문에, 사실상 공산당이 통제하는 것과 다를 바 없었다. 몇 달 지나지 않아 불가리아의 모든 정당은 공산당의 국가 체제에 있어 주도적인 역할을 공인하였고, 국가의 지배적인 이데올로기가 '마르크스-레닌주의'가 임을 인정하였다.

그러나 하나의 공산당이 국가를 지배하는 보통의 동유럽 국가들과는 달리, 불가리아의 통치 연합에는 두 개의 당이 존재했다. 불가리아는 전통적인 농업 국가로서, 농업과 농민에 대한 존중의 의미로 농민 연합만은 별도의 정당으로 남아 연립정부에 참여할 수 있었다. 실질적으로 큰 영향력을 행사하지는 못했지만, 이러한 형태로 농민 연합은 1990년까지 공산당을 지지하는 정치적 파트너가 된다.

불가리아 공산정권의 특징

이 부분에서는 연대에 따라 불가리아 공산정권의 모습을 서술하려고 한다. 불가리아 공산정권이 갖는 특징을 다음의 네 가지로 구분하고 다른 동유럽 국가와의 공통점과 차이점을 분석해 살펴보겠다.

① 스탈린식 숙청: 공산당, 종교, 터키인, 유고슬라비아
② 소련에 대한 완전한 복종: 스탈린식 경제계획 추진
③ 기업개혁에서의 '생산위원회' 활동
④ 산업 및 농업의 집단화

불가리아 정부는 1948년 12월 제5차 공산당 회의에서 '민주적 중앙집권제'를 채택했다. 이는 동유럽의 다른 집권당들과 같은 경로였다. 지휘 사슬이 중앙에서 아래로 향하는 형태를 의미한다. 당의 최고기구는 5년마다 개최되는 '인민대표자회의'로 이 대회에서 중앙위원회를 선출했다. 중앙위원회는 전체회의를 관장하고 중요한 정책에 관한 결정을 내렸다.

불가리아 공산당의 통제는 여러 가지 메커니즘을 통해서 이루어졌다. 공장을 포함한 국가의 모든 사업장에서 공산당의 가장 작은 요소인 '1차당 조직'이 운영되었다. 이 조직은 작지만 아주 중요한 역할을 했다. 공산당은 각각의 1차당 조직에서 당에 충실한 인물을 선발해 조직원들을 관리하는 조직장 임무를 부여했다. 당의 조직장은 당 조직에 포함된 조직원들을 관리하였다. 우수한 성적으로 당 조직을 이끈 조직장들에게는 공산당 간부가 이용하는 상점, 병원, 학교 및 기타 시설에 대한 이용 권한을 주었다. 또 더 나은 일자리를 보장해 주기도 하였다. 공산당은 이러한 방식으로 사회적 힘의 토대를 형성해 나갔다. 1947년 12월 이후에는 청년단체, 소련 우호 단체, 노동조합, 여성단체 등이 모두 공산당 통제하에 놓이게 되었다.[12]

'숙청작업'은 스탈린의 편집증으로 유발된 동유럽 공산주의 국가들의 공통된 현상이다. 공산당 통치 초기에 가장 많이 숙청된 조직 중 하나는 바로 공산당 그 자체였다. 세계대전 중 불가리아 국내에서 민족적 저항 운동을 조직했던 트라이초 코스토프(Traicho Kostov)는 한때 명망 있는 공산주의자였다. 하지만 이 시기에 트라이초는 정부 내 직책에서 해임되고 국립 도서관의 관장을 맡게 되었다. 이후 그는 재판을 통해 사형 선고를 받게 된다. 어떻게 명망 있는 공산주의자에게 이런 일이 벌어질 수 있었을까? 1947년 디미트로프가 사망했을 때, 그가 지명한 후임자인 바실 콜라로프(Vasil Kolarov)는 병환으로 인해 정권 승계가 어려웠다.[13] 코스토프 또한 후계자 후보로 거론되었지만, 제2차 세계대전 이후에 소련의 경제 정책을 비판한 사건 때문에 이른바 '친소련 점수'에서 낙제점을 받은 것이다.

코스토프의 처형은 불가리아 전체 공산당원 10만 명에 대한 경고였다. 이는 야만적인 숙청의 서막이었고, 그들 중 다수는 강제노동수용소로 보내졌다. 공무원, 군대 또는 사회의 모든 부문에서 수많은 이들이 동시다발적으로 숙청되었다.

공산당의 관점에서 숙청에는 합당한 이유가 존재했다. 공산정권의 집단화와 산업화로 인한 사회적 변화는 필연적으로 인민들의 불만을 초래할 수밖에 없었고 그 불만을 표현하기 위해 자동으로 각종 정치적 수단을 찾게 되는 것이다.[14] 당시 불가리아에서는 공산당을 제외한 모든 정치 활동 참여가 금지되었다. 따라서 숙청은 공산당 자체에 대한 경고의 의미이기도 했는데, 공산당 자신들의 정책으로 인해 사회적 불만이 야기되더라도 행여 다른 생각을 하지 못하게끔 하는 장치인 것이다.

[그림 7-5] '불가리아의 작은 스탈린' 발코 체르벤코프
출처: Wikimedia Commons

코스토프 재판 이후 발코 체르벤코프(Valko Chervenkov)가 공산당 대표와 총리직을 넘겨받으며 모든 권한을 갖게 된다. 그는 '불가리아의 작은 스탈린'이라는 별명을 가질 만큼 소련식 사회주의를 건설하는 임무에 열중하였다. 불가리아의 경제, 문화, 교육, 건축, 군대 등 모든 체계를 소련식으로 변화시켰다. 이러한 변화 속에서 불가리아인들을 통제하기 위해 모든 정부 부처에 소련의 고문관을 더 많이 배치하였다.

체르벤코프는 스탈린식 관행에 충실하여, 자신의 행보를 거스르는 세력은 가차 없이 제거하였다. 그 대상이 누구인지는 상관없어 보였다. 일례로, 주불가리아 미국 대사관의 불가리아어 번역가가 간첩행위를 하였고, 정권 전복 음모에 관여했다는 명목으로 탄압한 사건이 있었다. 이로 인해 체르벤코프 정권은 미국인 기독교 목사를 체포하고 외국인 신문 기자들을 국외로 추방하는 등 비공산주의 세계, 특히 미국과 관련이 있는 사람들에 대한 일련의 조처를 했다. 미국은 이에 대해 격렬한 항의를 하였고 1950년 2월, 불가리아와의 외교 관계를 단절한다.

이처럼 이 당시 불가리아는 대내외적으로 강경 노선을 취하였다. 체르벤코프는 불가리아 영토에 사는 모든 유대인의 해외 이주를 허용하고 터키인의 해외 이주를 장려했다.[15] 실제로 그는 1950년 1월, 25만 명의 터키인들이 해외로 떠나도 좋다고 발표하기도 하였다. 터키와 불가리아 정부 간 거듭된 협상을 한 끝에 16만 2천 명의 터키인이 터키로 돌아갔다.

[그림 7-6] 불가리아의 소련식 집단 농장
출처: Snappy Goat

사실 이 사건은 체르코프의 '농장 집단화'라는 큰 그림 속에서 이루어진 것이다. 해외로 이주해 간 터키인의 대부분은 불가리아에서 가장 부유한 경작지대인 도브루쟈(Dobruja) 지역에서 살았기 때문에 체르벤코프는 이들을 내쫓아야만 했다. 그리고 이 지역을 집단화된 농장으로 조성하길 원했다. 하지만 그가 토지 집단화 계획을 추진하자 불가리아 북서부 농민들은 완강한 반대시위를 벌였다. 북서부에서 시작한 시위는 전국으로 번졌으며 농민들은 집단농장으로 수확한 농작물을 보내는 대신, 농작물을 불태우거나 가축을 죽이는 등 강력하게 항의하였다. 하지만 이러한 저항은 공산당의 탄압으로 인해 오래 가지 못했고 1951년에 막을 내렸다.

농민들의 반대에도 무색하게, 불가리아는 다른 동유럽 국가들보다 훨씬 빠른 속도로 농지의 집단화를 이루어 냈다. 1947년 전 농지의 4%에 불과했던 생산 협동조합 소속 토지는 2년 뒤 10% 이상 증가하여 14.3%

가 되었고, 이후 1950년에 26.3%, 1952년에 60.5%를 달성하였다.[16] 집단농장마다 달성 목표가 제시되었고 이를 거부하는 농민은 처벌을 피할 수 없었다.

산업의 국유화 또한 빠르게 진행되었다. 대외 무역도 정부 독점 형식으로 이루어졌다. 1947년에 '경제계획 2개년 계획'이 도입되었다. 이후 불가리아의 주요 산업을 농업에서 중공업으로 전환하기 위한 1949년부터 1953년까지 '제1차 5개년 계획'이 시행되었다. 전체 산업의 40%가 공업에 할당되었고 농업은 13%를 차지하였다. 1952년 정부는 4년 차에 목표치가 달성되었음을 공표하고 1953년부터 '제2차 5개년 계획'을 실시하였다.

체르벤코프는 자신의 계획에 차질 없이 순항해 나갔다. 그러던 1953년 3월 3일, 소련에서 스탈린의 사망 소식이 전해졌고 스탈린의 후임자들은 각 동유럽에 '새로운 변화', 즉 '탈스탈린화'를 요구했다. 불안한 상황 속에서 동유럽 각지에서는 산업 소요사태가 일어났다.[17] 불가리아 정부는 이때까지 노동자들의 파업을 허용하지 않았기 때문에 첫 번째로 벌어진 플로브디프(Plovdiv) 지역 담배 노동자들의 파업은 신선한 충격으로 다가왔다.

전국적인 폭동과 농업 생산의 부진으로 인해 불가리아 정권은 수정된 소련의 태도에 순응하였다. 체르벤코프가 자신의 불안정한 지위를 공고히 하고 농민들로 정치적 지지를 받기 위해 조처를 한 것이다.

불가리아의 새로운 진로는 외부적 및 내부적 변화로 구분할 수 있다. 외부적 변화로는 미국과의 외교 관계 복구 협상, 유고슬라비아와의 외교 관계 복구, 그리스와의 관계 개선 등 그동안 국가 내부의 상황에 주

력하느라 밀어 두었던 일들을 시행하였다.[18]

국가 내부적으로는 국민의 반발심을 잠재우기 위해 공포정치를 완화하기로 하였다. 경찰의 활동이 줄어들었고 각종 이유로 감옥과 강제노동수용소에 수용되어 있던 수천 명의 수감자가 풀려났다. 또 국내에서 농업 분야에 더 많은 투자를 할 것을 공표하고 일반 농민들에게도 혜택이 돌아갈 것을 약속했다. 이와 같은 변화는 국민의 열화와 같은 호응을 끌어냈다. 1954년 3월 공산당 제6차 대회에서 체르벤코프는 총리와 당 총서기직을 겸직하지 않기로 하고 당 총서기직을 포기하였다. 후임자로 공산당 총서기직에 또도르 지프코프(Todor Zivkov)가 임명되었다. 그는 효율성을 중시하는 젊은 정치국원이었다.

이후에도 불가리아에서 탈스탈린화가 계속되었다. 대부분의 소련 고문관들은 조국으로 돌아갔고, 불가리아 경제의 특정 부문에서 소련인들에게 큰 혜택을 주었던 합작주식회사들은 해산되었다. 이 시기 그동안 정부의 통제와 검열을 받아온 언론인들과 지식인, 작가집단으로부터 민주화 요청이 쇄도하였다. 정부는 이들에 대한 통제를 느슨하게 하면서도 개인숭배에 대해서는 엄격하게 처벌하였다.

1955년 4월, 니키타 흐루쇼프(Nikita Khrushchev)의 탈스탈린화 및 반스탈린주의 정책은 불가리아를 비롯한 동유럽 공산주의 국가들에 큰 충격과 반향을 일으켰다. 불가리아 공산당은 스탈린주의를 비난했는데 이는 곧 암묵적으로 체르벤코프의 권위주의를 비판한 것이다. 이 사건으로 인해 체르벤코프는 사임한다.

또도르 지프코프의 소련에 대한 완전한 복종

1956년, 헝가리에서 반소련 혁명이 벌어지는 동안에도 또도르 지프코프는 흐루쇼프에 꾸준한 충성을 유지했다. 1956년 정치적 완화는 불가리아 사회를 크게 변화시켰지만, 헝가리 봉기 이후에 불가리아 정부는 다시 강경 노선을 취했다. 체르벤코프 이후 신임 총리로 지명된 안톤 유고프(Anton Yugov)는 1957년 소위 '반당 집단'의 숙청을 시작하였다. 이는 곧 불가리아 공산당이 사회 전반을 통제하는 힘이 여전히 강하다는 것을 보여 주었다. 유고프의 계획은 성공하였고 그는 당의 철권통치자로 여겨지며 정치적 위상을 높였다.[19] 사실 그의 명성은 1944년에서 1949년까지 그가 내무부 장관이 시절부터 차곡차곡 쌓아 온 것이었다. 마침내 1957년 무렵, 유고프와 지프코프는 권좌를 향한 경쟁자가 되었다.

1950년대 후반에는 급진적인 경제 정책이 실행되었고 1958년 불가리아는 소련 다음으로 농업의 집단화를 완료한 최초의 국가가 되었다. 같은 해 집단농장의 급격한 개혁을 통해 일반 농장의 수를 1/4 수준으로 줄이는 데 성공했다.

1958년 6월, 제7차 당 대회에 흐루쇼프가 참석하였다. 지프코프는 그 자리에서 '소련과의 영원한 우정'을 맹세했다. 이 당 대회에서 지프코프는 환상적인 경제 성장 계획을 발표하였다. 채택된 제3차 5개년계획은 '지프코프 개혁' 또는 불가리아의 '대약진'이라고도 불린다.

새로운 개혁 방침에 따라 농지의 집단화에 더 속도를 붙인 덕에, 1961년에 불가리아 전체 경지 면적의 약 99%가 사회주의식 집단농장이 된다. 지프코프가 내세울 수 있는 가장 큰 강점은 소련으로부터 받는 직접적 지원이었다. 지프코프는 소련의 지지에 힘입어 권좌에 오르게 된다. 1961년 소련의 제22차 당 대회에서 체르벤코프가 스탈린을 비판한 뒤 정치국에서 추방되었고 당에서도 제명되었다. 체르벤코프의 긴장 완화 정책을 반대했던 유코프도 총리직에서 해임되고 총리 자리에 지프코프가 앉게 되었다. 지프코프의 이러한 행보는 소련에 의해 설계된 것이기 때문에, 모스크바에 대한 절대적인 복종은 필연적일 수밖에 없었다. 지프코프는 소련에 의존하는 동시에 자신을 지지하는 정치국원들을 요직에 앉혔다. 그리하여 1964년, 소련에서 그의 정치적 후원자가 몰락했을 때에도 문제가 없을 만큼 강력한 지배력을 갖게 된다.[20]

1965년 불가리아 지도부는 새로운 경제 개혁의 모토를 '아래로부터의 계획'으로 설정하고 각 지역의 기업과 경영진에게 더 큰 책임을 부여했다. 이와 같은 개혁은 기업들간의 자율경쟁 강화, 기업의 자율성, 물질적 동기유인 등을 불러일으킨다는 점에서 다른 동유럽 국가들이 시행했던 것과 유사하다. 한 가지 불가리아만이 갖는 독특한 특징은 노동자 대표 기관인 '생산 위원회'를 설립한 것을 들 수 있다.

지프코프 정부는 대외적으로 소련과 기치를 함께하며 순항하였다. 반중국노선을 유지하였고 1961년 알바니아에 대한 원색적인 비판을 아끼지 않았으며 또 유고슬라비아와는 관계를 개선해 나갔다. 문화 및 예술가들에 대한 정치적 탄압이 감소하는 듯했으나 서방의 문화가 유입되어 국민에게 영향을 끼치는 바, 1966년 후반 이후 다시 문화 탄압 정책을 펼쳤다. 정치적으로는 지방선거가 비밀투표로 치러졌다. 서독을 중심으로 대외 무역량도 꾸준히 증가하였다. 관광산업에도 몰두하여 불가리아 동쪽의 흑해에 대규모 관광단지를 조성하는 사업이 진행되었다. 바르나와 부르가스를 관광지구가 만들어진 중심으로 불가리아의 흑해 연안은

[그림 7-7] 불가리아 흑해 연안 도시 부르가스에 건립된 사회주의 건축양식의 리조트와 호텔
출처: Miroslav Damyanov, The protocity

소련을 비롯한 동유럽의 고위직 공산주의자들에게 고급 휴양지로서 명
성을 얻게 된다.

다른 동유럽과 발칸반도의 공산정권과 마찬가지로 불가리아에도 민
족주의적 색채가 짙어졌다. 1960년대 후반, 이념적 강령이 퇴보하는 상
황에서 민족주의는 공산당에 더 큰 정당성을 부여하는 훌륭한 도구로
쓰였다. 1968년 불가리아 내 터키어로 출판되는 신문과 잡지를 하나만
남긴 채 모두 폐간시켰다.

1971년에는 새로운 헌법에 따라 불가리아를 노동계급이 이끄는 사회
주의 국가로 선언하였다. 또 당 내부에서 '철의 기강 잡기'라는 말이 언
급될 정도로 강력한 중앙 집권화를 추구했고, 이데올로기적 복종이 요
구되었다. 입법부와 행정부의 권한을 함께 갖는 '국가위원회'가 설립되었
는데 국가 원수가 의장직을 역임할 수 있게 설계되었다. 다른 동유럽 국
가에서는 당 기관이 행정 감독을 했다면, 불가리아에서는 국가위원회가
이 업무를 대신한 것이다.

지프코프 정권은 성숙한 사회주의 건설을 꿈꾸며 광범위한 생산방식에서 선택과 집중의 성장을 계획하였다. 발전된 과학기술을 기반으로 생산성을 증대시키고 수출을 통해 외화를 벌어드리려는 계획이었다. 이렇듯 다양한 분야에서 변화와 성장의 모습을 보였지만 달라지지 않은 것은 소련에 대한 외교 정책이었다. 오히려 이전보다 더 완벽히 소련에게 복종하는 것처럼 보였다. 지하자원 매장량이 거의 없는 불가리아는 천연가스를 비롯한 중요 물자의 90% 이상을 소련에 의존하고 있었기 때문이다. 그렇기 때문에 지프코프는 지속적으로 소련에 대한 애정과 존경의 마음을 표현하였다.

이것을 보여 주는 유명한 일화가 있다. 1971년 4월, 제10차 당대회에서 지프코프는 불가리아와 서방 진영 및 자본주의 국가들과 관계 개선을 강조하면서도 "불가리아 외교 관계의 기본은 소련과의 우호적인 관계를 유지하는 것이며 생물이 흙과 공기를 필요로 하는 것처럼 불가리아에게는 소련이 필요하다."라고 언급하였다. 1973년 9월에는 "불가리아와 소련은 같은 폐로 호흡하고 같은 핏줄로 영양을 공급받는 한몸으로 행동할 것"이라고 말했다.

베트남 전쟁, 중동 및 라틴 아메리카의 외교 문제에서도 소련과 불가리아는 의견을 같이했다. 이 같은 지프코프의 행보를 통해 불가리아는 동유럽에서 소련과 가장 친밀한 국가라는 인식이 확고하게 심어졌다.

외교적으로는 소비에트 노선을 따랐지만 지프코프는 서방세계와의 관계를 이전보다 더 발전시켜 나갔다. 1973년 가장 많은 교역 관계를 갖고 있었던 독일 연방공화국과 외교 관계를 수립했다. 1975년 6월에 지프코프는 바티칸을 방문하여 교황 바오로 6세를 만나 관계증진을 도

[그림 7-8] 1971년 브레즈네프와 또도르 지프코프
출처: Tass

모하였다. 이 만남을 통해 불가리아 내 가톨릭 신자들이 로마 순례를 하고 1979년 불가리아 내 가톨릭 주교관구가 배치되는 계기가 되었다.[21]

　지프코프 정권 통치 시기 불가리아의 경제는 상대적으로 안정되었으며 국민 생활이 점차 개선되고 있었다. 1940~1950년대 모든 이를 대상으로 시행되었던 공포정치는 이제 정권에 대해 반대 의견을 표출하는 소수의 사람들에 대해서만 가해졌다. 1972년 12월 중앙위원회는 교육 및 주택과 같은 사회 인프라를 확충하는데 더 많은 관심을 기울일 것을 약속했다. 이 분야의 발전은 항상 더디게 진행되어 국민들의 주된 불만 사항이었지만, 1970년대 후반에는 많은 부분 개선되어 불가리아 국민들의 생활 수준이 전반적으로 향상되었다.

　1960년대 초에 도입된 코메콘(Comecon) 계획에서 불가리아는 많은 혜택을 받았다. 1965년 소련과의 협정에 따라 소비에트 연방에서 제조된 자동차와 트럭을 불가리아에서 조립하게 되었다. 이와 함께 조선 및 철도와 지게차 생산을 시작했다. 1975년까지 산업 생산량의 3분의 1을 차지하는 것은 운송 수단과 관련한 수출이었다. 이 당시 불가리아는 동유럽 시장으로의 수출을 목표로 자기 디스크와 컴퓨터 부품을 생산하기 시작했다. 이와 같은 행보는 불가리아 제품을 동유럽과 소련 시장으로 알릴 수 있는 계기가 되었다.

국내 정치의 안정이 이어졌지만 지프코프는 야당에 대해 무관심하지 않았고 늘 경계하였다. 그는 당의 지도력에 대한 일말의 도전도 용납하지 않았다. 그는 통치 기간 내내 권력 기반을 쌓아가는 정치국원이 등장하는 순간 가차 없이 제거하였다. 자신의 권력과 위용을 드러내기 위해 1977년에는 38,500명의 당원을 당에서 추방한다. 이는 지프코프가 권좌에 있는 동안 일어난 가장 큰 규모의 숙청이었다.[22]

불가리아는 다른 동유럽 국가와 비교했을 때 국가 내 소수민족과의 대립이 없는 편이었다. 하지만 1971년 '통일된 사회주의 국가의 창설'을 당의 강령으로 설정한 뒤 터키인에 대한 불가리아식 동화 요구가 이어졌다. 1970년대 초에 터키식 이름을 사용하는 이들은 슬라브식 이름으로 개명해야 했고 이를 거부할 경우 처벌을 받았다. 1974년 벨레네(Belene) 강제노동수용소에 수감 된 총 1,300명의 수감자 중 500명이 개명을 거부한 터키의 포막(Pomak) 민족이었으니 그 압박이 대단했음을 유추 할 수 있다. 개명요구와 더불어 터키인들에 대한 해외 이주가 장려되었다. 1950년대 초 흩어진 이산가족들이 터키에서 재회할 수 있도록 터키정부와 협의하였다. 이산가족상봉은 계획된 해외 이주 정책이 아니었지만, 이 협정이 발효된 후 10년 동안 약 13만 명의 터키인들이 불가리아를 떠났다.

[그림 7-9] 과학 학술원 산하 역사연구소가 발행한 소책자 『마케도니아 문제: 역사 및 정치적 측면』

출처: Bulgarian Academy of Sciences

마케도니아 문제는 불가리아로 하여금 민족주의적 감정을 불러일으키는 예민한 문제였다. 불가리아 내부의 마케도니아 문제에 대한 모든 결과가 필연적으로 유고슬라비아와의 관계에 영향을 미쳤으므로 더 예민할 수밖에 없었다.

1968년 11월 불가리아 과학 학술원 산하 역사연구소(Institute for Historical Research of Bulgarian Academy of Sciences)가 발행한 소책자인 『마케도니아 문제: 역사 및 정치적 측면(The Macedonian question: Historical and political reference, Македонският въпрос. Историко-политическа справка)』에 유고슬라비아 내 마케도니아 인구의 2/3가 불가리아 민족이라고 기술되었다. 당 지도부는 이 책자를 당원들에게 회람시켰는데, 마케도니아 정부는 이를 항의하며 책의 내용이 사실이 아님을 주장하였다. 하지만 지프코프는 이것을 정정하지 않았다. 그는 이 사건으로 인해 자신의 권한을 전혀 잃지 않았으며, 마케도니아 분쟁이 그의 통치 기간 동안 국가 간 문제로 야기 될 가능성은 전혀 없어 보였다.

03

불가리아 공산정권의
붕괴 원인과 과정

당 1서기장또도르 지프코프는 1962년부터 1971년까지 총리직을 겸임하며 경제개혁을 시행한 결과, 불가리아의 경제가 괄목할만하게 향상되었다. 그는 35년간의 국가 통치 동안 불가리아를 온건한 노선으로 이끄는 데 힘썼다. 베를린 장벽이 무너지고 난 뒤 국가소요사태를 보이며 혁명적 변화를 겪은 다른 동유럽 국가들과 다르게 불가리아는 유혈사태 없이 이른바 '푸른 혁명'을 이뤄냈다는 평가를 받는다. 친소 노선을 유지하며 소련으로부터 강력한 지원을 받은 덕분에 공업과 에너지 분야에서 많은 발전을 일궈 냈고, 사회 인프라와 의료 및 교육도 대폭 개선되었다.[23] 실제로 이 시기 불가리아는 알바니아, 세르비아 등 발칸 유럽 국가들보다 월등히 뛰어난 경제력을 갖추었다.

하지만 1981년이 되자 다른 동유럽 국가들과 마찬가지로 불가리아에서도 저성장 경제의 조짐이 보이기 시작했다. 광범위한 경제성장에서 집중적인 경제성장으로의 전환은 쉽게 이루어지지 않았다. 공산주의 계획경제가 같은 신기술을 다루기엔 역부족이었기 때문이다. 불가리아 정부가 많은 기대를 걸었던 과학기술의 혁명은 실망스러운 결과를 보였다. 수십 년 동안 중앙조직이 생산 과정부터 납품 장소까지 정해 주는 것이 익숙한 공장 관리자는 자기 스스로 새로운 시장을 개척하는 방법을 터득하지 못했다. 또 계획된 총생산량을 달성하기 위해서 모든 것을 희생했던 노동자들은 제품 품질개선을 위해 생산량을 줄여야 하는 상황을 이해하지 못했다. 이미 과거의 경험이 익숙한 노동자들에게 상품 품질개선은 어려운 숙제였다.

여기에 에너지 분야의 취약성이 여실히 드러나기 시작했다. 불가리아는 지하자원 매장량이 부족하기에 국가에서 사용하는 에너지 대부분을 수입하였다. 1980년대 초반, 소련은 자신들이 경제문제에 직면하자 불가리아에 수출하는 천연가스를 비롯한 에너지 자원의 가격을 인상하였다. 이는 불가리아 경제침체와 직결되었다.

이렇듯 국가 주도의 사회주의 경제의 잠재력은 소진되었고 일반 국민이 체감하는 실질 경제는 악화하기 시작했다. 자연스럽게 대중의 공산주의 체제에 대한 불만은 점차 커지기 시작했고, 정치적 변화, 즉 민주주의에 대한 갈망이 서서히 커져갔다. 1980년대 후반부터 동유럽과 발칸 지역의 공산주의 정권에서 붕괴 조짐이 보이자 불가리아 사회에서도 균열과 위기가 발생하였다. 이어지는 글에서는 불가리아 사회주의 붕괴의 원인을 내부적 요소와 외부적 요소로 나누어 정리해 보겠다.

불가리아 공산정권 붕괴의 내부적 요인

불가리아 공산정권 붕괴의 내부적 요인을 다음의 두 가지 이유를 들어 설명하고자 한다.

① 지식인과 노동자 계층의 저항
② 불가리아 내 터키 민족과의 갈등 양상

1980년대에 들어서 도시에는 교육을 받은 지식인과 노동자 계층이 형성되었다. 이들은 불가리아의 정치 지형변화에 주도적인 역할을 하였다. 폴란드 연대에서 영감을 받은 불가리아 노동자들은 시위와 파업을 지속하였다. 1989년 2월에 설립된 독립적 노동조합인 뽀드끄레빠(Podkrepa, 불가리아어로 '지지(支持)'의미)의 출현은 전체 사회주의 체제에서 다원주의를 향한 첫걸음으로 기록되었다.[24] 이 단체는 조악한 임금과 열악한 근무환경에 불만을 가진 교사들을 중심으로 결성되었다. 처음에는 참여하는 노동자의 숫자도 적고 영향력이 적었지만, 불가리아 사회민주당의 디미타르 블라고에프(Dimitar Blagoev)를 비롯한 정치가들이 이 노동조합 운동에 힘을 보태며 점차 영향력이 커졌다. 또 인쇄 노동조합이 설립되면서 불가리아 내 계급 단위의 최초의 노동조합 조직으로 성장하게 된다. 정부의 탄압으로 조직의 지도자들은 박해를 받고 체포되기도 하였으나, 교수와 청년, 학생 그리고 불가리아 지식인층의 열화와 같은 응원을 받았다.

두 번째로, 불가리아 내 터키 민족들과의 갈등 양상은 지프코프 정권을 파멸의 길로 이르게 했다. 1984년 후반에는 터키민족이 불가리아어

또는 슬라브어 이름으로 개명해야 한다는 요구로 시작하여 터키인의 동화정책을 시행하였다. 이듬해 불가리아 내에 거주하는 터키인들은 정부에서 제시한 슬라브 이름 목록에서 하나를 자신의 이름으로 정하라는 지시를 받았다. 이름을 정하는데 시간을 지체하거나 거부하면 정부가 강제로 이름을 부여하였다. 많은 이들이 비합리적인 처사에 저항했으나 이내 실패하였다. 저항세력을 잠재우기 위해 군대가 등장하고 심지어 탱크와 엘리트 낙하산부대가 배치되는 등 제2차 세계대전이 끝난 후 불가리아 군대가 수행한 가장 큰 군사작전이 수행되었기 때문이다.[25] 또 터키어 신문을 강제로 폐간시키고 터키어 라디오 방송을 중단시켰다. 심지어 공공장소나 공공석상에서 터키어를 사용하는 것도 불법으로 규정하였다. 불가리아 정부는 불가리아 영토에 거주하면서 터키식 이름을 사용하고 터키어를 구사하는 사람들은 터키인이 아니라 오스만제국의 지배하에서 강제로 개종된 불가리아인의 후손들이라고 주장하였다. 이런 이유를 들어 지프코프는 당시 불가리아 인구의 10% 가까이 되는 약 30만 명의 터키민족을 강제 이민 및 추방하기로 결정하였다. 이러한 불가리아의 '소수민족강제통합과정'은 터키민족의 저항뿐만 아니라 전 세계적으로 빗발치는 항의를 초래했다. 불가리아 정부는 UN, 이슬람 회의기구, 유럽사법재판소 및 기타 국제기구들의 비난을 받았다. 이 계획은 실패로 돌아갔을 뿐만 아니라 소련을 포함한 외부 세계에서 불가리아의 지위를 크게 떨어뜨리는 계기가 되었다.

불가리아 공산정권 붕괴의 외부적 요인

불가리아 공산정권 붕괴의 외부적 요인은 다음과 같이 두 가지로 정리할 수 있다.

① 미하일 고르바초프의 등장
② 소련과의 관계 약화

지프코프 정권이 붕괴 조짐을 보인 것은 미하일 고르바초프의 등장과 함께 시작되었다. 다른 동유럽 국가들과 마찬가지지만, 소련의 영향을 유달리 많이 받았던 불가리아에는 더욱더 큰 영향을 주었다. 또 소련에서는 고르바초프가 젊은 서기장으로 떠올랐는데, 지프코프는 이미 72세로 동유럽에서 가장 오랜 기간 집권하고 있는 공산주의 지도자였다. 소련에 혜성처럼 등장한 젊은 세대와 수십 년째 제자리걸음인 지프코프 사이의 세대 간 간극을 좁힐 수 없었다. 고르바초프는 과거의 서기장들과는 다르게 각 동유럽 국가와 당이 소련과의 연결고리를 끊고 자신의 국가에 집중하는 것이 더 좋다고 생각했다.[26] 지프코프는 고르바초프가 외치는 글라스노스트(개방)의 궁극적인 목적이 경제 분야에서 페레스트로이카(개혁)를 이루는 것인데, 불가리아는 이미 경제적인 페레스트로이카를 구축했기 때문에 개방이 필요하지 않다고 주장하였다. 하지만 당 밖에서도 심지어 당 안에서도 그의 주장에 동의하는 사람은 아무도 없었다.

또도르 지프코프의 몰락

1985년 지프코프는 불가리아 공산주의의 실패를 인정하고 새로운 경제 개혁안 제정했다. 여러 부처가 폐지되고 지방정부를 광범위하게 개혁하였으며, 헌법 수정을 위한 위원회가 수립되었다. 하지만 이 계획은 심각한 사회적 혼란만 가중했을 뿐 별다른 성과를 거두지 못했다.

1989년 5월 말, 파리에서 열린 '유럽 안보 및 협력 회의(Commission on Security and Cooperation in Europe: CSCE)' 직전에 터키 지도자들은 불가리아가 터키인에 행한 만행을 알리며 단식투쟁을 하였다. 이에 미국 정부는 터키에 지원을 약속했지만, 고르바초프는 불가리아의 국내문제에 관여할 의사가 없음을 알렸다. 이 사건으로 인해 소련에 충성을 다했던 지프코프는 국제적으로 고립된다.

민주화를 요구하는 시민들의 시위가 전국적으로 연일 이어졌고 1989년 11월, 베를린 장벽이 무너진 다음 날, 지프코프는 사임한다. 불가리아는 발칸반도에서 유일하게 유혈사태 없이 평화로운 체제 전환을 맞이하는 일명 '푸른 혁명'을 이뤄 냈다.

[그림 7-10] 또도르 지프코프 사임 후 거리로 나온 시민들
출처: 25 years of Free Bulgaria

[그림 7-11] '또도르'와 '커뮤니즘'을 합친 합성어 '또쉬즈마는 끝났다'
출처: Voinaimir

04

맺음말

이 절에서는 불가리아의 공산정권이 붕괴된 이후의 상황을 살펴보고자 한다. 1990년 1월 말 공산당은 제14차 당 대회를 열고 당의 대폭적인 구조조정을 시작했다. 의회는 이전 공산당이 다수를 이루고 있어 정부를 장악했기에 권력을 분배하기 위해 다당제를 시행하였다. 또 정치국과 중앙위원회를 당원에 더 큰 책임을 부여하는 기구로 변경하고 시장경제체제 도입 등 탈공산주의 노선의 내용을 담음 개헌안을 승인한다.

지코프정권에서 내무부 장관직을 역임한 피터 플라데노프는(Peter Mladenov) 민영화, 탈중앙화, 민주화를 바탕으로 경제를 일으킬 것이라고 선언했다. 또 그는 다당제 민주주의를 통해 당과 국가가 완진히 분리되는 것을 원했다. 이와 같은 맥락에서, 그는 당 대표직을 알렉산더 릴로프(Aleksandur Lilov)에게 넘겨주고 자신은 국가의 원수로만 남았다. 이어 안드레이 루카노프를 총리로 하는 새로운 정부를 구성하고 1990년

[그림 7-12] 불가리아
사회당 로고
출처: BSP

11월 국명을 불가리아 공화국으로 개칭한다.

불가리아 공산당(BCP)은 불가리아 사회당(BSP)으로 이름을 바꾸고 안드레이 루카노프(Andrei Lukanov)가 총리로 취임한다. 루카노프는 당을 국가와 사회로부터 분리하려는 시도와 함께 개인의 자유를 보장하는 사회 · 경제 개혁을 시행하였다. 개인의 자유를 확대하기 위한 가장 큰 변화는 내무부 제6국, 즉 비밀경찰의 폐지였다. 지프코프 전 정권의 몰락을 이끌었던 문제인 소수민족에 대한 처우 또한 달라졌다. 의회는 불가리아의 모든 시민이 자신의 이름을 자유롭게 선택할 수 있는 법안을 통과시켰다.

하지만 개혁파와 보수파 사이의 분열과 충돌은 피할 수 없었다. 당의 이름을 바꾸고 부분적인 변화를 시도했지만, 근본적인 것을 바꾸는 것은 어려웠다.[27] 야당은 자유 선거제를 요구하였으나 불가리아 사회당이 이를 거부하면서 폭력 사태가 야기되었다. 대중은 폭력적 시위를 통해 불가리아 공산당의 잔재를 전면 거부하는 의사를 표현하였다. 정치적 교착상태와 악화된 경제 상황으로 인해 사회적 불안이 날로 커져갔다. 1989년 이후, 시민들의 시위 행렬은 불가리아 사회문화의 일부가 되었는데 민주주의 시대가 도래하면서부터 거리는 다시 학생과 지식인 그룹으로 이루어진 시위자들로 가득찼다.

이때 시위자들의 지지를 받은 것은 1989년 11월 등장한 새로운 세력인 민주 세력동맹(The Union of Democratic Forces: UDF, Съюз на демократичните сили: СДС, Sayuz na demokratichnite sili: SDS)이다. 민주세력 동맹은 공산주의 정부에 반대하는 정치단체 연합으로 14개의 비공산주의 정치 조

직으로 구성된 야권 통합정당이 되었다. 이 연맹의 지도
자는 몇 년 뒤인 1991년, 대선에서 당선되어 대통령으로
취임하는 되는 철학자 젤류 젤레프(Zheliu Zelev)였다. 시
위에 가담하는 대중들이 이 정당을 지지하면서 민주세
력동맹이 정부와 협상할 수 있는 정당성을 갖게 된다.

[그림 7-13] UDF 로고
출처: UDF

　동유럽과 발칸 지역의 공산주의 체제 붕괴 과정에서
공통으로 나타나는 현상은 대중들이 폭력시위를 벌이는데 그 끝에는 결
국 야당을 지지한다는 것이다. 선거 조작, 언론 통제 등 과거의 방식을
통해 급진적인 사회 변화를 막으려고 하는 공산당에 저항하는 행동을
시위로써 표출하는 것이다.[28] 불가리아는 낙후된 정치 문화로 체제 전환
직후 바로 실시된 첫 선거에서 과거 지배 엘리트가 승리하며 사회주의적
인 보수적 질서가 유지되었다. 하지만 이에 대한 저항은 계속되었고 공
산주의적 체제가 더이상 불가리아 시민들에게 용납되지 않았다.

　1990년 2월, 시민들은 플라데노프의 사임을 요구했고 공산당은 굴복
하였다. 1990년 6월, 직접 선거를 통해 의회가 구성되었다. 이후 두 달
뒤, 불가리아에서 엄청난 사건이 일어난다. 시민들은 40년 동안 불가리
아 공산당에게 추대받았던 인물인 디미트로프의 묘지를 파괴한다. 디미
트로프가 안치된 기념관은 반파되었고 이는 불가리아의 국민이 오랜 기
간 마음속으로 염원했던 공산주의의 완전한 붕괴를 의미했다. 디미트로
프의 유해는 파괴된 건물 속에서 꺼내어져 가족들에게 이양되었다.

　이처럼 체제 전환 과정에서 대중들은 시위를 통해 자신들의 의견을 표
출하였고 정부에 대한 분노는 점점 줄어들었다. 불가리아의 정치 변화에
결정적으로 이바지하였다 할 수 있겠다.

1991년 7월 12일, 현재까지도 사용하고 있는 '불가리아 공화국 헌법'
이 채택된다. 국민의 집적 선거를 통해 국가 원수를 선출하고, 당선된 대
통령의 임기는 5년으로 한다는 내용을 담았다. 한 가지 특징적인 것은
대통령 선거에 출마하는 후보는 출마 직전 5년간 불가리아에 거주했어
야 한다는 조건이 붙었다. 이것은 이집트로 망명한 시메온 2세(Simeon Ⅱ)
가 대통령 선거에 나오는 것을 방지하기 위한 장치로 해석된다. 불가리
아의 공산화가 시작되며 국가에서 추방당한 시메온 2세는 과거 군주제
의 상징이었다. 일부 국민은 국가 정세가 어려울 때마다 불가리아 왕국
의 혈통을 계승한 시메온 2세를 떠올리기도 했다. 그가 난세를 극복하고
나라를 구할 수 있는 유일한 정치인이라고 여겨졌기 때문이다. 그로 향
하는 민심을 막기 위해 공화국은 온 힘을 다했다.

헌법재판소가 수립되었고, 입법부는 총투표의 최소 4%를 득표한 정
당들에 의한 비례대표로 선출된 240명으로 구성됨을 공표하였다.
1991년 10월 30일, 민주주의 신헌법 체제하에서 실시된 총선 결과 38개
의 정당이 투표에 참여했지만 단 3개의 정당만이 최소 4%의 기준을 통
과할 수 있었다. 결과는 막상막하였다. 민주세력동맹(UDF)이 110석을
획득하며 제1당으로 도약하게 되었지만 사회당(BSP)이 106석, MRF가
24석을 차지했다. UDF의 필립 디미트로프(Philip Dimitrov)를 총리로 하
는 새로운 내각이 출범하였다. 이듬해인 1992년 1월, 대선에서 젤류 젤
레프가 대통령으로 당선하며 불가리아 최초로 비공산주의자인 민주세
력이 정권을 장악하게 되었다.

이렇게 불가리아는 민주주의로의 첫 발걸음을 내딛는다.

제8장

발틱 3국의
공산주의 붕괴와
체제전환

손동기, 송병준

유럽연합의 중동부유럽 회원국은 1989년 이후 내부의 혁명을 통해 체제전환을 이루었다. 반면 발틱 3국은 러시아로부터 독립을 통해 1940년 이전의 주권국가로 회귀하였다. 따라서 발틱 3국에서 체제전환은 주권회복을 통한 정상국가로의 복귀를 의미한다.

발틱 3국 체제전환의 당위성은 소련으로부터 점령 이전의 역사적 경험과 정체성 그리고 반러시아 정서로 압축된다. 발틱 3국은 양차 대전 사이 독립국가를 이루며 민주적인 정부를 운영하였고, 성공적인 시장경제와 높은 수준의 복지시스템을 구축하였으며, 내부의 소수민족에게도 우호적인 정책을 취한 경험을 갖고 있다. 또한 발틱 3국은 독립국가연합 중 가장 뒤늦게 1940년 소련에 합병되어 문화 및 사회적으로 이른바 소련화(Sovietizaion)가 상대적으로 깊게 뿌리내리지 못하였다. 결정적으로 발틱 3국은 1939년 8월 23일 몰로토프-리벤트롭조약(Molotov-Ribbentrop Pact)에 따른 강제적인 합병과 숲속의 형제들(Forest Brothers)로 상징되는 무력저항의 역사로 반러시아 정서가 뿌리 깊다.

1989년 이후 발틱 3국의 공산주의 붕괴와 체제전환 동력은 대내외적 요인의 결합에 따른 것이다. 발틱 3국의 독립과 체제전환을 가능케 한 내부적 요인은 공산당을 비롯한 기존 기득권 세력이 독립의 불가피성을 인지하고 독립 세력과의 적극적 협력이었다. 또한 발틱 3국은 소련에 대한 무력저항은 내부분열과 또 다른 폭력을 동반한다는 사실을 인식하고 폴란드의 자유노조(Solidarity Movement)를 모델로 철저하게 비폭력 저항운동으로 일관하여 독립의 정당성을 확보하였다.

더불어 발틱국가들은 1989년부터 1991년 2차 독립 시까지 1917년 1차 독립의 경험을 되살려 독단적인 저항운동을 최대한 억제하고 3국 간 조직적인 협력을 진행하였다. 발틱 3국은 1989년 8월 23일 몰로토프-리벤트롭조약 체결 70주년을 맞아 발틱의 길로 불리는 평화적 저항운동을 성사시켜 국제사회로부터 지지를 이끌어 내었다.

한편, 발틱 3국에서 체제전환의 외부적 동인은 1991년 8월에 발생한 모스크바의 쿠데타에 따른 소련의 발틱지역에서의 정치·군사적 통제력 상실이었다. 소련의 내부붕괴는 결과적으로 발틱 3국의 독립에 가장 큰 장애 요인이었던 러시아계의 저항을 무력화시켰다. 더불어 발틱 3국 간 전략적 연대와 서유럽 국가의 정치적 지원 역시 발틱 국가의 독립을 이끈 외적 요인들이다.

발틱 3국은 모두 평화적 저항과 연대 그리고 소련의 붕괴로 체제전환을 기하였다. 이들 국가 간에는 공산당과 산업계에 발틱계 고위직의 비율, 러시아계 주민의 인구비중, 독립주도 세력 및 시민사회의 구성원 등에서 공통점과 함께 적지 않은 차이점도 갖는다. 이러한 요인으로 독립과정과 이후의 체제전환기의 정치·경제적 환경은 차별화된 성격을 갖는다. 특별히 발틱 3국내 러시아계의 비중은 이들 국가에서 독립과 체제이행 과정에 결정적 요인으로 작용하였다.

이 장은『동유럽발칸연구』제45권 1호(2021)에 게재된 "발틱 3국의 독립과 체제전환: 동인, 과정 및 함의"를 수정·보완한 글이다.

01

머리말

　유럽연합의 중동부유럽 회원국은 1989년 이후 시민혁명을 통해 체제 전환을 기하였다. 반면에 같은 시기 발틱 3국은 러시아로부터 독립을 통해 1940년 이전의 주권국가로 회귀하였다. 따라서 여타 중동유럽국가는 공산주의의 붕괴에 이은 제체전환이라면, 발틱 3국은 주권회복을 통한 체제전환으로 그 목적과 경로를 달리한다.

　1986년 이후 소련 공산당 서기장 고르바초프(Mikhail Gorbachev)의 개 방개혁정책으로 발틱 3국에 대한 소련의 통제가 느슨해졌다. 경제적 측면에서 발틱 3국은 고르바초프의 개방개혁정책의 최대 수혜지역이었으며, 정치적으로는 완화된 소련의 간섭을 틈타 고유 언어와 문화의 복원을 통해 민족의식을 고취하였다. 1988년 7월 이완된 소련의 통제로 오랜 시간 비밀에 붙여졌던 몰로토프-리벤트롭조약(Molotov‐Ribbentrop Pact)이 리투아니아에서 공개되면서 발틱 3국의 독립의지는 확고해졌다.

발틱 3국의 최고소비에트(Supreme Soviet)는 소련의 무력점령을 비난하는 선언서를 발표하고, 에스토니아는 1988년 그리고 라트비아와 리투아니아는 1989년에 각각 주권을 선언하였다.

발틱 3국의 독립운동은 거세져 독립 추진세력들은 몰로토프-리벤트롭조약의 불법성과 소련의 강제점령을 전 세계에 알리기 위한 서명운동을 전개하였다. 곧이어 리투아니아 개혁운동(Sajudis), 에스토니아와 라트비아의 국민전선(Popular Fronts) 등 독립 주축 세력이 구성되었다. 이들 독립추진 세력들은 긴밀한 연대를 통해 1989년 8월 비폭력 저항운동을 상징하는 발틱의 길(Baltic Way)을 성사시켜 국제사회로부터 관심과 지지를 이끌어 내었다.[1]

발틱 3국 최고소비에트의 태세전환으로 1990년부터 1991년까지 독립을 위한 행보가 가파르게 진행되었고, 이 과정에서 리투아니아와 라트비아는 소련과 물리적으로 충돌하였다. 1990년 3월 리투아니아는 의회선거 실시와 함께 독립을 선포하고 소련에 대한 불복종 운동을 전개하였다. 이러한 리투아니아의 행보는 소련 공산당 지도부를 자극하였다. 이에 모스크바는 경제제재와 함께 물리적 대응을 취하여 1991년 1월 수도 빌뉴스에서 소련군의 발포로 14명의 리투아니아 시민이 사망하였다. 5일 뒤 라트비아 수도 리가에서도 소련군의 강제진압 과정에서 다섯 명의 라트비아 시민이 사망하였다.[2] 발틱 3국에서 긴박한 상황이 전개되는 가운데 1991년 8월 모스크바의 쿠데타로 상황은 반전되었다. 정권내부의 붕괴로 소련은 발틱 지역에 대한 통제력을 상실하고 한 달 뒤 발틱 3국은 모두 독립을 선포하였다.

이와 같이 독립과정에서 발틱 3국은 철저한 비폭력 저항과 3국 간 연대를 취하였고 이후 체제전환 시에도 대외정책에서 전략적 연합을 지속하였다. 한편, 발틱 3국이 주권을 회복하였지만 이들 국가 간에는 공산당과 산업계 내 발틱계 고위직의 비율, 러시아계 인구비중, 독립주도 세력 및 시민사회 구성원 등에서 공통점과 함께 적지 않은 차이점도 갖는다. 이러한 요인으로 발틱 3국은 독립과 체제전환 과정에서 차별화된 성격을 갖는다. 특별히 발틱 3국내 러시아계 인구비중은 독립과 체제이행 과정의 결정적 변수로 작용하였다.

02

발틱 3국의
공산주의

공산정권의 성립

리투아니아, 라트비아, 에스토니아 등 발틱 3국은 20세기 들어 러시아로부터 두 번에 걸쳐 독립을 이룬 국가들이다. 발틱 3국은 18세기 이후 러시아의 오랜 지배를 받다가 제1차 세계대전 시기인 1917~1920년 사이에 독일군의 러시아 진군을 틈타 독립을 선언하고 주권을 회복하였다. 그러나 발틱 3국은 1939년 8월 23일 소련과 독일간에 체결된 독소불가침조약(Nazi-Soviet Non-Aggression Pact)으로 더욱 널리 알려진 몰로토프-리벤트롭조약에 의해 다시 러시아의 지배에 들어갔다.

1939년 8월 23일 소련의 외무장관 몰로토프(Vyacheslav Molotov)와 독일 외무장관 리벤트롭(Joachim von Ribbentrop)은 회동을 갖고 몰로토프-리벤트롭조약을 체결하였다. 몰로토프-리벤트롭조약 본문에는 소련과 독일은 상호 군사적 행동을 하지 않는다는 내용이 담겨 있다. 그리고 부속의정서(protocol)에 주변국의 분할내용을 담았는데 그 내용은 비밀에 부쳐져 공개되지 않았다. 부속의정서에는 폴란드 동부와 핀란드, 에스토니아와 라트비아에서 소련의 기득권 인정 그리고 폴란드, 리투아니아 및 단지히 자유시(Danzig)의 독일 귀속 내용이 명기되었다. 다음 달 1939년 9월 소련과 독일은 다시 한번 회동을 갖고 리투아니아에서도 소련의 지배를 인정하여 결국 발틱 3국은 모두 소련의 영토가 되었다.[3]

이후 발틱 3국은 제2차 세계대전 발발로 1941~1944년 잠시 독일의 지배를 겪고 1944년 제2차 세계대전 종전과 함께 소련에 재점령당하여 공산화되었다.[4] 발틱 3국을 점령한 소련은 러시아인에 의한 식민지화, 정치사회 시스템의 러시아화(Russification), 그리고 소련 경제권으로의 편입 등 세 가지 목표에 따라 공산화를 진행하였다.[5]

발틱 3국의 식민지화를 위해 소련은 조직적으로 러시아 기술자와 군병력을 본 지역으로 이주시켰다. 라트비아의 경우 1945~1955년 기간 소련정부의 주거제공과 정착금 지원 등의 혜택을 통해 약 53만 5천 명의 소련연방 주민들이 이주하였다. 또한 소련이 라트비아에 진주할 당시 라트비아인의 90%가 러시아어를 이해하지 못하였다. 그러나 소련은 라트비아 내 모든 학교에서 러시아어를 의무화하고 공문서를 러시아어로 작성하여 모든 시민이 일상적 생활을 위해서는 러시아어를 강제로 습득할 수밖에 없는 환경을 조성하였다. 이 결과 라트비아는 타 발틱국가보다 더욱 빠른 속도로 러시아화가 진척되었다.[6]

이러한 소련의 일방적인 점령과 강압적 통치에 맞서 발틱 3국은 격렬하게 저항하였다. 에스토니아는 런던에 망명정부를 설립하고 저항운동을 하였다. 또한 발틱 3국 모두 숲속의 형제들(Forest Brothers)로 불리는 게릴라군을 조직하여 소련에 대항하였다.[7] 1944년 3만여 명의 리투아니아 군인과 시민들은 소련의 무력점령에 대항하기 위해 숲속으로 피신하여 이후 10여 년간 리투아니아 전쟁(Lithuanian War)으로 불리는 게릴라전을 전개하였다. 리투아니아 저항군은 전직 리투아니아 병사는 물론이고 소련의 강압적인 징병제를 피하기 위한 청년들로 구성되었다. 1944년 초부터 소규모의 자발적 조직으로 시작된 숲속의 형제들은 동년 가을경에는 각 지역별로 2~5개의 여단급 병력으로 확대되어 소속부대를 상징하는 휘장을 단 군복을 착용하고 자체적인 규율과 체계를 갖추었다.[8]

그러나 1949년에 이르러 소련의 군사적 대응으로 리투아니아 저항군은 상당이 위축되었다. 위기타개를 위해 리투아니아 저항군 대표들은 1949년 2월 리투아니아 자유투쟁운동(Movement for the Struggle for Freedom of Lithuania: LLKS)라는 이름을 짓고, 조직을 재정비하여 정치적 선전운동도 전개하였다. 그러나 최대 10만 명까지 확대되었던 리투아니아 저항군은 소련의 무자비한 진압으로 1953년경에는 완전히 붕괴되었다. 당시 리투아니아 저항군은 10여 년간 2만여 명이 전사하였고 직간접적인 희생자까지 더하면 10만여 명에 이른다.[9]

한편, 1944년 소련의 발틱 3국 진주로 1952년까지 리투아니아 24만 5천 명, 에스토니아 7만 5천 명 그리고 라트비아 13만 6천 명 등 총 45만 6천 명이 희생당하였다. 이러한 희생자 수는 1940~1941년 독일 점령기간 발틱 3국 총 희생자 16만 9천 명의 약 2.5배에 달하는 수치이다.[10] 리투아니아는 강경한 저항으로 상대적으로 많은 희생자가 발생하였다. 소련은 리투아니아에서 조직화된 반소련 저항단체를 해체하고 자산을 몰수하였고, 반정부 인사를 유배시켜 단시간 내에 저항세력을 무력화시켰다.[11] 이와 같이 발틱 3국에서는 소련의 지배 초기 강경한 저항으로 많은 희생자가 발행하였고, 갈망하던 독립도 이루지 못하였다.

공산정권의 특징

발틱 3국의 공산당 정권은 여타 중동유럽과는 성격을 달리하여 공산당은 곧 러시아계라는 민족적 분할을 의미하였다. 공산주의 시절 라트비아와 에스토니아의 러시아계 인구비율은 각각 37%와 30%를 점하여 정치, 경제, 사회 등 모든 부분에서 이원적 분할이 형성되었다. 라트비아와 에스토니아에서 공산당은 러시아계 주민을 중심으로한 친러시아, 친공산주의 세력으로 구성되었다. 따라서 이들 국가에서 공산당 당원은 정치, 경제 등 여러 측면에서 엘리트 집단을 형성하였다. 반면에 현지 주민은 반러시아와 민족주의 성향을 갖는 피지배 계급에 위치하였다.

이와 같이 라트비아와 에스토니아에서 공산주의는 곧 정치적 시스템이며 동시에 민족적 분할로 이해 할 수 있다. 이원적 민족구성에 기인하여 라트비아와 에스토니아 공산당은 독립과 체제전환 과정에서 별다른 영향력을 행사하지 못하였고, 새롭게 구성된 정당시스템에서도 배제되었다. 이러한 배경으로 2004년 이후 유럽연합에 가입한 11개 중동유럽 회원국 중 이전의 공산당과 완전히 절연된 국가는 라트비아와 에스토니아 2개국에 불과하였다.[12]

그러나 러시아계 인구비율이 9%에 불과한 리투아니아에서는 러시아계가 공산당을 전적으로 장악할 수 없었고, 사회 전반에 반러시아와 반공산주의 감정이 팽배하였다. 더욱이 리투아니아는 폴란드와의 오랜 역사적 교류로 공산주의 시절에도 폴란드계 인구는 러시아계와 유사한 8% 수준으로 이들 역시 철저한 반러시아 입장을 취하였다. 이러한 민족구성 분포로 리투아니아 공산당은 독립 주도세력과 협력을 취하여 일부 공산당 인물들은 체제전환 이후 제도권 정치로 흡수되었다. 따라서 리투아니아에서 공산당은 곧 친러시아 성향이라는 공식은 성립되지 않았다.[13]

발틱 3국에서 민족적 분할은 공산당원의 비율과 이들의 정체성을 특정 지웠다. 1981년 당시 인구대비 공산당 당원 비율은 에스토니아 6.6%, 라트비아 6.4% 그리고 리투아니아 5.0%였으며 소련의 경우 6.5% 정도였다. 당시 발틱 3국에서 공산당 당원 중 러시아계 비율에 대한 통계는 없지만 반러시아 분위기를 고려할 때 매우 적었다는 점은 분명하다. 주목할 점은 라투아니아에서는 인구대비 공산당원 비중이 발틱 3국중 가장 적은데 그 이유는 러시아계가 인구비중이 상대적으로 낮기 때문이다. 이러한 요인으로 리투아니아 공산당은 라트비아와 에스토니아 공산당과 달리 친러시아 성향을 노골적으로 드러내지 못하였다. 1980년대 말 리투아니아 공산당 서기장 알기르다스 브라자우스카스(Algirdas Brazauskas)가 모스크바와의 결속과 함께 독립추진이라는 이중적 노선을 취한 이유도 이러한 배경 때문이다.[14]

한편, 발틱 3국의 체제전환 동력은 타 중동유럽국가와 차별화된 정체성과 반러시아 정서로 요약할 수 있다. 발틱 3국은 모두 양차대전 사이 독립국가를 이루며 민주적인 정부를 구성해 성공적인 시장경제와 높은 수준의 복지시스템을 구축하였고, 내부의 소수민족에게도 우호적인 정책을 취한 경험을 갖고 있다. 단적으로 리투아니아는 1918년 세계 최초로 여성에게 참정권을 부여하였고, 1913~1940년 기간 안정된 경제성장과 복지시스템으로 당시 독일, 스위스 및 덴마크와 유사한 임금수준과 복지시스템을 갖추었다.[15]

또한 발틱 3국은 독립국가연합 중 가장 뒤늦게 1940년 소련에 합병되어 문화·사회적으로 이른바 소련화(Sovietizaion)가 상대적으로 깊게 뿌리내리지 못하였고, 체제전환은 곧 주권회복을 통한 정상국가로의 복귀로 귀결되었다. 이러한 점은 유사한 시기 체제전환을 기한 타 중동유럽 국가와 차별화되는 특징이다. 에스토니아와 라트비아에서는 독립을 주도한 국민연대에 공산당과 지배 엘리트들도 다수 참여하였다. 이 점에서 발틱 3국에서 체제전환 동인은 공산당의 권력 상실로 단정 짓기는 어렵다. 에스토니아와 리투아니아에서는 고르바초프 서기장 시절은 물론이고 공산주의 시절 전반에 걸쳐 군, 관료, 공산당과 학계에 현지 발틱계 엘리트들이 다수 참여하였고, 이들은 독립의 불가피성을 인지하고 독립 세력에 적극적 협력을 취하였다.

단적으로 에스토니아 공산당은 1989년 발틱의 길(Baltic Way) 성사를 위해 임시 공휴일을 지정할 정도로 독립운동에 적극적이었다. 또한 리투아니아 공산당은 1989년 이후 소련의 일방적 지시를 거부하고 민족주의적 노선을 견지하여 독립 이후 갈등의 빌미를 만들지 않았다. 1990년 2월 리투아니아 소비에트최고회의는 친독립 입장으로 선회하여 독립선언의 토대를 제공하였다. 다만 이러한 요인은 라트비아에서는 반대의 상황으로 기존 공산당과 산업계는 독립반대를 주도한 세력이었다. 이와 같이 발틱 3국에서 기존 기득권 집단의 엇갈린 이해관계와 대응은 러시아계 인구의 비율과 이들의 정치적 입지에 기인하였다.

03

발틱 3국의
공산주의 붕괴 동인

대내적 요인: 비폭력 저항과 3국 간 연대

비폭력 저항운동

발틱 3국은 1944년 공산정권 수립시 격렬한 군사적 저항으로 막대한 희생을 치렀다. 독립 추진세력들은 이러한 경험을 상기하여 1989년 독립과정에서는 유연하면서 비폭력적인 저항과 함께 국제사회에 독립의 당위성을 알리는 데 주력하였다. 발틱 3국은 19세기 말 이후 민족주의 의식이 싹트면서 전역에서 모국어 교육을 실시하고 전통음악과 연극을 되살리기 위해 많은 민간단체가 설립되었다. 이러한 자발적인 시민운동이 1980년대 말에 다시 부활하여 독립을 위한 비폭력 저항운동의 근거지가 되었다. 라트비아에서는 1987년부터 환경, 민속음악과 종교 관련 단체들이 민족의식을 일깨우고, 에스토니아 역시 민속음악과 여러 분야 예술인들이 연대하여 노래혁명(Singing Revolution)으로 대표되는 비폭력 저항운동을 전개하였다.[16] 1989년 8월 23일 발틱 3국에서 인간 띠를 만들어 대외적으로 독립의지를 호소한 발틱의 길(Baltic Way)은 비폭력 독립운동의 정점이라 할 수 있다.

고르바초프의 개방개혁으로 발틱지역에 대한 소련의 통제가 느슨해지면서 1988년 발틱 3국은 모두 자국어를 공용어로 선포하고, 양차대전 기간 사용한 국기를 내걸며 평화적인 저항을 개시하였다.[17] 한편, 1988년 7월 오랜 시간 비밀에 붙여졌던 1939년 독일과 러시아 간에 체결된 몰로토프-리벤트롭조약이 리투아니아에서 공개되었다. 본 조약이 공개되면서 발틱 3국은 조약에 첨부된 비밀의정서는 국제법에 반한다는 사실을 들어 국제사회에서 독립의 명분으로 내세웠다.[18]

그러나 1980년대 말 유럽은 물론이고 국제사회에서 발틱국가에 대한 관심은 미미하였고, 독립을 결심한 이들 국가들은 NATO 혹은 유럽연합으로부터도 보호를 받을 수 없는 상황이었다. 따라서 인구와 군사력이 취약한 발틱 3국이 내세울 수 있는 전략은 소련의 무력점령에 대한 불법성을 알리고 국제사회로부터 독립의 당위성을 얻는 길뿐이었다. 1980년대 말 발틱 3국이 독립운동을 개시할 때 이들 국가들의 모델은 폴란드의 자유노조(Solidarity Movement)로 철저한 비폭력 운동을 통해 정당성을 얻는 것이었다.[19] 몰로토프-리벤트롭조약 체결 50주년을 전후하여 독립운동을 가속화한 이유는 이러한 발틱 국가들의 절박한 상황에 기인하였다.

발틱 3국은 1988년 몰로토프-리벤트롭조약 체결 50주년을 앞두고 조약의 불법성과 러시아군의 철수를 요구하는 백만 명 서명운동을 전개하였다. 본 운동을 통해 발틱 3국에서 10일 만에 예상을 웃돈 180만 8,689명이 서명하였다. 당시 리투아니아에서만 전 국민의 약 50%가 서명에 참여할 정도로 독립에 대한 염원이 간절하였다.[20] 이러한 성공에 고무된 발틱 3국의 독립추진 세력은 1989년부터 1991년까지 러시아와의 무력충돌을 자제하면서 긴밀한 연대를 통해 평화적인 방법을 통한 주권 회복을 시도하였다.

한편으로 발틱 3국이 비폭력 저항을 취한 것은 역사적 요인에도 기인한다. 발틱 3국은 강압적인 전제정치 혹은 폭력적 정치문화를 찾을 수 없는 지역이다. 이들 국가들은 내부에서 독재와 전제정치를 행한 역사적 경험이 없고, 20세기 양차 세계대전 기간 독립국가를 이루었을 당시 유럽에서도 손꼽히는 민주적인 정체를 갖는 국가였다. 단적으로 리투아니아는 1918년 제정러시아로부터 독립한 뒤 제정한 헌법을 통해 세계 최초로 여성 참정권을 인정하였다. 1920년에 미국 그리고 1945년에 프랑스가 여성에게 참정권을 부여한 역사를 돌이켜 보면 발틱 3국의 앞선 민주주의 전통을 확인 할 수 있다. 따라서 21세기의 기준으로도 냉전시기 바르샤바조약(Warsaw Pact) 참여국 중 발틱 3국만이 서유럽에 버금가는 민주적 통치의 전통을 갖고 있었다고 할 수 있다. 이러한 비폭력 문화는 독립 이후에도 이어져 발틱 3국에서는 러시아계에 대한 인종적 증오에 따른 정치적 탄압은 일어나지 않았다.[21]

발틱 3국은 모두 완전한 독립국가 성취라는 목적에서는 비타협적인 노선을 취하였다. 이에 따라 3개국은 1991년 새롭게 출범한 독립국가연합(Commonwealth of Independence States: CIS) 가입을 거부하였다.[22] 반면에 발틱 3국은 전략적 측면에서 소련에 대한 무력저항은 내부분열과 또 다른 폭력을 동반한다는 사실을 인식하고 서유럽은 물론이고 소련과도 우호적 관계를 유지하려 하였다.[23] 발틱 3국은 소련과의 물리적 충돌을 피하기 위해 1991년 8월 모스크바에서 쿠데타 발생 이전까지 고르바초프에게 지속적으로 대화를 요구하였다. 그러나 고르바초프는 소련연방 헌법과 현행 법률을 들어 발틱 3국의 독립은 불법적 행위라는 원칙만을 반복하였다.[24]

발틱 3국은 지정학적 측면에서 서유럽과 연결된 군사적 요충지이다. 따라서 공산주의 시절 약 20만여 명의 소련군이 본 지역에 주둔하여 이들 국가의 독립에 커다란 걸림돌이 되었다. 발틱 3국의 실질적 독립은 본 지역에서 러시아군의 완전한 철수이지만 이들 국가들이 미진한 군사력으로 러시아와 군사적 대응을 불사할 수는 없었다. 이러한 발틱 3국의 비폭력 저항 전략을 인지한 러시아 정치지도자들은 발틱 3국의 독립 의지를 억누르기 위해 본 지역에 주둔한 러시아군의 철수를 서두르지 않았다.[25]

그러나 상황은 반전되어 1991년 이후 발틱 3국의 독립이 기정사실화 되면서 무력충돌 없이 러시아군은 철수하였다. 러시아는 병력 철군시 러시아계가 다수 거주하는 라트비아와 에스토니아에서는 철군에 따른 조건을 제시하였다. 러시아는 1994년 4월 라트비아 내 러시아계 전역병사에 대한 사회적 보장과 향후 4년간 스쿠룬다(Skrunda) 레이더 기지 운용 등을 담은 협상을 완료하고 동년 8월 군을 철수시켰다. 반면에 에스토니아는 러시아가 제시하는 조건을 거부하면서 양측 간 긴장이 고조되었지만 군 주둔에 따른 비용부담과 명분을 상실한 러시아는 1994년 7월

군을 철수하였다.[26] 이와 같이 발틱 3국의 무력 충돌 없는 독립과정은 전략적인 비폭력 저항운동의 결과라고 할 수 있다.

발틱 3국 간 연대

발틱 3국의 독립에는 정치인과 사회 각계 엘리트들의 주도면밀한 계획과 이들간 국경을 넘은 연대가 결정적 동력으로 작용하였다. 1917년 2월 볼셰비키 혁명발발로 독립기운이 고조되면서 발틱 3국에서는 정치엘리트를 중심으로 새로운 정부구성과 운영능력을 갖춘 정당이 연이어 설립되어 독립을 주도하였다. 2차 독립 시에도 리투아니아 개혁운동(Sajudis), 에스토니아와 라트비아의 국민전선(Popular Fronts) 등 독립 주축세력들은 긴밀한 연대를 통해 독립을 위한 구체적인 실행을 주도하였다.[27]

발틱국가들은 1989년부터 1991년 2차 독립 시까지 1917년 1차 독립의 경험을 되살려 독단적인 저항을 억제하고 3국 간 조직적인 협력을 진행하였다. 1917년 발틱 3국의 독립은 오랜 기간 치밀한 독립 준비와 우호적인 외부환경이 결합된 결과이다. 에스토니아와 라트비아는 1850년대 말엽에 자국어로 된 신문을 발간하였고, 리투아니아도 1880년대부터 모국어 신문을 창간하여 민족의식을 고취하였다. 1905년 러시아 혁명(Russian Revolution)이 발발하자 그해 11월 리투아니아는 타 발틱국가의 민족주의자들을 규합하여 일련의 정치적 회합(political congresses)을 개최하였다. 이러한 회합을 통해 3국 대표들은 러시아 전역에 걸친 정치·문화적 자치와 민족단위의 행정통합 등을 담은 민주화 조치를 결의하였다.[28]

그러나 발틱국가들은 1917년 독립 이후 3국 간 긴밀한 정치·외교적 연대보다는 개별적인 대외정책 노선을 고수하였다. 그러나 유럽의 변방에 위치한 소국인 발틱 3국의 독자적인 대외정책은 별다른 실효를 거두지 못하였고, 1939년 몰로토프-리벤트롭조약으로 러시아에 재점령당하는 결과를 낳았다.[29] 이러한 20세기 초 발틱 3국에서의 역사적 경험은 이들 국가들에게 중요한 정치적 학습기회가 되어 2차 독립과 이후 체제전환 과정에서 3개국은 공고한 연대를 형성하였다.

러시아의 개방개혁으로 발틱 3국에 독립이 고조되면서 1987년 에스토니아 국민전선(Estonian Popular Front), 이듬해에는 라트비아 국민전선(Latvian Popular Front)과 리투아니아 개혁운동(Lithunian Sajūdis)이 결성되었다. 이들 기구는 1988년 말부터 긴밀한 협력을 취하여 1989년 5월 탈린에서 발틱의회(Baltic Assembly)를 설립하고, 동년 8월 발틱의 길(Baltic Way)을 성사시켰다.

1989년 8월 23일 몰로토프-리벤트롭조약 체결 70주년을 맞아 리투아니아, 라트비아 그리고 에스토니아에서 모인 2백만 여 명의 시민들은 발틱의 길(Baltic Way)로 불리는 인간 띠를 형성하였다. 독립에 결정적 기폭제가 된 발틱의 길은 두 가지 상징적 의미를 갖는다. 첫째, 발틱의 길은 비폭력 저항을 통해 국제사회에서 독립의 당위성을 알린 사건으로 이후 베를린 장벽 붕괴와 동유럽에서 공산주의 몰락에 적지 않은 영향을 미쳤다. 둘째, 발틱의 길은 발틱 3국 독립운동 세력간 공고한 연대를 대외적으로 각인시킨 사건이다.

1989년 8월 23일 발틱 3국에서 2백만여 명의 주민은 리투아니아 수도 빌뉴스(Vilnius)에서 라트비아의 리가(Riga)를 거쳐 에스토니아의 탈린(Tallinn)까지 총 670km에 달하는 인간띠를 형성하여 독립의지를 대외에 호소하였다. 빌뉴스에서 탈린까지의 거리는 파리-프랑크푸르트와 유사한 긴 거리로 발틱의 길은 유럽전역에 중계되어 발틱 3국의 독립 당위성을 알린 결정적 사건이 되었다.

발틱의 길은 평화적인 저항의 상징으로 인근국가에도 영향을 미쳐 이듬해 1월 우크라이나에서도 수도 키에프(Kiev)에서 우크라이나인이 집중적으로 거주하는 서부도시 리보프(Lviv)까지 인간띠를 형성하여 독립의지를 표명하였다. 이후 몰도바의 수도 키시나우(Kishinev)에서도 유사한 행사가 개최되었고, 체코의 벨벳혁명(Velvet revolution)과 코카서스 지역에서 공산주의 붕괴와 독립운동에도 영향을 미쳤다. 이후에도 발틱의 길은 유럽에서 역사적 전환점을 가져온 사건으로 의미를 인정받아, 2009년 UNESCO의 세계기록문화유산(Memory of the World Register)에 등재되었다.[30]

발틱 3국 간 협력은 계속 이어져 1990년 5월 회합을 갖고 1934년에 결성된 3국 간 느슨한 형태의 협력체인 발틱국가이사회(Council of Baltic States)를 재출범하기로 합의하였다.[31] 본 회합 참석자들은 발틱 3국은 800만 명에 불과한 작은 시장으로 자본과 인력의 열세로 경제발전에 한계가 있다는 점에 의견을 같이하였다. 이에 따라 3개국은 농업부분을 중심으로 경제적 결속과 함께 시장경제 전환에 적극적 공조를 취하기로 하였다. 이 외에도 발틱 3국은 유럽안보협력기구(Organization for Security and Co-operation in Europe: OSCE)와 UN 가입에 공조를 취하기로 합의하였다.[32]

이후에도 1991년 5월 발틱 3국의 최고소비에트 지도자들은 워싱턴에 모여 국제사회에서 발틱 3국의 인정과 보호를 요청한 공동선언서를 발표하였다.[33] 이와 같이 발틱 3국은 1980년대 말부터 적극적인 협력을 통해 국제사회에서의 독립 당위성을 알리고 지지를 이끌어 내었다.

그러나 1991년 후반부 들어 독립과 함께 공산주의 잔재청산과 시장 경제로의 전환과정에서 각기 다른 국내사정으로 3국 간 협력은 느슨해졌다. 대외정책에서도 3개국 모두 유럽연합과 NATO 가입을 최우선 외교과제로 상정하였지만, 실행과정에서는 각기 독립적 노선을 취하였다. 그러나 시간이 지나면서 발틱 3국 정치지도자들은 유럽연합과 NATO는 발틱 3국을 개별적으로 고려하지 않고, 동일한 선호를 갖는 하나의 국가로 접근한다는 사실을 인식하게 되었다. 이러한 상황에서 1993년 12월 러시아 의회(Duma) 선거에서 민족주의 성향의 우파가 득세하면서 발틱국가들은 러시아의 군사, 정치적 위협을 다시 우려하게 되었다. 해결책은 3국 간 연대이다.[34]

발틱 3국은 결국 독립과 함께 국가차원의 대외정책 실행에 한계를 절감하고 1992년 느슨한 공조시스템인 발틱국가이사회를 대치하여 보다 제도화된 형태인 발틱해이사회(Council of Baltic Sea States: CBSS)를 결성하였다. 발틱해이사회는 발틱 3개국 간 지역 정체성, 지역 내 안보 강화 및 지속가능 성장을 목표로 출범하였는데, 실질적인 설립목적은 3개국 간 연대를 통한 유럽연합과 NATO의 가입이었다.

또한 전략적 측면에서 발틱 3국은 유럽연합과 NATO 가입은 오랜 사전 준비기간이 필요하다는 사실을 인식하고 먼저 유럽안보협력기구와 범유럽 통합기구인 유럽평의회(Council of Europe) 가입을 위한 연대를 취하였다. 이러한 계획에 따라 발틱 3국은 독립 직후인 1991년 9월 유럽안보협력기구에 함께 가입하였다. 뒤이어 1993년 5월에는 리투아니아와 에스토니아 그리고 1995년 2월에는 라트비아가 유럽평의회에 가입하였다.[35]

대외적 요인: 소련의 내부붕괴와 국제사회의 지원

1·2차 발틱국가의 독립은 각기 제정 러시아와 소련의 미숙한 정치적 대응과 급격한 내부 붕괴가 결정적 요인으로 작용하였다.[36] 1·2차 독립시 발틱지역에서 고조되는 민족주의 운동에 레닌(Vladimir Il'ich Lenin)과 고르바초프는 모두 별다른 대응을 마련하지 못하였다. 발틱국가의 1차 독립시 레닌은 발틱에서 진행된 민족주의 열품은 일시적인 현상으로 생각해 곧 세력을 잃어버릴 것이라고 오판하였다.[37] 고르바초프의 경우 발틱국가의 독립요구를 수용할 뚜렷한 명분과 평화적 해결책을 찾지 못한 가운데 정치적 부담이 가중되면서, 결과적으로 정치적 권력약화를 가져와 발틱국가에게 독립의 길을 열어 주었다.[38]

특별히 2차 독립시기에 소련의 급격한 쇠퇴는 발틱국가의 정치인과 대중들에게 장기적인 독립운동 대신 최대한 빠른 시일 내 연방으로부터 이탈을 고무한 계기가 되었다. 1990년 2월 자유선거에서 독립운동 세력인 리투아니아 개혁운동이 승리를 거두고, 다음 달 3월 리투아니아 최고소비에트(Supreme Soviet of the Lithuania)는 국권회복 내용을 담은 선언서를 채택하였다. 한편, 에스토니아 최고소비에트(Supreme Soviet of the Estonia)는 이미 1989년 11월 1940년 소련의 군사적 점령과 합병의 불법성에 대한 결의안을 채택하고, 이듬해 1990년 3월 국권회복을 선언하였다.[39] 라트비아 역시 1990년 3월 국민전선이 선거에서 승리를 거두고 같은 달 라트비아 최고소비에트(Supreme Soviet of the Latvia)는 국권회복을 선언하였다.[40] 이와 같이 발틱 3국은 소련의 급격한 내부분열을 틈타 신속하게 독립을 진행하였다.

한편, 국제정치 환경 역시 1·2차 발틱국가의 독립에 긍정적 영향을 미쳤다. 1914년 제1차 세계대전이 발발하면서 1917~1920년 사이에 초강대국인 독일과 제정러시아는 발틱 3국을 완전히 통제할 여력이 없어 독립을 위한 절호의 기회가 생성되었다. 이에 따라 에스토니아의 경우 제1차 세계대전 와중인 1918년 2월 러시아군이 수도 탈린에서 퇴각한 상태에서 독일군이 에스토니아에 아직 진주하지 않는 틈을 이용하여 독립을 선언하였다.[41]

발틱 국가의 2차 독립 시에도 중동유럽의 분위기는 이들 국가에게 긍정적으로 작용하였다. 1989년 11월 베를린 장벽이 붕괴되고 같은 달 체코슬로바키아에서는 벨벳혁명으로 공산당이 실각하였다. 또한 1989년 12월에는 루마니아에서 독재자 차우세스코(Nicolae Ceausescu)가 실각하였다.[42] 이러한 일련의 중동유럽 지역의 변화에 자극받아 1990년 2월 리투아니아에서 50여 년 만에 최초의 자유선거가 실행되어 발틱 3국 전체에 독립기운이 고조되었다.

한편, 발틱 3국의 2차 독립시기에 서유럽의 상황도 이들 국가에게 우호적으로 작용하였다. 1992년 서유럽에서는 마스트리히트조약(The Maastricht Treaty)이 체결되고 단일시장(single market)이 출범하는 등 유럽통합이 심화되는 시기였다. 이러한 가운데 냉전의 붕괴와 발틱국가의 독립은 서유럽국가로부터 폭넓은 지지를 받았다.[43]

그러나 엄밀한 의미에서 발틱 국가의 2차 독립 시 조성된 우호적인 국제적 환경은 소련의 내부분열이 결정적 동인이라고 할 수 있다. 발틱 3국이 공산화된 이후에도 서유럽국가들은 본 지역에 대한 무관심으로 1980년대 말까지 발틱국가에 대한 특정의 외교적 노선과 전략을 갖고 있지 않았다. 특히 제2차 세계대전 시 소련에 점령당한 핀란드를 비롯한 북유럽 국가들도 안보적 측면에서 발틱국가에 이해가 깊지만, 1988년 이전까지 본 지역에 별다른 외교적 노력을 기울이지 않았다.[44]

핀란드는 동유럽에 포함되지는 않지만 냉전시기 소련과 국경선을 맞 댄 지정학적 위치로 소련에게는 중요한 전략적 지역이다. 이에 따라 냉 전시기 핀란드는 유럽연합 가입은 물론이고 서유럽에 대한 접근에 매우 신중할 수밖에 없었다. 따라서 1986년을 기점으로 고르바초프의 개방개 혁정책이 본격화되고 발틱국가에서 독립 움직임이 일었지만, 1988년까 지도 핀란드 외교부는 소련을 의식하여 발틱국가에서의 정치적 분쟁은 소련 국내문제로 치부하여 개입을 꺼렸다.[45]

물론 1988년 이후 발틱국가의 독립 움직임이 거세게 일자 북유럽 국 가들은 정서적 측면에서 발틱국가의 독립을 지지하였다. 그러나 북유럽 국가들은 한편으로 발틱국가의 독립이 유럽에서 일고 있는 데탕트 분 위기를 저해할 수 있다는 현실적 고민을 하게 되었다. 미국과 서유럽의 NATO 회원국 역시 북유럽 소국들과 유사한 우려를 갖고 있었다. 이들 국가들은 고르바초프의 개방개혁 노선으로 새로운 데탕트가 도래하였 는데, 발틱국가의 독립이 소련 내에서 고르바초프를 정치적 위기로 몰고 갈수 있다는 우려를 갖게 되었다.[46] 이에 따라 1980년대 말 발틱 3국의 독립에 서방세계에서는 적극적 관심과 지지를 표명하지 않고 모호한 태 도를 보였다.[47]

이러한 우려가 일소된 것은 국제적인 환경이 아니라 1991년 8월에 발 생한 모스크바의 쿠데타이다. 모스크바에서 발생한 쿠데타로 소련은 발 틱지역에 대한 정치적 통제력을 상실하게 되었다. 모스크바 쿠데타 발생 수일 뒤인 8월 24일 러시아 대통령으로 취임한 엘친(Boris Yeltsin)은 발틱

3국의 독립을 인정하는 법령에 서명하고, 다음 달 9월 6일 소련인민대표대회(State Council of the Soviet Union)는 발틱 3국의 독립을 인정하였다. 이와 같이 소련의 내부 붕괴로 독립에 가장 큰 장애 요인이었던 발틱 3국 내 러시아계의 저항은 힘을 잃었다. 호기를 맞은 에스토니아와 라트비아 최고소비에트는 모스크바 쿠데타 수일 뒤 독립선언과 함께 새로운 헌법을 채택하였다.[48]

　　1991년 8월 24일 옐친의 발틱국가 독립을 담은 법령서명 하루 뒤인 25일 프랑스, 27일 영국과 스웨덴이 발틱국가의 독립을 인정하는 성명을 발표하고, 28일에는 독일이 발틱 3국과 외교관계를 체결하였으며 29일 스웨덴이 탈린에 대사관을 설치하였다. 또한 유사한 약소국으로서 발틱 3국의 상황에 큰 관심을 가졌던 아이슬란드는 모스크바 쿠데타가 종료된 다음 날인 1991년 8월 22일에 타 서유럽국가에 앞서 발틱 3국의 독립을 인정하는 성명서를 발표하였다.[49] 이와 같이 모스크바 쿠데타에 이은 서유럽 주요 국가들의 신속한 외교적 조치는 발틱 3국의 독립은 소련의 내부붕괴가 결정적 동인이 되었다는 점을 말해 준다.

04

발틱 3국의
체제전환 과정

발틱 3국은 1991년 8월 모스크바의 쿠데타 실패로 발틱지역에 대한 소련의 힘의 공백시 일제히 독립을 선언하고 주권을 회복하였다. 그러나 이들 국가간에는 공산당과 산업계에 발틱계 고위직의 비율, 러시아계 주민의 인구비중, 독립주도 세력 및 시민사회의 구성원 등 고유한 정치적 상황으로 체제전환 과정은 차별적 양상으로 진행되었다.

단적으로 리투아니아는 독립과정에서 상대적으로 더욱 노골적인 반소련 노선을 취하였고, 에스토니아 역시 러시아계와 타협을 거부한 채 독자적인 체제이행을 단행하였다. 반면, 라트비아에서는 러시아계 인구비중이 높아 이들의 서항을 우려하여 보다 온건한 노선을 선택하였다.[50] 나아가 발틱 3국은 새로운 정치시스템 구축과 시장경제 전환과정에서도 정치적 안정성과 경제발전 등에서 상이한 성과를 보였다.

에스토니아

에스토니아는 1989년 11월 에스토니아 최고소비에트가 1940년 소련의 무력침공과 강제합방의 불법성을 담은 결의안을 채택하면서 독립운동이 본격화 되었다. 이듬해 1990년 3월 에스토니아 최고소비에트는 주권회복을 선언하고, 동년 5월에는 에스토니아 공화국(Republic of Estonia)을 선포하였다. 이듬해 1991년 1월 에스토니아는 러시아와 국가 간 관계에 관한 조약(Treaty of Interstate Relations)을 체결해 러시아로부터 주권을 인정받고 동년 8월 20일 공식적으로 독립을 선언하였다.[51]

에스토니아와 리투아니아에서는 공산주의 시절 작가와 저널리스트들이 비교적 자유롭게 활동할 수 있었다. 고르바초프의 개방개혁으로 소련의 통제가 느슨해지면서 1987년 문화예술계 인사들의 주도로 에스토니아 문화유산협회(Estonia Heritage Society)가 출범하였다. 문화유산협회는 결성 이후 에스토니아 전역에서 민요, 설화 등 다양한 문화자료 수집과 아케이브 구축 등 순수한 학술활동을 전개하였다. 그러나 시간이 경과하면서 문화유산협회는 민족적 정체성을 고무하는 단체로 변화하여 독립을 이끈 핵심적 세력이 되었다.[52]

문화유산협회의 활동으로 에스토니아의 전통민요에 대한 관심이 고조되고 이는 곧 독립의지로 연결되었다. 에스토니아는 13세기 이후 독일과 소련의 지배 속에서도 방대한 전통민요가 잘 보존된 국가이다. 에스토니아에서 전통민요는 민족의 정체성이며 외세에 저항하는 무기라고 할 수 있다. 1980년대 말 소련의 통제가 느슨해지자 에스토니아는 음악 문화유산과 전통을 민족정신 고취와 소련에 대항하는 비폭력 수단으로 활용하였다.[53]

에스토니아는 소련점령 이후 최초로 1988년 5월 타르투 팝음악 페스티발(Tartu Pop Music Festival)을 개최하였다. 뒤이어 1988년 9월 탈린에서 에스토니아 전체 인구의 약 1/4에 달하는 30만 명이 모인 음악제가 개최되었다. 당시 에스토니아 국기소지가 금지된 상황에서 음악제에 모인 시민들은 각기 에스토니아 국기색인 청색, 흑색, 흰색 깃발을 들고 동일 색상으로 줄지어 서 독립열망을 표출하였다. 1988년 여름부터 가을까지 음악행사와 페스티벌에 참여한 에스토니아인은 약 86만여 명에 달하였다는 사실은 음악제가 단순한 문화행사가 아니라 비폭력 독립운동의 한 형태였다고 할 수 있다.[54]

정치적 차원에서 에스토니아의 독립운동은 국민전선(Popular Front)이 주도하였다. 국민전선은 공산주의자와도 협력을 꾀할 정도로 유연하고 협력적인 노선을 취하였다. 이 외에도 국민전선보다 과격한 성향을 갖는 에스토니아 국가독립당(Etonian National Independence Party)과 민족주의 성향의 문화계 인사들이 주축이 된 문화유산협회 역시 독자적으로 독립운동을 진행하였다. 이들 세 개의 세력은 노선차이로 갈등을 빚기도 했지만, 모두 철저하게 비폭력 저항방식을 택하고 대규모 집회나 행사개최시 최대한 협력을 취하였다.[55]

한편으로 에스토니아에서 순조로운 체제전환 진행은 러시아계 주민의 상당수가 독립의 불가피성을 인식하고 새로운 체제에 적응하려는 인식 전환에도 기인한다. 1991년 3월 독립을 묻는 국민투표에서 78.4%가 독립을 지지하였다. 주목할 점은 당시 에스토니아에서 자국인 비율은 약 62% 정도에 불과하였다는 사실이다. 이러한 상황은 결국 러시아계를 포함한 비에스토니아계의 약 절반이 저항을 거부하고 독립을 지지하였

다는 점을 말해 준다.[56]

　독립 이후 에스토니아는 과거 공산당에서 근무하였던 간부들이 새로운 정부에서도 주축이 되어 관료적 전문성을 배경으로 점진적이며 사려 깊게 정책을 실행하였다.[57] 에스토니아는 독립과 함께 가격자유화와 물가연동 임금체계 구축을 골자로 한 경제개혁을 진행하였는데, 이러한 개혁내용은 일부 계층에게는 경제적 압박을 주었다. 또한 시장경제 전환과정에서 국영기업에 근무하는 러시아계 주민의 대량실직에 따른 사회적 불안도 야기되었다. 그러나 1990~1991년 시장경제로의 이행과정에서 러시아계의 노골적인 저항은 일지 않았다. 이러한 이유는 에스토니아 정부가 자국내 러시아계와 정치적 타협을 배격하고 철저한 민족주의 노선을 취하여 러시아계의 정치적 영향력을 원천적으로 봉쇄하였기 때문이다.[58]

　에스토니아는 독립 이후 비교적 안정된 정치적 환경을 배경으로 1993~1994년 기간 자유화와 민영화 조치가 크게 진척되었다. 에스토니아는 공산주의 시절 라트비아와 함께 소련내 경공업 생산기지로 인프라가 비교적 잘 구축된 국가이다. 이에 따라 에스토니아는 1980년대 중반부터 고르바초프가 내건 개혁의 시험장으로 독립 전에도 제한된 영역에서 시장경제와 사기업 활동이 보장되었다. 이와 같이 발틱 3국 중 가장 양호한 정치·경제여건에서 출발한 에스토니아는 핀란드로부터의 경제적 지원까지 받으며 순조롭게 시장경제 전환을 이루었다.[59] 이 결과 에스토니아는 발틱 3국은 물론이고 체제전환을 기한 중동유럽 국가 중에서 가장 성공적으로 시장경제 전환을 이루어 2000년대 이후 본격적인 경제발전의 기틀을 마련하였다.

라트비아

라트비아는 독특하게도 환경단체가 독립의 주축세력으로 활동하였다. 이는 소련의 에너지정책과 라트비아인의 정체성이 낳은 결과이다. 1986년 소련은 수도인 리가시를 관통하는 다우가바강(Daugava River)에 수력발전소 건설을 추진하였고, 이 과정에서 라트비아내 환경단체와 언론의 거센 저항이 일었다.[60] 다우가바강은 라트비아 민족의 발현지이며 민족정신의 상징으로 여겨진다. 따라서 라트비아인들은 소련의 수력 발전소 건설은 자연파괴뿐 아니라 라트비아의 문화와 전통을 훼손하여 러시아화(Russification)를 앞당기는 사건으로 받아들였다. 이에 따라 1986년 10월 발전소 건설반대를 위한 환경단체가 결성되었고, 시간이 경과하면서 소련에 대항하는 반정부 세력으로 변모하여 독립세력으로 발전하였다.[61]

한편, 1988년 여러 비공식적인 독립세력을 규합하여 출범한 라트비아 국민전선은 에스토니아와 리투아니아의 독립운동 세력과 연대하여 국권회복을 위한 조직적인 활동을 전개하였다. 국민전선은 1990년 의회선거에서 다수당을 점하고 동년 3월 4일 독립을 선언하고 의회에서 2/3 이상의 의원들로부터 지지를 이끌어 내었다. 그러나 고르바초프는 라트비아의 독립선언을 불법적 행동으로 간주하여 양측은 무력충돌 위기로 치달았다.[62]

라트비아는 여타 발틱국가보다 독립에 불리한 입지를 갖고 있었다. 라트비아 수도 리가에는 소련시절 발틱지역군(Baltic Military District) 사령부와 발틱함대가 위치하였고 라트비아 전역에는 5만 6천여 명의 소련군이 주둔할 정도로 군사적으로 각별한 중요성을 갖는 국가였다. 이에 따라 소련은 군사력 동원도 불사할 정도로 라트비아의 독립에 강경한 입장을 취하였다. 또한 라트비아는 높은 러시아계 인구비중으로 독립에 대한 엇갈린 이해로 극심한 혼란을 겪었다.[63]

라트비아 내 러시아계는 공산당 중앙위원회(Central Committee of the Communist Party)를 중심으로 독립저지를 위한 연대를 선언하고 의사당을 봉쇄하는 등 강하게 저항하였다. 이에 맞서 국민전선의 지휘 하에 4만여 명 이상의 비무장 시민들이 주요 관공서를 보호하기 위해 인간 띠를 형성하면서 양측 간 갈등은 극에 달하였다. 급기야 1991년 1월 소련의 특수군과 러시아계가 주축이 된 경찰조직은 라트비아의 주요 관공서를 점령하였고, 이 과정에서 다수의 라트비아인이 희생되었다. 그러나 1991년 8월 모스크바의 쿠데타로 소련이 붕괴되면서 극심한 혼란은 신속히 종식되었다.[64]

독립 이후 새롭게 구성된 라트비아 정부는 미숙한 정부운영과 정부 내에서 의견충돌이 빈번하였다. 리투아니아의 경우 공산당 출신 전문관료들이 시장경제 전환과정에서 중추적 역할을 하였다. 반면, 라트비아는 러시아계가 주축이 된 공산당 세력이 배제되면서 관료적 전문성 부족으로 타 발틱국가에 비해 경제개혁은 상대적으로 더디게 진행되었다.[65] 라트비아는 독립 이후에도 수도 리가를 중심으로 러시아계가 국영기업의 관리자급으로 다수 거주하였다. 이들은 새로운 정부에서 취약한 정치적 입지로 실업위기에 노출되면서 반정부 성향을 띠어 경제개혁을 더욱더 힘들게 하였다.[66]

라트비아는 독립을 이끈 국민전선이 주축이 되어 정부를 구성하였는데 내부에서는 러시아계에 대한 시민권 부여 여부로 분열된 양상을 보였다. 독립 직후 라트비아 정부는 1940년 6월 17일 이전 라트비아에 거주하였던 시민과 이들의 자녀에게만 시민권 취득 우선권을 부여하였다. 반면에 소련점령 이후 이주한 러시아계 주민은 시민권에 제한을 두었다. 이 결과 인구의 72%만이 시민권을 갖게 되었는데 이 중 약 20%는 러시아계를 포함한 비라트비아인이었다. 러시아계 중 라트비아에서 출생한 젊은 엘리트들은 독립지지를 표명하였고 이들은 제로옵션(zero-option)을 내걸고 국민전선에 협력하여 제도권 정치에 진입하였다. 그러나 대부분의 러시아계 정치인들은 민족구분 없이 시민권 부여를 요구하여 라트비아계와 갈등을 야기하였다.[67]

이와 같이 독립 이후 라트비아는 러시아계와 라트비아계 간 소모적인 갈등이 야기되었고 이러한 갈등은 2000년대 이후까지도 지속되었다. 이 외에도 에스토니아의 경우 독립 직후 지리적으로 인접하고 언어적 뿌리가 같은 핀란드의 전폭적 지원을 받았다. 그러나 라트비아는 긴밀한 관계를 맺은 서유럽 국가가 없어 외부의 도움도 전무하여 경제적 어려움은 더욱 가중되었다.[68]

리투아니아

리투아니아의 독립운동은 1988년 6월에 결성된 리투아니아 개혁운동이 이끌었다. 소련의 개방개혁에 자극받아 개혁세력으로 출범한 리투아니아 개혁운동은 자유와 독립국(free and independent country)으로 목표를 정하고 에스토니아와 라트비아의 국민전선과 연대하여 독립운동을 전개하였다. 에스토니아와 라트비아의 국민전선은 공산당을 포함한 정치 엘리트가 주축이 되어 결성되었다. 반면에 리투아니아 개혁운동은 전국에서 문화와 스포츠계의 비정치적 성격을 갖는 소규모 모임이 자발적으로 모여 결성한 세력이다. 따라서 리투아니아 개혁운동은 공산당과 무관한 독립적 세력이며, 이러한 태생으로 리투아니아 개혁운동은 독립과정에서 타 발틱국가 보다 더욱 과격한 저항을 택하였다.[69]

이 결과 러시아의 대응도 리투아니아에서 더욱 강경하였다. 1991년 1월 13일 러시아군이 빌뉴스의 라디오 TV센터를 점령한 리투아니아인 13명을 사살한 사건은 단적인 예이다. 본 사건을 계기로 리투아니아인의 독립 열망은 더욱 결연해저 탈러시아 움직임은 빠르게 진행되었다.[70] "우리의 독립은 모든 리투아니아인의 피와 희생으로 이루어진 것으로 아무도 우리의 권리를 위협할 수 없다."라는 2014년 당시 그리바우스카이테(Dalia Grybauskaitė) 리투아니아 대통령의 언명은 러시아로부터의 독립 과정에서 리투아니아의 격렬한 저항을 함축한다.[71]

한편으로 리투아니아 역시 1980년대 말 이후 라트비아와 에스토니아와 유사하게 민족의식 고취와 비폭력 저항운동을 지속적으로 전개하였다. 리투아니아는 에스토니아의 문화유산협회의 활동에 자극받아 1990년 4월 정부차원에서 아케이브국(General Directorate of Lithuanian Archives)을 출범하여 소련시절에 접근이 금지되었던 방대한 역사, 문화자료를 정리하기 시작하였다. 이러한 리투아니아에서의 문화활동은 민족의식을 자각케 하고 독립의 정당성을 고무하였다.[72]

리투아니아의 독립과정이 타 발틱국가와 상이한 점은 러시아계가 주축이 된 반독립세력이 큰 위협세력으로 작용하지 않았다는 사실이다. 리투아니아는 에스토니아와 라트비아에 비해 상대적으로 러시아계 인구비중이 높지 않아, 개혁운동은 저지세력 없이 강경노선을 택할 수 있었다.

이러한 상황에서 국민들의 지지를 받는 가톨릭교회 역시 반러시아 감정이 비등해 리투아니아의 급진적 독립과정을 가속화하였다.[73]

물론 리투아니아 역시 라트비아와 유사하게 러시아계를 중심으로 기득권 세력의 독립반대 운동이 일었다. 리투아니아 급진적 독립운동에 맞서 친공산주의 입장을 지지하는 러시아계는 벨라루스, 우크라이나, 폴란드 및 유대인 등 여러 타민족을 규합하여 단결(Edinstvo)로 명명한 반독립 단체를 결성하였다. 그러나 1989년 당시 발틱 3국에서 타민족 비율은 에스토니아 39% 그리고 라트비아가 48%에 달한 반면 리투아니아는 20% 미만에 불과해 위협적 세력으로 발전하지 못하였다.[74]

한편, 에스토니아와 라트비아는 1940년 이전부터 자국에서 거주한 주민에 한정해 시민권을 부여하였다. 리투아니아는 역시 1989년 11월에 시민권 제정시 타 발틱국가와 유사하게 시민권 취득 요건을 법제화하였지만, 운영에 융통성을 두어 러시아계 주민들의 시민권 취득을 제한하지 않았다. 이와 같이 리투아니아는 발틱 3국 중 러시아계 거주비율이 가장 낮고 새롭게 구성된 리투아니아 정부에서 노골적인 차별정책을 취하지 않아 양 민족간 소모적 갈등은 없었다. 이 결과 리투아니아는 독립과정에서 러시아와 물리적 충돌까지 야기할 정도로 격하게 저항하였지만, 1993년 8월 러시아군의 철수 이후 잔류한 러시아 주민과는 별다른 대립이 발생하지 않았다.[75]

그러나 새로운 정부의 주축을 이룬 리투아니아 개혁운동은 독립 이전부터 사유화 조치 등 경제개혁을 취하였지만 미숙한 정책운영으로 시장경제 전환과정에서 경제위기를 초래하였다. 이 결과 1992년 10월과 11월 선거를 통해 민주노동당(Democratic Labor Party)으로 정권이 이양되었다.[76] 민주노동당은 사실상 리투아니아 공산당의 후신이라고 할 수 있다. 민주노동당은 독립과 체제전환 과정에서 리투아니아 국민들로부터 적대적이지는 않지만 호감을 갖지 못한 정당으로 별다른 지지를 얻지 못하였다. 그러나 독립 이후 리투아니아 개혁운동의 정치적 무능력으로 민주노동당이 대안으로 부상하였고, 결과적으로 1992~1996년 기간 자유화와 민영화 조치를 성공적으로 마무리 지었다.[77]

[표 8-1] 발틱 3국의 체제전환기 정치적 과정

구분	에스토니아	라트비아	리투아니아
최초의 자유선거 득표율(1990년)	· 친에스토니아: 77% · 친러시아: 23%	· 친라트비아: 65% · 친러시아: 5%	· 친리투아니아: 95% · 친러시아: 5%
독립을 묻는 국민투표 지지율(1991년)	93.2%	73.68%	93.2%
정부구성을 위한 선거 (1992~1993년)	중도우파 집권 (1992년 선거)	중도우파 집권 (1993년 선거)	중도좌파 집권 (1992년 선거)
독립 이후 러시아계 주민 투표권 부여	투표권 없음	투표권 없음	투표권 부여
러시아군 철수	1994년 철군	1994년 철군	1993년 철군

출처: Mygind, N. (1998), p. 10.

05

발틱 3국의 공산주의 붕괴와
체제전환의 함의

발틱 3국은 같은 시기에 유사한 경로로 체제전환을 단행해 정치·사회·경제 질서에 근본적 변화가 야기되었다. 그러나 이들 3국 간에는 제도, 가치, 사회 및 생산시스템에 있어 유사점과 함께 차별화된 양상도 갖는다.

첫째, 발틱 3국은 1989년 이후 체제전환을 통해 제도적 시스템(institutional system)의 근본적 변화가 이루어졌다. 제도적 시스템은 권위주의에서 민주적 헌정질서와 권력의 배분 그리고 국가독점 경제기반에서 시장 자유화와 사유화 등 정치경제적 제도변화를 포함한다. 이러한 제도적 시스템은 중동유럽국가의 체세 진환 시 가장 먼저 그리고 가장 빠른 속도로 변화가 진행되었고, 발틱 3국은 타 중동유럽국가에 비해 상대적으로 순조로운 이행기를 거쳤다.

다만 독립 당시 자국인 인구비중이 절반 수준인 52%에 불과하였고,

공산당의 권력이 상대적으로 타 발틱국가보다 공고하였던 라트비아에서는 체제전환가에 적지 않은 정치적 긴장을 동반하였다. 소련 점령기에 리투아니아와 에스토니아의 공산당 고위직에는 현지인이 상당수 포진하였고 이들은 독립과 체제전환 과정에서 반소련과 친독립 입장을 견지하였다. 반면, 라트비아 공산당은 소련출신이 고위직을 독점하였는데 독립 당시 공산당과 국가보안위원회(Komitet Gosudarstvennoy Bezopasnosti: KGB)의 인력은 가족을 포함하여 약 20만 명에 달하였다. 이에 따라 라트비아는 타 발틱국가보다 소련의 영향이 노골적이었고, 라트비아 공산당은 소련의 국가보안위원회와 긴밀한 관계를 맺고 있었다. 이 결과 라트비아는 타 발틱국가에 비해 상대적으로 제도적 시스템 변화에 더 큰 난항을 겪었다.[78]

둘째, 발틱 3국은 체제전환 시 민족 간 가치와 사회적 시스템(value social system)의 차이에 따른 갈등이 동반되었다. 발틱 3국은 상이한 가치와 사회적 시스템의 단일화를 꾀하면서 타 중동유럽국가에 비해 상대적으로 사회체제가 더욱 큰 폭으로 변화하였고, 이 결과 갈등의 폭도 깊고 오랫동안 지속되었다. 가치 시스템은 사회의 규범과 문화 그리고 사회 구성원의 선호 등을 포함하는데, 발틱 3국에서는 상이한 종교와 민족적 정체성이 사회 불안정 요인으로 상존하여 체제이행의 장벽으로 작용하였다.[79] 한편, 사회적 시스템은 사회내 권력자원의 변화 및 서로 다른 정체성을 갖는 사회구성원의 상호작용을 의미한다. 사회적 시스템은 제도적 시스템의 변화에 동반되고, 사회적 시스템은 역으로 제도적 시스템에 영향을 미치므로 양자는 불가분의 관계라고 할 수 있다.[80]

소련은 1944년 발틱 3국을 점령한 이후 에스토니아와 라트비아를 중심으로 공업화를 진행하면서 러시아인을 대거 본 지역으로 이주시켰다. 따라서 수 세기에 걸친 민족 간 반목이 진행된 발칸지역과는 달리 발틱국가에서 현지인과 러시아계 주민 간 반목의 역사는 깊지 않다.[81] 그러나 1980년대 말 러시아계는 발틱 3국 인구의 약 25%를 점하고 이들이 정치, 경제적 기득권을 갖는다는 점에서 독립의 변수가 되었다. 1989년 독립 직전 발틱 주민 비율은 리투아니아가 80%에 달한 반면, 에스토니아 62% 그리고 라트비아는 52%에 불과하였다. 또한 발틱 3국의 독립 직전 산업계 내 현지인 고용자 비율은 리투아니아가 71% 수준이었다. 반면에 에스토니아 43% 그리고 라트비아는 38%에 불과하여 이들 국가에서는 러시아계가 산업계에서 중추적 역할을 담당하였다.[82]

특별히 라트비아는 러시아계의 높은 인구비율로 발틱 3국 중 가치, 사회적 시스템이 가장 불완전한 구조를 갖는 국가로 독립과 체제전환에 큰 걸림돌로 작용하였다. 라트비아에서는 러시아계 인구비율이 높을 뿐 아니라 이들이 공산당과 산업계의 고위직을 장악하였고 독립과 체제전환 과정에서 정치세력화하면서 현지인과의 반목이 극에 달하였다. 이러한 양상은 체제전환 이후에도 지속되고 있다. 2018년 기준 라트비아 내 러시아계 인구는 25.2%로 에스토니아 24.8%(2011년 기준)와 유사한 비율이다. 그러나 라트비아는 공교육 과정에서 러시아어 배제 등 여러 이슈에서 양 민족간 대립이 끊이지 않아 발틱 3국 중 정치적으로 가장 불안정한 국가가 되었다.[83]

셋째, 발틱 3국은 계획경제에서 시장경제로의 전환을 위한 물리적 자원과 지적자산을 포함한 생산 시스템(production system)의 변화가 타 중동유럽국가에 비해 상대적으로 순조롭게 진행되었다.[84] 이러한 이유는 발틱 3국은 이미 20세기 초 소련의 점령 이전부터 산업화가 진행되었고, 공산주의 시절 경공업에 특화한 산업구조로 숙련된 노동인력을 다수 보유하여 자유시장경제로의 전환에 용이한 입지를 갖고 있었기 때문이다.[85] 이러한 양호한 경제기반을 배경으로 발틱 3국은 독립과 함께 20세기 초 독립 시 제정한 화폐를 신속하게 복원하여 금융시장 안정화를 꾀하였다. 에스토니아는 1992년 6월 자체화폐인 크룬(Kroon)을 도입하였고, 동년 10월 리투아니아는 리타스(Litas) 이듬해 1993년 3월 라트비아는 라트(Lats)를 공식 화폐로 지정하였다.[86]

에스토니아의 경우 경제적 기반이 중동유럽 국가 전체를 통틀어 가장 양호하였다. 에스토니아는 1980년대 중반 이후 고르바초프의 개방과 개혁정책의 최대 수혜지역으로 독립 이전부터 소규모의 민간기업 및 자영업이 허용되었다. 여기에 독립과 체제전환 과정에서 공산당 출신 기술관료의 참여로 타 발틱 국가에 비해 주도면밀한 경제개혁이 가능하였다. 이 외에도 에스토니아는 독립과 체제전환 과정에서 언어·문화적으로 유사성을 갖고 지리적으로 인접한 핀란드를 벤치마킹하여 정책의 불확실성을 줄였다. 또한 핀란드의 적극적 지원을 통해 IT 산업에 특화한 경제정책으로 발틱국 중 가장 빠른 경제성장을 이룩하였다.[87]

반면, 리투아니아는 타 발틱국가에 비해 공업기반이 미비하였고, 1990년 당시 농업인구가 18%에 달해 에스토니아의 13% 보다 높은 수준이었다. 이러한 가운데 리투아니아는 독립과 체제전환 시 기술관료적 전문성을 갖춘 러시아계 공산당 관료의 배제로 시장경제 전환에 상대적으로 어려움을 겪었다.[88]

[표 8-2]　　1989년 당시 발틱 3국의 정치경제 지표

구분		에스토니아	라트비아	리투아니아
제도적 시스템	시장경제	개방개혁에 따른 부분적 시장경제 도입	중공업 위주의 공업화	농업 위주의 경제구조
가치, 사회적 시스템	민족(비율)	· 핀란드발틱계(62%) · 러시아계(30%)	· 발틱계(52%) · 러시아계(37%)	· 발틱계(80%) · 러시아계(9%)
	종교	프로테스탄트	프로테스탄트	가톨릭
	외부의 문화적 영향	독일	독일	폴란드
생산 시스템	인구	157만 명	267만 명	372만 명
	산업화	공산화 이전 산업화	공산화 이전 산업화	공산화 이후 산업화

출처: Mygind, N. (1998). p. 8.

제1장 _____ 폴란드: 공산체제 붕괴의 원인, 과정 및 결과

1 1971년 미국의 닉슨 대통령은 1944년에 설립된 브레튼우즈 체제(Brettwonwoods System)를 일방적으로 선언한다. 브레튼우즈 체제는 무역 자유와와 금융 시장의 자유화를 위한 국제 경제 체제의 거버넌스를 위해 GATT, IMF, World Bank 등을 설립하여 운영하였다.

2 기에레크는 1913년 생으로 폴란드 당 서기장이다. 그는 1970년 경제난으로 폴란드 당 서기가 된 인물로 경제 개혁과 서방과의 관계 개선을 추진한 정치인이다. 그러나 1980년 경제난으로 인해 야루젤스키에 의해 권력에서 추출되었고, 2001년 폐암으로 사망하였다.

3 Jarząbek, W. (2014).

4 Zloch-Christy, I. (1987), p. 39.

5 Gabrisch, H. (1981) p. 70.

6 개방인 '글라스노스토'는 러시아어로 'Гласность'이며, 직역하면 '공표' 혹은 '발표'라는 뜻이고, 개혁인 '페레스토이카'는 러시아어로 'Перестройка'이며, 직역하면 '재건' 혹은 '재편성'이라는 뜻이다.

7 Mason, S. D. (1988).

8 브레즈네트 독트린은 제한 주권론이라고 칭하는데, 본 독트린은 사회주의를 반대하여 사회주의 국가를 자본주의 국가로 바꾸려고 하는 시도에 대한 반대하는 내용을 담고 있다. 그뿐만 아니라, 공산권 국가가 사회주의 종주국인 소련의 통제를 벗어나 독자적인 행동을

하려고 한다면 이들을 제거해도 된다는 취지의 내용을 담고 있다. 보다 자세한 논의는 김광림(1995) 참조.

9 Pearce, C. S. (2009), p. 159.

10 중앙일보(1989. 11. 6.).

11 Żuk, P. (2019), p. 75.

12 Staniszkis, J. (2007).

13 폴란드 통일 노동자당은 폴란드의 공산주의 정당이다. 폴란드 통일 노동자당은 1948년에 창당되어, 1990년에 폴란드가 민주화되면서 완전히 해산되었다. 폴란드 통일 노동자당은 엄격한 마르크스레닌주의에 의거, 40여 년간 폴란드를 독재적으로 지배했으나, 1980년대 후반 계속되던 민주화 요구를 받아들여 차츰 유화조치를 취하기 시작했고, 민주화와 함께 역사로 사라졌다.

14 1923년에 출생하였고, 제2차 세계대전 발발 후 폴란드를 떠나 리투아니아를 거쳐 소련 군대에 입대하여 전쟁에 참여하여 공훈을 만들었다. 이후 그의 공훈을 인정받아 폴란드 통일 노동자당에 입당하여 정치 활동을 시작하였다. 이후 당서기가 된 후 레흐 바웬사의 자유노조를 무자비하게 탄압한 독재자이자 민주화된 폴란드의 초대 대통령이라는 모순된 타이틀을 가지고 있는 인물로 평가되며, 2014년 사망했다.

15 김종석(2006), p. 206.

16 김용덕(2020), p. 339.

17 김종석(2006), p. 207.

18 Kamiński, M. M. (1999), pp. 89-90.

19 김종석(2006), p. 208.

20 김종석(2006), p. 209.

21 김종석, 김용덕(2020).

제2장　　　　체코슬로바키아 공산정권의 수립과 붕괴에 대한 고찰: 경제적 이유를 중심으로

1 Bakke, E. (1999), p. 179.

2 국제노동자협회의 또 다른 명칭으로 1864년 영국 런던에서 국제 노동 운동 조직으로 제1인터내셔널이라고 칭한다. 제1인터내셔널은 1876년 해체된다. 제2인터내셔널 1889년 프랑스 파리에서 개최되었고 3월 8일 여성의 날, 5월 1일 노동절을 선포하고 8시간 노동제를 주장하면서 노동자의 주권을 주장하였다. 제2인터내셔널은 1916년 해체된다. 제3인터내셔널은 1919년 러시아 모스크바에서 개최되었고, 모든 가능한 수단을 동원해 전 세계 부르주아 국가 타도와 사회주의 국가 건설을 주장하였다. 1943년 제3인터내셔널은 해체되었다.

3 뮌헨협정은 1938년 9월 독일의 아돌프 히틀러, 영국의 네빌 체임벌린, 프랑스의 에두아르 달디디에, 이탈리아 베니토 무솔리니 총리가 독일의 체코슬로바키아 주데텐 지역 합병 승인을 결정한 것이다. 이 협정은 영국의 체임벌린 총리가 국가 간 갈등이 전쟁으로 점화될 것을 방지하기 위해 독일의 의견을 수용한 대표적인 유화정책이다. 이 협정은 유화정책의 위험성을 비판하는 대표적인 사례로 소개되고 있다. 실질적으로 독일은 주데텐 합병 이후 슬로바키아에 괴뢰정부를 수립하고 1939년 폴란드를 침공하면서 제2차 세계대전을 시작하였다.

4 영국, 프랑스, 이탈리아, 서독 등 서유럽의 16개 국가에 1947년부터 1952년까지 약 120억 달러를 지원하였고, 주로 산업 시절과 사회 및 경제 인프라에 집중적으로 투자하여 제2차 세계대전 이전보다 평균적으로 공업 25%, 농업 14% 이상을 성장시켰다.

5 관세와 무역에 대한 일반 협정(General Agreement on Tariffs and Trade: GATT)으로 WTO 체제 이전 세계 무역 관계를 규정하던 국가 간 무역 협약이다. 1944년 브레턴우즈 회에서 결정되어 1995년 1월 WTO 출범 전까지 운영되었다.

6 코민포름(Cominform)은 'Communist Information Bureau'의 약어로 1947년 9월 소련과 폴란드, 헝가리, 체코슬로바키아, 유고슬라비아, 불가리아, 루마니아, 프랑스, 이탈리아 등 9개국이 미국과 서유럽의 반공 정책에 대항하기 위해 만든 협력 기구이다. 1956년 4월 해체되는 기간까지 소련을 비롯한 동유럽 국가들의 공산당 지배 체제 확립에 이바지하였다.

7 인민민주주의 체제 구축을 목표로 나치에 협력한 세력에 대한 처벌, 국유화, 소련과의 협력을 주요 내용으로 한다(Barnard, 1991, pp. 133-153).

8 Stoneman, A. J. (2015), pp. 103-111.

9 Skilling, H. G. (1976b), pp. 124-141.

10 Bischof, G., Karner, S., & Peter, R. (2010), p. 53.

11 1956년 10~11월에 벌어진 혁명으로 헝가리 공산당의 스탈린식 강압정책과 숙청에 맞서 시민들이 일으킨 민주화 운동이었고, 소련의 강압 진압으로 무산되었다.

12 Cashman, L. (2008), pp. 1649-1650.

13 1975년 헬싱키에서 소련을 포함한 유럽 33개국과 미국 및 캐나다가 참여한 총 35개국이 유럽지역 안정화를 위해 동등한 주권 인정과 사상, 양심, 종교, 신앙 등 기본적 자유와 인권 존중 등 10개 조항에 대해 합의한 협정이다(Skilling, 1976a, pp. 245-265).

14 체코슬로바키아 지식인 241명이 공산당이 국민의 삶과 사상 및 자유 통제, 그리고 검열을 통해 언론을 탄압하는 것에 대해 반대하는 내용을 담았다. 체코의 대통령 바츨라프 하벨(Václav Havel)도 서명하였다(Skilling, 1978, pp. 157-175).

15 Katrebova-Blehova, B. (2014), pp. 153-156.

16 Bernasek, M. (1970), p. 97.

17 Communists take power in Czechoslovakia. https://www.history.com/this-day-in-history/communists-take-power-in-czechoslovakia (검색일: 2020. 10. 10.)

18 J. F. A. (1956), p. 202.

19 Šustek, Z. (2014), pp. 3-29.

20 경제상호원조회의(Council for Mutual Economic Assistance: COMECON)는 1949년 소련 주도로 체코슬로바키아, 폴란드, 헝가리, 루마니아, 불가리아 등 6개국이 참여하면서 만들어졌다. 1987년 해체까지 회원국은 10개국으로 늘어났고, 서방에 대응하기 위한 경제 통합을 지향했지만, 성과는 미미했다.

21 Bernasek, M. (1969), pp. 449-454.

22 Korda, B., & Moravcik, I. (1971), pp. 49-53.

23 순물적생산(Net Material Product: NMP)은 사회총생산물(Gross Social Product: GSP) 중에서 생산하는 데 소비된 생산수단을 보상한 나머지 부분으로 사회총생산물에서 고정자본 감가상각충당금과 중간재 투입비를 제외한 부분을 의미한다(통일연구원, 2009, p. 223).

24 오타 시크는 소련식 계획경제 모델에 이윤 추구, 생산 유인 요인 확대, 시장경제 허용, 경제 계획의 분권화 등을 도입한 유연한 경제 운영을 제안하였다. 계획경제 및 시장경제를 혼용하는 방식으로 이 정책들과는 다른 제3의 길을 제시한 것이다. 소련은 오타 시크의 개혁안에 대해 체코슬로바키아를 자본주의 국가로 전환하려는 시도라고 비판하면서, 결국 실업률 증가와 외국자본에 의한 착취로 경제는 실패할 것이라고 주장했다(Fusfeld, Stanfield, Sherman, & Brazelton, 1978, pp. 697-708).

25 Dyba, K., & Svejnar, J. (1991), pp. 185-186.

26 IMF (1990), pp. 4-5.

27 Potop, V., Türkott, L., Kožnarová, V., & Možný, M. (2010), p. 384.

28 제1차 석유 파동은 제4차 중동 전쟁으로 1973~1974년에 일어났고, 제2차 석유 파동은 1979년 이란 혁명의 여파로 1979~1980년에 발생하였다(Mihci, 2018, pp. 48-53).

29 Bauer, T., & Boros-Kazai, A. (1988), p. 8.

30 Lavigne, M. (1983), pp. 137-140.

31 Narayanswamy, R. (1988), p. 1114.

32 Orsillo, N. P. (2008), pp. 25-30.

33 Zákon č. 81/1986 Sb., Zákon o státním plánu rozvoje národního hospodářství Československé socialistické republiky na léta 1986 - 1990. https://www.zakonyprolidi.cz/cs/1986-81 (검색일: 2020. 11. 2.)

34 1987년에는 고르바초프의 '페레스트로이카'에 대응하여 체코슬로바키아 사회주의 공화국의 경제 메커니즘 재건을 위한 원칙도 발표하였다[pětiletky - plánování ekonomiky. http://www.totalita.cz/vysvetlivky/petiletky.php (검색일: 2020. 11. 5.)].

35 Pryor, Z. P. (1973), pp. 114-131.

36 Dlouhy, V. (1989), pp. 211-235.

37 Dyba, K., & Svejnar, J. (1991), pp. 185-190.

38 Staller, G. J. (1968), p. 559.

39 Vonyó, T. (2017), pp. 1-27.

40 Vonyó, T., & Klein, A. (2019), p. 317.

41 Joint Economic Committee Congress of the United Ststes (1982), p. 93.

42 Jacobsen, H. (1990), pp. 99-117.

제3장 _____ 헝가리의 냉전질서 편입과 체제전환

1 The National Security Archive. "The 1956 Hungarian Revolution: A History in Documents". https://nsarchive2.gwu.edu/NSAEBB/NSAEBB76 (검색일: 2020. 8. 30.)

2 The National Security Archive. "The 1956 Hungarian Revolution: A History in Documents". https://nsarchive2.gwu.edu/NSAEBB/NSAEBB76 (검색일: 2020. 8. 30.)

3 이충목(2000), pp. 84-85.

4 김지영(2018b), pp. 150-151.

5 김지영(2018b), pp. 150-153.

6 김지영(2018b), pp. 152-153.

7 김지영(2020), p. 56.

8 김지영(2020), p. 60.

9 FIDESz는 현재 헝가리 최대 우파정당인 시민동맹(Fidesz – Magyar Polgári Szövetség)을 뜻한다. 창립 당시 FIDESz는 청년민주동맹(Fiatal Demokraták Szövetsége)의 의미였다.

10 안상욱(2009), p. 145.

제4장 _____ '소비에트형 인간'을 거부한 1989년 11월 체코슬로바키아의 벨벳혁명

1 Korbonski, A. (1992), pp. 167-168; Pridham, G., & Vanhanen, T. (1994), p. 2; Rustow, D. A. (1970), pp. 337-363.

2 Kornai, J. (1996), p. 29.

3 옛 체제와의 단절은 주로 인적인 청산을 의미한다. 체코슬로바키아의 자유화, 민주화 특성상 그리고 거의 모든 탈공산주의 국가에서 진행된 전환 과정의 특성상 공산체제 자체를 완전히 부정하지 못하고 체제전환 이후에도 옛 공산계와 새로운 엘리트의 공존이 이어졌다. 다만 과거의 반인권 행위에 대해서는 처벌, 기록 등의 절차를 따르는 소위 중동부유럽식의 '이행기 정의(transitional justice)'를 추진했다(김신규, 2016, p. 158).

4 '진실된 삶'은 77헌장 설립자이자 벨벳혁명을 주도하고 이후 대통령으로 선출되는 하벨(V. Havel)이 언급한 공산체제에서의 거짓된 삶과 대비되는 자유롭고 정의로운 체제에서

의 삶을 의미한다(Havel, 1992, pp. 168-174).

5   Kusin, V. V. (1982), pp. 29-30.

6   Otahál, M. (1994), pp. 31-48.

7   Prečan, V. (1990), pp. 9-13.

8   Havel, V. (1990), p. 182.

9   Tenley, A. (1992), p. 232.

10 Tenley, A. (1992), p. 233.

11 Kusin, V. V. (1982), pp. 25-31.

12 Luers, W. H. (1990), p. 93.

13 Rudé Pravo (Řijen 10 1989); Berglund, S., & Dellenbrant, J. Å. (1991), p. 151.

14 Wheaton, B., & Kavan, Z. (1992), p. 42.

15 Wheaton, B., & Kavan, Z. (1992), p. 48.

16 Otáhal, M., & Sládek, Z., pp. 47-48.

17 Balík, S. et. al., p. 92.

18 Brown, J. F. (1990), pp. 71-124.

19 Gordon, L. (1987), p. 331.

20 Chvojka, P., & Zeman, K. (2000).

21 Steiner, J., & Krol, J. (1997).

22 Žídek, L. (2017), p. 8.

23 Heady, C. (1994), p. 69.

24 Kornai, J. (1994), pp. 40-42.

25 Kornai, J. et al. (2003), pp. 1095-1136.

26 1980년 기준 부문별 임금은 농업이 2,656kč(코루나), 어업이 3,294kč, 산업분야가 2,758kč이었다. 반면 금융 2,612kč, 교육 2,477kč, 의료보건 2,481kč, 서비스 평균 1,960kč에 불과했다(Český statistický úřad, 2020).

27 Kornai, J. (1996).

28 Maddison Project Database (2020).

29 Ramet, S. P. (1991), pp. 3-34

30 Kuran, T. (1991), p. 42.

31 Wheaton, B., & Kavan, Z. (1992), p. 102.

32 Ramet, S. P. (1991), p. 465.

33 Kunštát, D. (2010), pp. 31-33.

34 Wheaton, B., & Kavan, Z. (1992), p. 72.

35 Wheaton, B., & Kavan, Z. (1992), pp. 46-47.

36 Pullmann, M. (2013), p. 146.

37   McDermott, K. (2015), p. 189.

38   홍윤기(1990), pp. 207-209.

39   Balík, S. et. al. (2017), pp. 91-92.

제5장 _____ 루마니아 공산정권의 붕괴 과정

1   이에 관해서는 엄태현(2015), pp. 207-231을 참조할 것.

2   엄태현(2015), p. 217, 242.

3   여기서 삼국은 영국, 프랑스 제3공화국, 러시아 제국을 가리킨다. 루마니아는 미국, 이
     탈리아 왕국, 일본 제국과 함께 1차 세계대전에 협상국(Entente Powers)의 일원으로 참전
     하였다.

4   박정오(2014), p. 239.

5   이에 관한 자세한 내용은 박정오(2014) pp. 235-262를 참조할 것.

6   박정오(2014), p. 241.

7   김현민(2020. 9. 9.).

8   Stone, D. R. (2006), pp. 93-112.

9   인민민주연합은 루마니아사회민주당(Romanian Social Democratic Party), 국민자유
     당(National Liberal Party), 농민전선(Ploughmen's Front), 루마니아공산당(Romanian
     Communist Party), 국민대중당(National Popular Party), 국민농민당(National Peasants'
     Party)으로 구성되어 있다.

10   Zwass, A. (1995), p. 12.

11   Verona, S. (1989. 12.).

12   Koleva, D., & Coleman P. (2013), pp. 6-7.

13   이들을 가리켜 모스크바파(Muscovites)라고도 한다.

14   이 유형을 가리켜 투옥파(Prison Communist)라 한다.

15   제2차 세계대전 이후에 미국이 유럽 원조 목적으로 도입한 마셜 플랜에 대항하기 위해 소
     련의 주도하에 설립된 것으로 최초 가맹국은 소련, 폴란드, 체코슬로바키아, 헝가리, 루
     마니아, 불가리아 6개국이었다. 이후 동독, 몽골, 쿠바, 베트남 등이 가입하여 총 10개
     회원국이 활동하였으나 냉전 종식과 더불어 1991년 해체되었다.

16   Szabo, L. (2020), pp. 113-126.

17   Dragomir, E., & Stănescu, M. (2015).

18   Shapiro, H. (1965. 7. 16.).

19   Horga, M., Gerdts, C., & Potts, M. (2013), pp. 2-4.

20   Kligman, G. (1995), pp. 234-255.

21 Levitt, S. D., & Dubner S. J. (2007), p. 107.

22 Georgescu, E., & Pomonis, A. (2008).

23 Iosif, C. (n.d); Danta, D. (1993), pp. 170-182.

24 박정오(2015), p. 197.

25 박정오(2015), p. 198.

26 Iosif, C. (n.d).

27 엄태현(2015), p. 209.

28 Bohlen, C. (1990. 6. 15.).

29 차우셰스쿠가 주도한 도시계획프로그램으로 차우셰스쿠가 1971년 동아시아 방문 중 북한
    의 주체 사상과 대량 살상에 영감을 받아 도입한 프로그램이다. 1974년부터 진행된 이 정
    책은 루마니아를 "다차원적으로 개발된 사회주의 사회"로 건설한다는 목표하에 기존 마을
    및 도시를 전체적 혹은 부분적으로 철거하고 재건하는 내용으로 구성되어 있다.

30 박정오(2015), p. 194.

31 Horsley, W. (1999. 12. 22.).

32 박정오(2015), p. 202.

33 박정오(2015), p. 203.

34 Sebetsyen, V. (2009).

35 Sebetsyen, V. (2009).

36 Sebetsyen, V. (2009).

37 The New York Times (1989. 12. 26.)

38 Sebetsyen, V. (2009).

39 박정오(2015), p. 205.

40 Galloway G., & Wylie, B. (1991), pp. 168 - 169.

41 Galloway G., & Wylie, B. (1991), p. 170.

42 Galloway G., & Wylie, B. (1991), p. 171.

43 Galloway G., & Wylie, B. (1991), p. 199.

44 The Central University Library of Bucharest.

45 Baleanu, V. G. (1995. 1.).

46 The Guardian (1990. 5. 19.).

47 Roper, S. D. (2000), p. 95.

48 Roper, S. D. (2000), p. 91.

49 Roper, S. D. (2000), p. 93.

50 Roper, S. D. (2000), p. 100.

51 박정오(2015), p. 214.

제6장 _____ 유고슬라비아 체제전환 배경과 기원 연구: '티토이즘' 붕괴와 '문화적 민족
주의' 부활의 관점에서

1   1948년 코민포름 분쟁 배경과 그 영향에 관한 여러 분석은 Petranović (1998), p. 330;
    Milentijević (1999), pp. 160-161; Bilandžić & Vukadinović (1973), p. 42 참조. 코민
    포름 결의에서 유고연방이 사회주의의 적으로 몰리기 전까지 유고연방과 소련 간 오고 간
    팩스와 전보 내용은 Petranović & Zečević (1988), pp. 910-920 참조.

2   Bogetić, D. (1995), p. 250.

3   '민족주의(Nationalism)' 분석에서 본 연구는 조지 웨일(George Weil)과 한스 콘(Hans
    Kohn)의 이론에 기초를 두고 있다. 조지 웨일은 민족주의에 대한 두 가지 기본적 접근방
    법을 제시하고 있는데, 그 첫 번째가 합리적이고 현대문제들과 관련된 서구적인 접근(The
    Western Approach)이며, 다른 하나는 독일과 동유럽에 퍼져 있던 낭만적이며, 영광된 과
    거 역사의 부활을 목적으로 하는 접근방법이 그것이다. 또한, 한스 콘 교수는 동·서유럽
    민족주의의 정의를 내리는 데 있어 서유럽의 민족주의는 '정치적 민족(Political Nation)'의
    성립에 바탕을 둔 '정치적 민족주의(Political Nationalism)'로, 반면 동유럽의 민족주의는
    '문화적 민족(Cultural Nation)'을 근간으로 하는 '문화적 민족주의(Cultural Nationalism)'
    로 정의하고 있다(Kohn, 1961; Sugar, 1994, pp. 34-35).

4   이들 모두는 티토의 파르티잔 동지들로 몬테네그로 출신인 질라스는 부수상(1953.
    1.~1954. 1.)과 연방의회 의장(1953. 12.~1954. 1.)을, 슬로베니아 출신의 카르델리
    는 수상(1946~1963), 외무부 장관(1948~1953), 연방의회 의장(1963~1967), 집단대통
    령제 슬로베니아 대통령(1974~1979)을, 그리고 슬로베니아 출신의 키드리취 또한 슬로
    베니아 수상(1945~1946)을 역임하는 등 티토의 여러 정책을 만들고 유고연방의 핵심을
    이끄는 역할을 담당했었다.

5   Bekić, D. (1988), p. 160; Komisija za Međunarodne odnose i veze CK SKJ; Savezni
    sekretarijat za inostrane poslove (1993), pp. 206-208.

6   유고연방의 비동맹외교정책은 1955년 티토의 버어마(Burma) 방문 이후 유고연방이 이
    집트, 인도가 중심이 된 제3세계 국가들과 서로 간의 유사한 정치적 상황과 필요에 따라
    가까워짐으로써 좀 더 구체화될 수 있었다. 1955년 4월 반둥(Bandung)회의에서 이들 제
    3세계 국가들은 자본주의와 사회주의 어느 한 축에도 속하지 않는, 즉 제1세계를 대표하
    는 미국 등의 서구 자본주의 진영과 제2세계를 의미하는 소련의 사회주의 어느 블록에도
    끌려다니지 않을 것을 천명하였다. 이어 1957년 모스크바(Moscow)에서 열린 세계 공산
    당대회에서 티토는 '사회주의의 각자의 길'이 있음을 천명하였고 이러한 연설발표는 이전
    10여 년 동안 양 세력하에서 겪었던 여러 고통들 속으로 다시 빠지지 않겠다는 의지의 표
    현이었으며, 또한 유고연방의 외교정책으로 비동맹외교정책이 공식화되었음을 의미하는
    것이었다. 이어 계속된 비동맹국가들의 방문 속에 1961년 9월에는 베오그라드에서 비동

맹회의가 열렸고 당시 23개국이 이 회의에 참석하였다. 이후 유고연방은 비동맹국가들의 리더국으로 부상하였고 티토는 '비동맹운동의 아버지'로 불리게 된다.

7   Chossudovsky, M. (2014. 1. 24.).

8   Boduszynski, M. P. (2010), p. 64.

9   1991년 당시 유고연방은 슬로베니아, 크로아티아 공화국들의 독립선언과 경제 악화 속에 국가 총 수출액이 13.1십억 달러, 수입액은 17.6십억 달러로 1980년 이후로 이미 국가 총외채 규모가 당해 연 수출액을 초과한 상황에 이르는 등 더는 연방을 유지하기 어려운 상황에 부닥쳐 있었다.

10   Wikipedia. "Economy of the Socialist Federal Republic of Yugoslavia". (검색일: 2020. 2. 25.)

11   Boduszynski, M. P. (2010), pp. 64-65.

12   Boughton, J. M. (2001), p. 433.

13   Boduszynski, M. P. (2010), pp. 66-67; 유고연방의 재외 근로자가 본토로 보낸 송금액은 1988년엔 4.5십억 달러, 1989년엔 6.2십억 달러로 이 수치는 당시 전 세계 재외 근로자 국내 송금액의 약 19%에 달하는 큰 수치였다(Asch, 1994, p. 26; Massey & Taylor, 2004, p. 159).

14   The New York Times (1983. 3. 28.).

15   Večernji list (2019. 5. 15.).

16   Ramet, S. P. (2006), p. 363; Seroka, J. (1993), pp. 100-101.

17   Mongabay.com (1990. 12. 30.).

18   슬로베니아 출신으로 티토의 파르티잔 동지였던 카르델리는 '코민포름 분쟁'과 한국전쟁 당시 수상(1946~1963) 겸 외무부 장관(1948~1953)을 역임하며 티토이즘의 주요 외교정책인 '비동맹주의'의 기초를 만들었다. 이후 연방의회 의장(1963~1967)을 역임하며 정치계를 떠났던 그는 1970년대 들어와 '크로아티아의 봄'(1971) 등 개혁주의자들의 요구가 너무 커지자 티토의 요청으로 다시 복직되어 유고연방의 유지를 위한 1974년 신헌법 완성을 주도하기도 했다. 이후 헌법에 따라 완성된 '집단대통령제'하에서 그는 티토를 도와 슬로베니아 대통령(1974~1979)을 역임하였고, 세르비아 중심의 중앙집중화된 정치, 경제를 경계하면서도 모든 분야에 있어 지방분권에 기초한 정책 결정의 다원주의 원칙과 이를 통한 연방 유지를 도모하였던 인물이다.

19   Djilas, M. (1962).

20   란코비치는 과거 오스만 터키의 제2차 비엔나 포위(1683)가 실패한 이후 합스부르크 제국과 오스만 터키 간 맺은 스렘스키 카를로브찌 조약(1699)에 따라 형성된 양 제국 간 국경 지역의 프레차니(prečani) 출신으로 강력한 세르비아 민족주의자이기도 했다. 당시 사건 배경과 의미에 관해서는 Dyker (1979), p. 94; 김철민(2000) 참조.

21   Donia, R. J., & Fine, J. V. A. (1994), pp. 200-201.

22 집단대통령제는 각 민족 간 권력 분립과 견제를 통해 연방을 유지하고, 유고연방의 다양한 종교와 문화의 모자이크 및 역사적 복잡성을 고려한 고육책이었다. 카르델리의 주도 속에 만들어진 집단대통령제는 티토 사후 혼란을 차단하기 위해 연방 내 대표들을 뽑아 집단 의사 결정을 유도한 제도이다. 1971년부터 1974년까진 공화국별로 세 명의 대표, 자치주에선 두 명의 대표를 두었지만, 1974년 신헌법 이후론 각 공화국과 자치주에서 각각 한 명의 대표를 두어 여덟 명의 대표단이 구성되게 된다. 곧이어 5년제 집단대통령제가 시행되었으며, 의장이던 티토가 1980년 5월 사망한 후로 대통령 중 경륜과 연륜에 기초해 사전에 뽑힌 다섯 명이 1년씩 돌아가며 의장을 역임하였다(1기: 1974. 5. 15.~1979. 5. 15., 2기: 1979. 5. 15.~1984. 5. 15., 3기: 1984. 5. 15.~1989. 5. 15., 4기: 1989~1992; Petranović & Zečević, 1988, pp. 1145-1146).

23 1980년대 유고연방은 '유고슬라비즘' 퇴조 등 티토이즘 붕괴 속에 영화 산업을 중심으로 티토 재평가와 함께 사회주의 체제의 모순을 담은 다양한 사회·문화 현상들이 큰 주류를 이루었다. 이에 대한 특징들과 자세한 내용은 김철민(2019) 참조.

24 Banac, I. (1992), pp. 149-151.

25 Banac, I. (1992), pp. 148-149.

26 Petranović & Zečević (1988), pp. 1250, 1292-1293.

27 Wikipedia. "Demographics of Kosovo". (검색일: 2020. 2. 24.) 재구성.

28 Banac, I. (1992), pp. 174-176.

29 '붉은 우스타샤'란 사회주의 탈을 쓴 극우 크로아티아 민족주의자를 의미하는 것으로, 제2차 세계대전 당시 히틀러의 지원 속에 크로아티아 극우 정권인 우스타샤가 가톨릭 개종을 목적으로 크로아티아와 보스니아에서 자행한 세르비아인 대량 학살을 상징하는 단어이기도 하다.

30 코소보 평원의 가지메스탄(Gazimestan) 기념비에서 가진 연설에서 밀로셰비치는 세르비아 독립정교회 초대 교주인 성 사바의 말(Only Unity Saves the Serb, само слога Србина спасава; 4C)을 인용하며 "600년이 지난 지금 세르비아는 (이슬람 세력과의) 또 다른 전쟁에 직면해 있다. 세르비아인의 단결만이 세르비아 땅에서 세르비아 민족의 번영을 가져올 수 있다."라는 말과 함께 코소보 수호 의지와 유고연방의 무능함을 지적하였다.

31 세르비아와 크로아티아 간 긴장 속에 1990년 5월 13일 자그레브에서 열린 크로아티아 디나모(Dinamo)와 세르비아 쯔르베나 즈베즈다(Crvena Zvezda, 붉은 별) 클럽 간 축구경기에서 양 민족 간 유혈 충돌이 발생했다. 경찰의 강경 진압이 뒤따랐고 다수 부상자가 발생한 가운데 세르비아에선 크로아티아의 편파 수사와 진압에 항의하는 시위가 이어졌다. 이 사건은 이후 양 민족 간 갈등들이 본격적으로 표면 위로 증폭되는 촉매제가 되게 된다.

제7장   불가리아 공산체제의 특징과 붕괴

1   Казасов (1949), p. 691.

2   Казасов (1949), p. 691.

3   Българска народна банка (2015), p. 36.

4   즈베노 인민 동맹 4명, 농민 연합 4명, 공산당 4명, 사회 민주노동당 2명, 무소속 2명.

5   Калинова (2004), p. 245.

6   Gorbachev (1995), p. 368.

7   Kalinova (2002), p. 246.

8   Красимир (2014), p. 322.

9   АМВнР (2010), pp. 1-12.

10   Архив на БНТ (1992), p. 37.

11   Ангелов (2005), p. 133.

12   Огнян (2012), p. 61.

13   Brown, J. F. (1991), p. 507.

14   Tchakarov, K. (1990), p. 315.

15   Todorova, M. (1992), pp. 1105-1116.

16   Studia ekonomiczne (1998), pp. 32-33.

17   Исусов, М. (1991), pp. 114-116, 119-120.

18   Даскалов (1989), p. 223.

19   Иванов (2009), pp. 326-332.

20   Mladenov (1990), pp. 5-7.

21   Dainov, E. (1992), p. 12.

22   Ivanova, E. (1997), p. 260.

23   Кралевска (2011), p. 325.

24   АМВнР (2004), pp. 25-40.

25   Георгиев (2009), p. 1.

26   Еленков (2009), pp. 23-25.

27   Raleva, St. (2014), pp. 5-14.

28   Huber, P. (2007), pp. 263-298.

제8장   발틱 3국의 공산주의 붕괴와 체제전환

1   Miniotaite, G. (2002), p. 37.

2   Seventeen Moments in Soviet History (2018).

3   Jewish Virtual Literary (2019).

4   The Latvian Institute (2019), p. 1.

5   Mežmalis, A. (2019), p. 21.

6   Mežmalis, A. (2019), p. 21.

7   Nutt, M. (2007), p. 26.; Russia Beyond (2017); Zunes, S. (2009), p. 1.

8   Genocide and Residence Research Center of Lithuania (2020).

9   Genocide and Residence Research Center of Lithuania (2020).

10 Mežmalis, A. (2019), p. 20.

11 Bubnys, A. (2019), p. 23.

12 Saarts, T. (2016), pp. 115–116.

13 Saarts, T. (2016), p. 120.

14 Steen, A. (1997), p. 94.

15 King, V. O. (2012), p, 131.

16 King, V. O. (2012), p. 127.

17 Mygind, N. (1998), p. 10.

18 Olesen, M. R. (2014), p. 88.

19 Euro Topics (2016).

20 Miniotaite, G. (2002), p. 36.

21 Euro Topics (2016).

22 King, V. O. (2012), p. 132.

23 Raun, T. V. (1994), p. 11.

24 Los Angeles Times (1990).

25 Raun, T. V. (1994), p. 5.

26 Raun, T. V. (1994), p. 5.

27 Raun, T. V. (1994), p. 1.

28 Raun, T. V. (1994), pp. 2–3.

29 Raun, T. V. (1994), p. 7.

30 The Latvian Institute (2019), p. 1.

31 Raun, T. V. (1994), p. 6.

32 Los Angeles Times (1990).

33 Nutt, M. (2007), p. 28.

34 Raun, T. V. (1994), pp. 6–7.

35 Conference on Security and Cooperation in Europe (2020).

36 Raun, T. V. (1994), p. 3.

37 Raun, T. V. (1994), pp. 3–4.

38   Olesen, M. R. (2014), p. 91.

39   Nutt, M. (2007), p. 26.

40   The Latvian Institute (2019), pp. 2-3.

41   Nutt, M. (2007), p. 21.

42   The Latvian Institute (2019), p. 2.

43   Raun, T. V. (1994), pp. 1-2.

44   Olesen, M. R. (2014), p. 87.

45   Vytautas Magnus University (2020).

46   Olesen, M. R. (2014), pp. 95-97.

47   Raun, T. V. (1994), p. 1.

48   The Latvian Institute (2019), p. 3.

49   Nutt, M. (2007), p. 23.

50   Mygind, N. (1998), pp. 9-11.

51   Nutt, M. (2007), pp. 26-29.

52   Sirutavičius, V., & Grybkauskas, S. (2018), p. 6.

53   Zunes, S. (2009), p. 1.

54   Zunes, S. (2009), pp. 1-3.

55   Zunes, S. (2009), p. 2.

56   Zunes, S. (2009), p. 11.

57   Zunes, S. (2009), p. 11.

58   Zunes, S. (2009), p. 33.

59   Zunes, S. (2009), p. 33.

60   다우가바강(Daugava River)은 러시아에서 발현하여 벨라루스를 거쳐 라트비아 리가항에
     이르는 1,020km에 이르는 강으로 라트비아 역내의 강 길이는 325km에 달한다(The New
     York Times, 1986).

61   King, V. O. (2012), p. 134.

62   State Chancellery of Latvia (2018), pp. 2-3.

63   King, V. O. (2012), pp. 127-128, 132.

64   State Chancellery of Latvia (2018), pp. 3-7.

65   Mygind, N. (1998), pp. 34-35.

66   Mygind, N. (1998), p. 13.

67   King, V. O. (2012), pp. 137-138.

68   Mygind, N. (1998), p. 12.

69   Furmanavcius, D. (2009).

70   The Baltic Times (2010).

71 Reuters (2014).

72 Sirutavičius, V., & Grybkauskas, S. (2018), p. 7.

73 Mygind, N. (1998), pp. 9-11.

74 Miniotaite, G., p. 40.

75 Mygind, N. (1998), p. 14.

76 Mygind, N. (1998), pp. 14, 33-34.

77 Steen, A. (1997), p. 94.

78 King, V. O. (2012), p. 133.

79 Mygind, N. (1998), p. 5.

80 Mygind, N. (1998), pp. 1-3.

81 Raun, T. V. (1994), p. 7.

82 Raun, T. V. (1994), pp. 1-3, 7-8.

83 Euractiv (2018) 참조.

84 Mygind, N. (1998), pp. 1-3, 7.

85 Raun, T. V. (1994), p. 8.

86 Raun, T. V. (1994), p. 8.

87 The Ukrainian Week (2013).

88 Mygind, N. (1998), p. 4, 7.

제1장 _____ 폴란드: 공산체제 붕괴의 원인, 과정 및 결과

김광림(1995). "고르바초프의 신사고 외교독트린에 관한 연구: 브레즈네프 독트린과의 비교적 맥락에서". 『한국정치학회보』, 29집 1호, pp. 635-659.

김용덕(2020). "공산 정권과 자유노조의 대화로 이룬 폴란드 체제 전환 연구". 『EU 연구』, 제 55호, pp. 335-362.

김종석(2006). "폴란드 민족 운동사와 저항정신(Ⅱ): 1980년대를 중심으로". 『동유럽연구』, 17권.

김종석, 김용덕(2020). "폴란드 공산주의 체제 붕괴 연구: 1980년대 체재 위기를 가져온 원인을 중심으로". 『세계 역사와 문화 연구』, 55권, pp. 287-312.

중앙일보(1989. 11. 6.). "수난의 역사 딛고 새롭게 태어났다: 폴란드".

Gabrisch, H. (1981). "Economic reforms in Poland". *Intereconomics*, Vol. 16, No. 2, pp. 70-74.

Jarząbek, W. (2014). "Polish economic policy at the time of détente, 1966 - 78". *European Review of History: Revue européenne d'histoire*, Vol. 21, No. 2, pp. 293-309.

Kamiński, M. M. (1999). "How communism could have been saved: Formal analysis of electoral bargaining in Poland in 1989". *Public Choice*, Vol. 98, pp. 83 - 109.

Mason, S. D. (1988). "Glasnost, Perestroika and Eastern Europe". *International Affairs*, Vol.

64, No. 3, pp. 431-448.

Pearce, C. S. (2009). "The Polish Solidarity Movement in Retrospect: In Search of a Mnemonic Mirror". *International Journal of Politics, Culture and Society*, Vol. 22, pp. 159‑182.

Poznanski, K. Z. (1998). *Poland's Protracted Transition*. Cambridge University Press.

Staniszkis, J. (2007). "The evolution of forms of working-class protest in Poland: Sociological reflections on the Gdańsk-szczecin case, August 1980". *Soviet Studies*, Vol. 33, No. 2, pp. 204-231.

Zloch-Christy, I. (1987). *Debt Problems of Eastern Europe*. Cambridge: Cambridge University Press.

Żuk, P. (2019). "Edward Abramowski's concept of stateless socialism and its impact on progressive social movements in Poland in the twentieth century". *History of European Ideas*, Vol. 45, No. 1, pp. 64-82.

국가기록원. http://www.theme.archives.go.kr

Google. https://www.google.com

Radio Free Asia. https://www.rfa.org

Tcat. http://www.tcat.com

Wikipedia. https://en.wikipedia.org/wiki/21_demands_of_MKS

제2장　　　　체코슬로바키아 공산정권의 수립과 붕괴에 대한 고찰: 경제적 이유를 중심으로

통일연구원(2009). 『2009 북한개요』, 서울: 다해미디어.

Bakke, E. (1999). "Doomed to failure?: The Czechoslovak nation project and the Slovak autonomist reaction 1918-1938". (Master's thesis). Department of Political Science, University of Oslo.

Barnard, F. (1991). "Political Culture: Continuity and Discontinuity". In H. Gordon Skilling (Ed.), *Czechoslovakia, 1918-1988: Seventy Years from Independence*. New York: St. Martin's Press.

Bauer, T., & Boros-Kazai, A. (1988). "From Cycles to Crisis?". *Eastern European Economics*, Vol. 27, No. 1, pp. 5-44.

Bernasek, M. (1969). "The Czechoslovak Economic Recession, 1962-65". *Soviet Studies*, Vol. 20, No. 4, pp. 444-461.

Bernasek, M. (1970). "Czechoslovak Planning 1945-48". *Soviet Studies*, Vol. 22, No. 1, pp.

94-109.

Bischof, G., Karner, S., & Peter, R. (2010). *The Prague Spring and the Warsaw Pact Invasion of Czechoslovakia in 1968*. Maryland: Rowman & Littlefield.

Cashman, L. (2008). "Remembering 1948 and 1968: Reflections on Two Pivotal Years in Czech and Slovak History". *Europe-Asia Studies*, Vol. 60, No. 10, pp. 1645-1658.

Dlouhy, V. (1989). "Disequilibrium Models of the Czechoslovak Economy". In C. Davis & W. Charemza (Eds.), *Models of Disequilibrium in Centrally Planned Economies*. London: Chapman and Hall.

Dyba, K., & Svejnar, J. (1991). "Czechoslovakia: Recent Economic Developments and Prospects". *American Economic Review*, Vol. 81, pp. 185-190.

Fusfeld, D. R., & Stanfield, J. R., Sherman, H., & Brazelton, W. R. (1978). "Four Reviews of Ota Sik: The Third Way." *Journal of Economic Issues*, Vol. 12, No. 3, pp. 697-708.

IMF (1990). *The Czech and Slovak Federal Republic: An Economy in Transition*. Washington, D.C.: IMF.

J. F. A. (1956). "Economic Prospects in Czechoslovakia: The Second Five-Year Plan". *The World Today*, Vol. 12, No. 5, pp. 201-209.

Jacobsen, H. (1990). "West Germany's Economic Relations with the East: Political Goals and Economic Possibilities". In D. A. Baldwin & H. V. Milner (Ed.), *East-West Trade and the Atlantic Alliance* (pp. 99-117). London, England: Palgrave Macmillan.

Joint Economic Committee Congress of the United Ststes (1982). *East-West Trade-The Prospects to 1985*. Washington, D.C.: U.S. Government Printing Office.

Joint Economic Committee Congress of the United States (1986). *East European Economies: Slow Growth in the 1980s*. Washington, DC: U.S. Government Printing Office.

Katrebova-Blehova, B. (2014). "The Opposition Movement in Slovakia in the Period of Normalisation". *Remembrance and Solidarity Studies in 20th Century European History*, Iss. 3, pp. 141-162.

Kharb, B. B. (1961). "Development of Agriculture in Czechoslovakia". *Indian Journal of Agriculture Economics*, Vol. 16, No. 3, pp. 37-45.

Korda, B., & Moravcik, I. (1971). "Reflections on the 1965-1968 Czechoslovak Economic Reform". *Canadian Slavonic Papers, Spring*, Vol. 13, No. 1, pp. 45-94.

Lavigne, M. (1983). "The Soviet Union inside Comecon". *Soviet Studies*, Vol. 35, No. 2, pp. 135-153.

Mihci, C. (2018). "The Effect of Oil Crisis on Economies of COMECON/CMEA Member Countries, A Five Country Study: CSSR, GDR, HUNGARY, POLAND, and USSR".

(Masters thesis). Levy Economics Institute of Bard College.

Narayanswamy, R. (1988). "Reforming under Pressure". *Economic and Political Weekly*, Vol. 23, No. 22, pp. 1112-1114.

Orsillo, N. P. (2008). "Agricultural Intensification in Communist Czechoslovakia and its Impact on the Environment". (Master's thesis). Masaryk University.

Potop, V., Türkott, L., Kožnarová, V., & Možný, M. (2010). "Drought episodes in the Czech Republic and their potential effects in agriculture". *Theoretical and Applied Climatology*, Vol. 99, No. 3, pp. 373-388.

Pryor, Z. P. (1973). "Czechoslovak Economic Development in the Interwar Period". In V. S. Mamatey & R. Luza (Eds.), *A History of the Czechoslovak Republic 1918-1948*. Princeton: Princeton University Press.

Skilling, H. G. (1976a). "Czechoslovakia and Helsinki". *Canadian Slavonic Papers*, Vol. 18, No. 3, pp. 245-265.

Skilling, H. G. (1976b). *Czechoslovakia's Interrupted Revolution*. Princeton: Princeton University Press.

Skilling, H. G. (1978). "Socialism and Human Rights: Charter 77 and the Prague Spring". *Canadian Slavonic Papers*, Vol. 20, No. 3, pp. 157-175.

Staller, G. J. (1968). "The New Model of Planning and Management". *The American Economic Review*, May, Vol. 58, No. 2, pp. 559-567.

Stoneman, A. J. (2015). "Socialism with a Human Face: The Leadership and Legacy of the Prague Spring". *The History Teacher*, Vol. 49, No. 1, pp. 103-125.

Šustek, Z. (2014). "Menová reforma v Československu v roku 1953 a jej hospodársko-politické pozadie". *Pamäť Národa*, Vol. 1, pp. 3-29.

Vonyó, T. (2017). "War and socialism: why eastern Europe fell behind between 1950 and 1989". *Economic History Review*, Vol. 70, Iss. 1, pp. 248-274.

Vonyó, T., & Klein, A. (2019). "Why did socialist economies fail? The role of factor inputs reconsidered". *Economic History Review*, Vol. 72, No. 1, pp. 317-345.

Communists take power in Czechoslovakia. https://www.history.com/this-day-in-history/communists-take-power-in-czechoslovakia (검색일: 2020. 10. 10.)

pětiletky - plánování ekonomiky. http://www.totalita.cz/vysvetlivky/petiletky.php (검색일: 2020. 11. 5.)

Zákon č. 81/1986 Sb., Zákon o státním plánu rozvoje národního hospodářství Československé socialistické republiky na léta 1986 - 1990. https://www.zakonyprolidi.cz/cs/1986-81 (검색일: 2020. 11. 2.)

김지영(2001). "1956년 헝가리 혁명에 대한 일 고찰". 『동유럽발칸학』, 3권 1호.

김지영(2011). "1989년 체제 전환 이후 헝가리의 부패 문제". 『통합유럽연구』, 2호.

김지영(2018a). "헝가리 소비에트공화국의 성립과 좌절(1919): 열망과 절망의 133일". 『서양사론』, 137호.

김지영(2018b). "'68운동'과 헝가리의 사회주의 체제 내 개혁운동, 1989년의 체제전환: '신경제구조'에서 '체제전환'으로". 『독일연구』, 39호.

김지영(2020). "헝가리의 공산주의 변용: 카다리즘(굴라시 공산주의) 연구". 『서양사론』, 144호.

김흥종, 이철원, 박영곤, 박경석(2003). 『2004년 EU 확대와 유럽경제의 변화』. 한국대외경제정책연구원.

안상욱(2009). "흑해 지역주의 시도와 유럽연합 경제질서로의 편입에 관한 고찰: 루마니아, 불가리아, 터키를 중심으로". 『EU연구』, 24호.

윤덕희(2008). "동유럽의 체제전환: 유럽통합 관계에 대한 연구". 『국가전략』, 14권 1호.

이층목(2000). "체제이행의 정치: 헝가리 사례연구", 『국제 · 지역연구』, 9권 4호.

장은주(2013). "너지 임레의 헝가리식 사회주의와 카다리즘: 1956년 헝가리 혁명을 중심으로". 『인문학연구』, 91호.

한국무역진흥공사(2019). 『2019 국별 진출전략: 헝가리』.

Békés, C., Byrne, M., & Rainer, J. M. (2002). *The 1956 Hungarian Revolution: A History in Documents*. Central European University Press.

Broadman, H. G. (Ed.). (2005). *From Disintegration to reintegration*. World Bank.

Bozóki, A. (2002). *The Roundtable Talks of 1989: The Genesis of Hungarian Democracy*. Central European University Press.

Crampton, R. J. (1994). *Eastern Europe in the Twentieth Century*. Routledge.

European Central Bank (2005). "Trade Integration of Central and Eastern European countries". *Working Paper Series*, No. 545, November.

European Commission (2002). *Towards the enlarged union [COM(2002)700Final]*. Brussels.

European Commission (2003). *More unity and more diversity: The European Union's biggest enlargement (NA-47-02-389-EN-C)*. Brussels.

European Commission (2005). *General Report on Pre-accession Assistance (Phare-ISPA-SAPARD) in 2003, 2005*.

European Commission (2006). *General Report on Pre-accession Assistance (Phare-ISPA-SAPARD) in 2004, 2006*.

EUROSTAT (2008). "EU Foreign Direct Investment in the New Member States". *Statistics in*

Focus, 71/2008.

EUROSTAT (2009). *External and Intra-European Union Trade Data 2002-2007*.

EVCA (2006). *Central and Eastern Europe Statistics 2005*.

Gyurkó, L. (1985). *János Kádár: Selected Speeches and Interviews*. Pergamon Pr.

Hammer, F., & Dessewffy, T. (1995). "Transition in Hungary". In G. Tóka (Ed.). *The 1990 Election to the Hungarian National Assembly* (pp. 11-32). Berlin: Edition Sigma.

IMF (2019). *World Economic Outlook (WEO)*.

Kenez, P. (2006). *Hungary from the Nazis to the Soviets: The Establishment of the Communist Regime in Hungary, 1944-1945*. Cambridge University Press.

Konai, J. (2008). *From Socialism to Capitalism*. CEU Press.

Maxwell, R. (1985). *Janos Kadar: Selected Speeches and Interviews with an 68 Introductory Biography by Gyurkó L*. N.Y: Elmsford.

Nohlen, D., & Stöver, P. (2010). *Elections in Europe: A data handbook*. Nomos.

Van Tulder, R., & Ruigrok, W. (1998). "European Cross-National Production Networks in the Auto Industry: Eastern Europe as the low End of European Car Complex". *Berkeley Roundtable on the International Economy*, 121.

Daily News Hungary. "1956, October 23 - Start of the Hungarian Revolution". October 23, 2013. https://dailynewshungary.com/1956-october-23-start-of-the-hungarian-revolution (검색일: 2020. 8. 30.)

EU 집행위원회. "Intra-EU trade in goods: main features". https://ec.europa.eu/eurostat/statistics-explained/index.php?title=Intra-EU_trade_in_goods_-_main_features&oldid=452727#Intra-EU_trade_in_goods_compared_with_extra-EU_trade_in_goods

European Commission. Geberak Report on Pre-Accession Assistance (PHARE-ISPA-SAPARD). http://eur-lex.europa.eu/LexUriServ/LexUriServ.do?uri=COM:2005:0178:FIN:EN:PDF (검색일: 2020. 8. 30.)

Eurostat. "Intra and extra EU-27 external trade 2007 (% share of total trade)". https://ec.europa.eu/eurostat/statistics-explained/index.php?title=File:Intra_and_extra_EU-27_external_trade_2007_(%25_share_of_total_trade).PNG (검색일: 2020. 7. 15.)

Financial Times. "Viktor Orban keeps Trianon Treaty bitterness alive, 100 years on". June 6, 2020. https://www.ft.com/content/6b785393-bdf8-4974-a17c-4017445fca1b (검색일: 2020. 8. 30.)

Hungarian Free Press. "Putin ponders border revision between Hungary and Romania". September 5, 2016. https://hungarianfreepress.com/2016/09/05/putin-ponders-border-revision-between-hungary-and-romania (검색일: 2020. 8. 30.)

IMF. Historical Public Debt Database. https://www.imf.org/external/datamapper/DEBT1@
    DEBT/OEMDC/ADVEC/WEOWORLD/HUN

IMF. "Ten Years of Transition: A Progress Report". http://www.imf.org/external/pubs/ft/
    fandd/1998/09/lenain.htm (검색일: 2020. 7. 15.)

The National Security Archive. "The 1956 Hungarian Revolution: A History in Documents".
    https://nsarchive2.gwu.edu/NSAEBB/NSAEBB76 (검색일: 2020. 8. 30.)

theorangefiles.hu. "The Second Hungarian Republic (1946-1949)". https://theorangefiles.hu/
    the-second-hungarian-republic-1946-1949 (검색일: 2020. 8. 30.)

제4장　　　　　'소비에트형 인간'을 거부한 1989년 11월 체코슬로바키아의 벨벳혁명

김신규(2016). "체코와 슬로바키아의 과거청산: 정치적 상황의 차이". 윤여상 외 편, 『과거청
    산과 통합』(pp. 157-192). 서울: 북한인권센터.
리차드 F. 스타, 김영래, 한석태 역(1985). 『동유럽 공산정치론』. 서울: 민음사.
야노쉬 코르나이, 차문석, 박순성 역(2019). 『사회주의 체제의 정치경제학』. 파주: 나남.
홍운기(1990). "동유럽 인민혁명과 사회주의 발전의 구조변화". 『사회와 사상』. 통권 18호.

Ash, T. G. (1993). *Magic Lantern*. New York: Vintage Books.
Balík, S. et. al. (2017). *Czech Politics: From West to East and Back Again*. Berlin: Verlag Barbara
    Budrich.
Berglund, S., & Dellenbrant, J. Å. (1991). *The New Democracies in Eastern Europe: Party
    Systems and Political Cleavages*. Vermont: Edward Elgar.
Brown, J. F. (1990). *Surge to Freedom: The End of Communist Rule in Eastern Europe*. L.A.:
    Adamantine Press.
Česk ý statistický úřad (2020).
Chvojka, P., & Zeman, K. (2000). "Tendence dosavadního vývoje zemí střední a vychodní
    Evropy". *Politická Ekonomie*, Vol. 48, No. 6.
Economist Intelligence Unit (1985).
Gordon, L. (1987). *Froding Empire: Western Relations with Eastern Europe*. Washington D.C:
    Brookings Institution.
Havel, V. (1990). *Disturbing the Peace: A Conversation with Karel Hvizdala*. New York: Knopf.
Havel, V. (1992). "The Power of Powerless". In G. Stocks (Ed.), *From Stalinism to Pluralism*.
    Oxford: Oxford Univ. Press.
Heady, C. (1994). "Tax Reform and Economic Transition in the Czech Republic". *Fiscal*

Studies, Vol. 15, No. 1.

Korbonski, A. (1992). "Transition to Democracy in Czechoslovakia, Hungary and Poland: A Preliminary Analysis." In M. Latus (Ed.), *From Leninism to Freedom: The Challenger of democratization* (pp. 167-168). Boulder: Westview Press.

Kornai, J. (1994). "Transformational Recession: The Main Causes". *Journal of Economics*, Vol. 19, No. 1, pp. 39-63.

Kornai, J. (1996). "Paying the Bill for Goulash-Communism: Hungarian Development and Macro Stabilization". *Proceeding in Political-Economy Perspective, Social Research*.

Kornai, J. et al. (2003). "Understanding the Soft Budget Constraint". *Journal of Economic Literature*. Vol. 41, No. 4, pp. 1095-1136.

Kunštát, D. (2010). "Pluralita paměti a komunistická minulost: Česká veřejnost a její reflexe roku 1989 a polistopadového vývoje". *Naše Společnost*, Vol. 1, pp. 29-39.

Kuran, T. (1991). "Now Out of Never: The Element of Surprise in the East European Revolution of 1989". *World Politics*, Vol. 44, No. 1, pp. 7-48.

Kusin, V. V. (1982). "Husak's Czechoslovakia and Economic Stagnation". *Problems of Communism*, Vol. 31, No. 2, pp. 24-37.

Luers, W. H. (1990). "Czechoslovakia: Road to Revolution". *Foreign Affairs*, Vol. 69, No. 2, pp. 77-98.

Maddison Project Database (2020).

McDermott, K. (2015). *Communist Czechoslovakia, 1945-1989 A Political and Social History*. London: Palgrave Macmillan.

Otahál, M. (1994). *Opozice, Moc, Společnost*. Praha: Maxdorf.

Otáhal, M., & Sládek, Z. (1990). *Deset Pražských Dnů: Dokumentace*. Praha: Academia.

Prečan, V. (1990). *Charta 77: Od Morální k Demokratické Revoluci*. Praha: Středisko Nezávislé Literatury.

Pridham, G., & Vanhanen, T. (1994). *Democratization in Eastern Europe: Domestic and International Perspectives*. London: Routledge.

Pullmann, M. (2013). "The Demise of the communist regime in Czechoslovakia, 1987-1989: a socio-economic perspective". In K. McDermott & M. Stibbe (Eds.), *The 1989 Revolutions in Central and Eastern Europe: From Communism to Pluralism*. Manchester: Manchester Univ. Press.

Ramet, S. P. (1991). *Social Currents in Eastern Europe: The Sources and Meaning of the Great Transformation*. Durham: Duke Univ. Press.

Rudé Pravo (Říjen 10 1989).

Rustow, D. A. (1970). "Transition to Democracy: toward a dynamic model". *Comparative*

Politics, Vol. 2, No. 3, pp. 337-363.

Steiner, J., & Krol, J. (1997). *Kapitoly z hospodářských a sociáliních dějin Československa 1918-1989*. Karviná: Slezská Univerzita.

Suk, J. (1999). *Hlasy občanské společnosti: Výber z textů a dokument*. Praha: Ustav pro soudobé dějiny AV ČR.

Tenley, A. (1992). "Charter 77 and The Worker's Defence Committee (KOR): The Struggle Human Right in Czechoslovakia and Poland". *East European Quarterly*, Vol. 26, No. 2, June.

Wheaton, B., & Kavan, Z. (1992). *The Velvet Revolution: Czechoslovakia, 1988-1991*. Boulder: Westview Press.

World Bank (1997). "World Development Indicator".

World Development Indicator (1993).

Žídek, L. (2017). *From Central Planning to the Market*. Budapest: Central European Univ. Press.

제5장　　　　　　　루마니아 공산정권의 붕괴 과정

김현민(2020. 9. 9.). "석유의 역사… 최초 산유국 루마니아의 비극". 『아틀라스』. http://www.atlasnews.co.kr/news/articleView.html?idxno=2632

박정오(2014). "루마니아 공산화 과정 연구". 『동유럽발칸연구』, 제38권 4호, pp. 235-262.

박정오(2015). "1989년 루마니아 혁명과 차우셰스쿠 독재체제의 붕괴". 『동유럽발칸연구』, 제39권 2호, pp. 195-219.

엄태현(2015). "1989년 루마니아 혁명의 성격 규명 및 이를 통한 북한 체제전환에 대한 시사점 도출". 『동유럽발칸연구』, 제39권 1호, pp. 207-231.

Baleanu, V. G. (1995. 1.). "The Enemy Within: The Romanian Intelligence Service in Transition". Conflict Studies Research Centre, The Royal Military Academy Sandhurst: Camberley. https://fas.org/irp/world/romania/g43.html

Bohlen, C. (1990. 6. 15.). "Evolution in Europe: Romanian Miners Invade Bucharest". *The New York Times*. https://www.nytimes.com/1990/06/15/world/evolution-in-europe-romanian-miners-invade-bucharest.html

Danta, D. (1993). "Ceausescu's Bucharest". *Geographical Review*, Vol. 83, No. 2, pp. 170-182.

Dragomir, E., & Stănescu, M. (2015). "The Media vs. Historical Accuracy: How Romania's

Current Communist Trials Are Being Misrepresented". http://www.balkanalysis.com/romania/2015/01/11/the-media-vs-historical-accuracy-how-romanias-current-communist-trials-are-being-misrepresented

Galloway G., & Wylie, B. (1991). *Downfall: The Ceauşescus and the Romanian Revolution*. Futura Publications.

Georgescu, E., & Pomonis, A. (2008). "The Romanian Earthquake of March 4, 1977, Revisited: new insights into its territorial, economic and social impacts and their bearing on the preparedness for the future". The 14th World Conference on Earthquake Engineering. Beijing. available at http://www.iitk.ac.in/nicee/wcee/article/14_10-0013.PDF

Horga, M., Gerdts, C., & Potts, M. (2013). "The Remarkable Story of Romanian Women's Struggle to Manage Their Fertility". *Journal of Family Planning and Reproductive Health Care*, Vol. 39, No. 1, pp. 2-4.

Horsley, W. (1999. 12. 22.). "Romania's bloody revolution". BBC. http://news.bbc.co.uk/2/hi/europe/574200.stm

Iosif, C. (n.d). "Bucharest Uncovered". https://unknownbucharest.com/demolitions-of-the-80s

Kligman, G. (1995). "Political Demography: The Banning of Abortion in Ceausescu's Romania". In F. D. Ginsburg & R. Rapp (Eds.), *Conceiving the New World Order: The Global Politics of Reproduction*. Berkeley, CA: University of California Press.

Koleva, D., & Coleman P. (2013). *Ageing, Ritual and Social Change: Comparing the Secular and Religious in Eastern and Western Europe*. Routledge.

Levitt, S. D., & Dubner S. J. (2007). *Freakonomics: A Rogue Economist Explores the Hidden Side of Everything*. Penguin.

Roper, S. D. (2000). *Romania: The Unfinished Revolution*. Psychology Press.

Sebetsyen, V. (2009). *Revolution 1989: The Fall of the Soviet Empire*. New York City: Pantheon Books.

Shapiro, H. (1965, 7. 16.). "Red Cultural Influence Vanishing in Romania". *Star-News*. https://news.google.com/newspapers?id=oIZkAAAAIBAJ&sjid=UnQNAAAAIBAJ&pg=710,2798537

Stone, D. R. (2006). "The 1945 Ethridge Mission to Bulgaria and Romania and the Origins of the Cold War in the Balkans". *Diplomacy & Statecraft*, Vol. 17, Iss. 1, pp. 93-112.

Szabo, L. (2020). "Challenges to Democracy: From the Tiananmen Square to Timişoara". *Trames Journal of the Humanities and Social Sciences*, Vol. 24, No. 1, pp. 113-126.

The Guardian (1990. 5. 19.). "Romania revolution 'not against communism'". p. 24.

The New York Times (1989. 12. 26.). "Upheaval in the East: 2 Journalists Killed in Rumanian Combat". https://www.nytimes.com/1989/12/26/world/upheaval-in-the-east-2-journalists-killed-in-rumanian-combat.html?pagewanted=1

Verona, S. (1989. 12.). "The Withdrawal of Soviet Troops from Romania in 1958: An Analysis of the Decision". *Final Report to National Council for Soviet and East European Research*. https://www.ucis.pitt.edu/nceeer/1989-803-01-Verona.pdf (검색일: 2020. 8. 2.)

Zwass, A. (1995). *From Failed Communism to Underdeveloped Capitalism: Transformation of Eastern Europe, the Post-Soviet Union, and China*. M.E. Sharpe.

루마니아 역사박물관(The National History Museum of Romania). http://www.comunismulinromania.ro

The Central University Library of Bucharest. "The History". http://www.bcub.ro/home/istoric

Wikimedia Commons. https://commons.wikimedia.org

제6장   유고슬라비아 체제전환 배경과 기원 연구: '티토이즘' 붕괴와 '문화적 민족주의' 부활의 관점에서

김철민(2000). "코소보(Kosovo) 민족갈등에 관한 연구: 세르비아니즘의 저항과 확대라는 관점에서". 『동유럽발칸학』, 2(1), pp. 195-219.

김철민(2006). "티토의 외교정책, 비동맹주의 수립 배경에 관한 연구". 『국제지역연구』, 10(3), pp. 107-132.

김철민(2019). "체제 전환기 유고슬라비아 영화에 비친 사회 문화상 연구: 국제사적 분석을 토대로". 『문화와 정치』, 6(3), pp. 5-38.

김철민 외(2014). 『동유럽 체제전환 과정과 통일 한국에 주는 의미』. 한국외국어대학교 지식출판원.

손규석(2020). 『코소보 분쟁: 1998-1999』. 국방부 군사편찬연구소.

정흥모(2001). 『체제전환기의 동유럽 국가연구: 1989년 혁명에서 체제전환으로』. 오름.

조지 프리드먼, 홍지수 역(2020). 『다가오는 유럽의 위기와 지정학』. 김앤김북스.

Asch, B. J. (1994). *Emigration and Its Effects on the Sending Country*. Rand Corporation.

Banac, I. (1992a). "The Fearful Asymmetry of War: The Causes and Consequences of Yugoslavia's Demise". *Daedalus*, Spr, pp. 141-174.

Banac, I. (1992b). "Post-Communism as Post-Yugoslavism: The Yugoslav Non-Revolution

1989-1990". In I. Banac (Ed.), *Revolution in Eastern Europe* (pp. 168-187). Ithaca: Cornell Univ. Press.

Bekić, D. (1988). *Jugoslavija u Hladnom Ratu: Odnosi sa velikim silama 1949-1955*. Zagreb: Globus.

Bilandžić, D., & Vukadinović, R. (1973). *Osnovne društvene promjene u Jugoslaviji i svijetu, 1945-1973*. Zagreb: školska knjiga.

Boduszynski, M. P. (2010). *Regime Change in the Yugoslav Successor States: Divergent Paths toward a New Europe*. Johns Hopkins University Press.

Bogetić, D. (1995). "Sraradnja Jugoslavije sa zapadnim zemljama 1953-1954". *Istorija*, 20, Veka, pp. 115-125.

Boughton, J. M. (2001). *Silent revolution: The International Monetary Fund, 1979-1989*. International Monetary Fund.

Chossudovsky, M. (2014. 1. 24.). "How the IMF Dismantled Yugoslavia". https://web.archive.org/web/20140624003635/http://www.monitor.net/monitor/9904a/yugodismantle.html (검색일: 2020. 1. 30.)

Djilas, M. (1962). *The New Class: An analysis of the communist system*. New York: Frederick A. Praeger.

Donia, R. J., & Fine, J. V. A. (1994). *Bosnia and Hercegovina: A Tradition Betrayed*. New York: Columbia Univ. Press.

Kohn, H. (1961). *The Idea of Nationalism: A Study in its Origins and Background*. New York: Macmillan.

Komisija za Međunarodne odnose i veze CK SKJ, fond br., 507 fac. br., III/41, 28. jun 1950.

Massey, D. S., & Taylor, J. E. (2004). *International Migration: Prospects and Policies in a Global Market*. Oxford University Press.

Milentijević, R. (1999). "Politika Sjednjenih Američkih Država prema Jugoslaviji". *Jugoslovenska država 1918-1998: Zbornik radova sa naučnog skupa*. Ur. Đorđe O. Piljević. Beograd: Institut za savremenu istoriju.

Mongabay.com (1990. 12. 30.). "Yugoslavia-THE REFORMS OF 1990". https://data.mongabay.com/history/yugoslavia/yugoslavia-the_reforms_of_1990.html (검색일 2020. 1. 31.)

Petranović, B. (1998). *Jugoslavija na razmeđu (1945-1950)*. Podgorica: Crnogorska akademija nauka i umetsnosti.

Petranović, B., & Zečević, M. (1988). *Jugoslavija 1918/1988: tematska zbirka dokumenata*. Beograd: Rad.

Ramet, S. P. (2006). *The Three Yugoslavias: State-building and Legitimation, 1918-2005*. Indiana University Press.

Savezni sekretarijat za inostrane poslove (1993). *Dokumenti o spoljnoj politici Socijalističke Federativne Republike Jugoslavije 1950*. Beograd: Jugoslovenski pregled.

Seroka, J. (1993). "Yugoslavia and Its Successor States". S. White, J. Batt & P. G. Lewis (Eds.), *Developments in East European Politics* (pp. 98-121). New York: Macmillan.

Sugar, P. F. (1994). "External and Domestic Roots of Eastern European Nationalism". P. F. Sugar & I. J. Lederer (Eds.), *Nationalism in Eastern Europe* (pp. 3-54). Seattle and London: Univ. of Washington Press.

The New York Times (1983. 3. 28.). "HOW A YUGOSLAV COMPANY BUILT AN INTERNATIONAL MARKET". https://www.nytimes.com/1983/03/28/business/how-a-yugoslav-company-built-an-international-market.html (검색일: 2020. 2. 1.)

Večernji list (2019. 5. 15.). "Pravilo par-nepar: Ograničenje vožnje za štednju goriva". https://www.vecernji.hr/vecernji60/pravilo-par-nepar-ogranicenje-voznje-za-stednju-goriva-1319363 (검색일: 2020. 2. 11.)

Wikipedia. "Demographics of Kosovo". (검색일: 2020. 2. 24.)

Wikipedia. "Economy of the Socialist Federal Republic of Yugoslavia". (검색일: 2020. 2. 25.)

제7장　　　불가리아 공산체제의 특징과 붕괴

Ангелов, В. (2005). "Третата национална катастрофа". *Фондация ВМРО*, p. 133.

Българска народна банка (2015). *Сборник документи (1879–2009) в пет тома т. V. 1948–1990 г.*

Даскалов, Г. (1989). "Българо-югославски политически отношения 1944-1945 г". *У И "Св. Климент Охридски"*, p. 223.

Димо, К. (1949). "Бурни години 1918-1944", *Народен печат София*, p. 691.

Еленков К. (2009). "История на Народна Република България", *близкото минало, София*, pp. 23-25.

Иванов, М. (2009), "Икономиката на комунистическа България (1963-1989)". *Сиела софт енд паблишинг*, pp. 326-332.

Исусов, М. (1991). "Сталин и България". *УИ "Св. Климент Охридски"*, pp. 114-116, 119-120.

Калинова, Е. (2004). "Победителите и България (1939-1945)". *УИ "Св. Климент Охридски"*, p. 245.

Кралевска, Н. (2011). "Комунизмът в битка с демокрацията". *Работилница за книжн* ина "Васил Станилов", p. 325.

Лаков, К. (2014). "Преходът, който не стана така, както бе замислен". *Институт за пазарна икономика*, pp. 33–39.

Минчев, О. (2016). "Пазар, държава и общество. Към една нова стратегия на общес тве на справедливост и солидарност". *Християнство и култура*, p. 61.

Brown, J. F. (1991). *Surge for Freedom: The End of Communist Rule*. Durham and London: Duke University Press.

Dainov, E. (1998). *The Awakening: A Chronicle of the Bulgarian Civic Uprising of January February 1997*. Sofia: Democracy Network Program. Center for Social Practices, NBU.

Gorbachev, M. S. (1995). *Zhizn i reformy*. Moscow press.

Huber, P. (2007). "Regional Labour Market Developments inTransition: A Survey of the Empirical Literature". *The European Journal of Comparative Economics*, Vol. 4, No. 2, pp. 263–298.

Ivanova, E. (1997). "Bulgarskoto desidentstvo 1988 - 1989". *УИ "Св. Климент Охридски"*, p. 260.

Kalinova, E. (2002). *Bulgarskite prehodi 1939–2002*. Sofia: Paradigma.

Mladenov, P. (1990). "V imeto na Bulgaria. Pismo na Petar Mladenov: 24 oktomvri 1989". *International Relations Review*, Vol. 1, pp. 5 - 7.

Raleva, St. (2014). "Impact of Labour on Economic Growth in Bulgaria (1991 - 2013)". *Economic Alternatives*, 3/2014, pp. 5–14.

Studia, E. (1998), "Intra-COMECON Bargaining and World Energy Prices: A Backdoor Connection?". *Comparative Economic Studies*, 30, pp. 32 - 33.

Tchakarov, K. (1990). "Btoriat etazh". *УИ "Св. Климент Охридски"*, p. 315.

Todorova, M. (1992). "Historiography of Countries of Eastern Europe: Bulgaria". *American Historical Review*, No. 4, pp. 1105–1116.

BSP. https://sofiaglobe.com

Bulgarian Academy of Sciences. http://www.bas.bg

Bulgarian Turks. https://www.dailysabah.com

Miroslav Damyanov. https://asylumconnect.org

Radio Bulgaria. https://bnr.bg

Snappy Goat. https://snappygoat.com

Tass. https://tass.com

The protocity. http://theprotocity.com

UDF. https://snappygoat.com

Voinaimir. https://voinaimir.info

Wikimedia Commons. https://commons.wikimedia.org

제8장 _____ 발틱 3국의 공산주의 붕괴와 체제전환

Bubnys, A. (2019). "Damage Caused by The Soviet Union in Lithunia: Depopulation of 1940–1941 and 1944–1953". *Damage Caused by The Soviet Union in the Baltic States*, pp. 22–30.

Conference on Security and Cooperation in Europe (2020). By Countries Lithuania. https://www.csce.gov/country/lithuania?country=LT&group=europe (검색일: 2020. 6. 13.)

Council of Europe (2020). 47 Member States. https://www.coe.int/en/web/portal/47-members-states (검색일: 2020. 6. 13.)

Euractiv (2018). Latvia's school language reform irks Russian minority. https://www.euractiv.com/section/languages-culture/news/in-latvia-school-language-reform-irks-russian-minority (검색일: 2020. 7. 26.)

Euro Topics (2016). 25 years of independence for the Baltic states. https://www.eurotopics.net/en/164744/25-years-of-independence-for-the-baltic-states# (검색일: 2020. 8. 8.)

Furmanavcius, D. (2009). "Sąjūdis's Peaceful Revolution, Part I". *Lithuanian Quarterly Journal of Arts and Science*, Vol. 55, No. 1.

Genocide and Residence Research Center of Lithuania (2020). The armed anti-Soviet resistance in Lithuania in 1944 - 1953. http://genocid.lt/centras/en/2390/a (검색일: 2020. 8. 8.)

Jewish Virtual Literary (2019). World War II: The Molotov-Ribbentrop Pact. https://www.jewishvirtuallibrary.org/the-molotov-ribbentrop-pact-august-1939 (검색일: 2020. 8. 5.)

King, V. O. (2012). "Latvia's Unique Path Toward Independence: The Challenges Associated with the Transition from a Soviet Republic to an Independence state". *International Social Science Review*, Vol. 87. Iss. 3/4, pp. 127–154.

Los Angeles Times (1990). "3 Baltic Republics Ally for Secession: Independence: Presidents agree to coordinate their political efforts in dealing with the Soviet Union. A regional council formed in 1934 is re-established". https://www.latimes.com/archives/la-xpm-1990-05-13-mn-438-story.html (검색일: 2020. 8. 5.)

Mežmalis, A. (2019). "Background (1939 - 1991)". *Damage Caused by The Soviet Union in the Baltic States*, pp. 9–21.

Miniotaite, G. (2002). "Nonviolent Resistance in Lithuania: A Story of Peaceful Liberation". The Albert Einstein Institution.

Mygind, N. (1998). *Different Paths of Transition in The Baltics*. Center for East European Studies, Copenhagen Business School.

Nutt, M. (2007). *The establishment and restoration of Estonian independence and the development of Estonian foreign relations*. Estoniaa Ministry of Froreign Affairs Yearbook.

Olesen, M. R. (2014). "Danish Support for the Baltic Struggle for Independence 1988–1991: A Hawk–Dove Domestic Confrontation". *Journal of Political Science*, No 3, pp. 83–99.

Raun, T. V. (1994). *Baltic Independence 1917-1920 and 1988-1994: Comparative Perspectives*. The National Council for Soviet and East European.

Reuters (2014). "Russia tries to soothe Baltic states over independence review". https://www. reuters.com/article/us-russia-baltics/russia-tries-to-soothe-baltic-states-over-independence-review-idUSKCN0PB4M520150701 (검색일: 2019. 11. 27.)

Russia Beyond (2017). Who were the 'Forest Brothers': The thorn in the Soviets' side? https:// www.rbth.com/arts/history/2017/07/14/who-were-the-forest-brothers-the-thorn-in-the-soviets-side_803380 (검색일: 2020. 6. 19.)

Saarts, T. (2016). "The Ethentic–Colonial Communist Legacy and the Formation of the Estonian and Latvian Papry Systems". *Trames*, Vol. 20, No. 2, pp. 115–143.

Seventeen Moments in Soviet History (2018). Baltic Independence. An online Archive of primary Sources. http://soviethistory.msu.edu/1991-2/baltic-independence (검색일: 2020. 8. 8.)

Sirutavičius, V., & Grybkauskas, S. (2018). "Cultural Opposition: Understanding the Cultural Heritage of Dissent in the Former Socialist Countries. The Baltic Countries", pp. 1–50.

State Chancellery of Latvia (2018). Barricades of January 1991 and their role in restoring Latvia's independence.

Steen, A. (1997). "The New Elites in the Baltic States: Recirculation and Change". *Scandinavian Political Studies*, Vol. 20, Iss. 1, pp. 91–112.

The Baltic Times (2010). "Jan. 13, 1991's the day that changed the world".

The Latvian Institute (2019). "The Baltic Way 30: The day holding hands changed history".

The New York Times (1986). "Soviet projects debated in press". https://www.nytimes. com/1986/12/21/world/soviet-projects-debated-in-press.html (검색일: 2020. 7. 26.)

The Ukrainian Week (2013). One Reason for Estonia's Success Lies Across the Gulf.

Vytautas Magnus University (2020). "Prof. Alpo Russi. About Recognition of Independence of Baltic States". https://www.vdu.lt/en/prof-alpo-russi-about-recognition-of-independence-of-baltic-states (검색일: 2020. 8. 8.)

Zunes, S. (2009), Estonia's Singing Revolution (1986–1991). International Center on Nonviolent Conflict. https://www.nonviolent-conflict.org/estonias-singing-revolution-1986-1991 (검색일: 2020. 7. 27.)